聪明女人必备的口才提升宝典

中国纺织出版社

内 容 提 要

语言是打开心扉的钥匙，聪明的女人都有一副伶俐的口齿。即使你并不美艳妖娆，但开口就能吐露芬芳，便会让你赢得众人的欢迎，收获事业、爱情、家庭的硕果。

本书分为上下两篇，从口才的技巧和情景实践两方面入手，全面详尽地为女性读者打造适合自己的口才方案。运用鲜活有趣的案例让读者身临其境，学以致用，不断提升口才技艺，赢得幸福的人生。

图书在版编目（CIP）数据

女人就是要有好口才／常建国编著. —北京：中国纺织出版社，2013.3（2024.4重印）
ISBN 978-7-5064-9529-5

Ⅰ.①女… Ⅱ.①常… Ⅲ.①女性—口才学—通俗读物 Ⅳ.①H019-49

中国版本图书馆CIP数据核字（2012）第318089号

策划编辑：闫　星　　责任编辑：曲小月　　责任印制：储志伟

中国纺织出版社出版发行
地址：北京东直门南大街6号　邮政编码：100027
邮购电话：010—64168110　传真：010—64168231
http：//www.c-textilep.com
E-mail：faxing@c-textilep.com
北京兰星球彩色印刷有限公司印刷　各地新华书店经销
2013年3月第1版　2024年4月第2次印刷
开本：710×1000　1/16　印张：16
字数：224千字　定价：75.00元

前言

作为一个女人，如果你没有美丽的外表，也千万不要为此耿耿于怀，你完全可以凭着自己卓越的口才来为你增添色彩，为你的魅力加分。毫无疑问，一个女人的外表固然重要，但同样不容忽视的就是女人的说话能力。

语言是人与人之间交流的载体，语言表达能力的好坏，直接决定了人际关系的和谐与否，进而还会影响到事业的发展以及生活的幸福。特别是对于一个女人来说，会说话的女人不仅能够获取家庭的幸福，更能够在事业上平步青云，同时还能为自己增添个性魅力。

女人，你可以长得不漂亮，但一定要说得漂亮。得体的谈吐、动听的声音、巧妙的沟通、精彩的表达，都可以帮助女人在生活中大放异彩，在职场上八面玲珑，让女人凭借口才的修炼而魅力四射。不可否认，说话是交际中最有效的沟通方式，而说话技巧则决定一个人做事成败的成功因素。如果你是一个容颜美丽的女人，优雅的谈吐可以让你变得更加迷人；如果你长相平平，那得体的言语也可以让你大放光彩。对女人而言，卓越的口才是增加自身魅力的砝码，是她们在生活、工作中驰骋而行的有力武器。

在生活中，成功的女人很多，她们成功的秘诀之一就是能说会道。语言表达心意，语言即是心声，语言是人类有效的沟通工具，是人类表达思想的载体，是人类不可或缺的智慧。在传统的思想看来，女人成功是很艰难的，但只要能说会道，掌握一些口才技巧，那是很有可能赢得成功的。

善于说话的女人，在这个世界上可以驰骋而行，万事顺心；而那些不善言谈的女人则如履薄冰，步步难行。为什么有的女人颇有才能，行走在世上却步步维艰；有的女人资历平平，却可以干出一番惊天动地的事业，这在很大程度上都是决定于她们的口才水平。口才好的女人在任何场合都能如鱼得水，她可以直言曲达，把话说到别人的心窝里；她可以随机应变，应付突如其来的尴尬；她可以口吐莲花，伶牙俐齿惹人爱。这是一本通俗实用的书，结合了女性的特点，用流畅的语言，教你如何练就攻心口才、应变口才、求职口才、演讲口才、恋爱口才、幽默口才、社交口才等多个方面，为你揭示练就完美口才的全部秘密，为你提供一整套打造人说话能力的语言法则。如果你还在为自己的口才而着急，那请把这本书带回家，让它成为你练就好口才的绝密宝典！

编著者

2012年8月

上篇　女人口才技巧荟萃

下篇　女人口才情景实践

上篇

女人口才技巧荟萃

作为一个女人，如果你没有美丽的外表，也千万不要为此耿耿于怀，你完全可以凭着自己卓越的口才来为你的美丽增添色彩，为你的魅力加分。毫无疑问，一个女人的外表固然重要，但同样不容忽视的就是女人的说话能力，会说话的女人惹人爱，会说话的女人其实是最出色的。

第01章　魅力口才：智慧女人打造不凡言谈

语言是人与人交流的基本方式。说话人人都会，而把话说得好听却并非人人可以，这需要你有良好的口才，而好口才能使交流加通畅、顺利，使你所说的话让人更爱听，使你更具有魅力，更受人欢迎。说话的能力也是你的魅力，一个有智慧的女人，绝不会浪费这个提升自己的法宝，那么一个普通女人该怎样提高自己的口才魅力，怎样通过口才的提升使自己也成为一个魅力十足的人呢？

听得懂，说得好，女人才更有魅力

口才不是舌灿生花的卖弄，更不是滔滔不绝的谈论，真正懂得语言魅力的女人，首先会认真倾听对方的言谈，充分、正确理解别人的真正意图，然后才做出有针对性的回应。这样才能达到用语言来沟通的目的，话说得巧远不如听得巧。

比如，女孩子看上一件衣服，却往往一边仔细翻看，一边抱怨做工不够精密，布料不够上乘等等，其实也许并不是抱怨衣服本身的品质，否则，她们连一眼也不会看。这时，如果销售人员一味反驳，对方显然不会买账，不如主动说出一些优惠，比如有小赠品，或者打个小折，往往能让对方眉开眼笑地付钱。

学会听话，就是听懂别人的言外之音，判断出对方的真正意图，从而给出恰如其分的反应，和对方达成一致，或达到沟通的目的。想要“听得懂”，往往要从以下几个方面入手：

1. 和对方关系如何

是你的客户？同事？莫逆之交？点头之交？陌生人？和一个人的关系，直接决定对方话语中的含义。同样一句赞美，对于陌生人来说可能是客套之词，对于朋友可能就是真心诚意的欣赏和赞扬。

2. 说话时情形如何，说话者情绪如何

女人说话往往受自身情绪影响较大，尤其在事情刚发生后，往往易激动，喜抱怨，夸大事实。这时候她们仅仅是发泄，绝不会对你理性的评价和劝慰感兴趣，她们需要你同仇敌忾（当然不可取）或者劝慰、倾听。而在事后向你谈起，情绪比较平静，往往需要你出出主意，希望改变现状。

3. 对方说话的重音放在哪

同一句话，重音位置不同，所表达的意思也就不一样。仔细倾听对方的重音所在，有利于理解对方表达的真实意图。

4. 对方的表情手势如何

表情手势和语气对于真实意思有加强或减淡的作用。如果对方的手势和语气有加强语句的意思，则这是对方的真实意图，并希望引起你的注意。而如果对方的语气和手势明显和用语不一致，则表明对方不以为然，或者因为无法反驳或拒绝而敷衍你，或不想争辩而勉强同意，内心并不一定认同。

5. 当一个人故意词不达意或者表达混乱不堪的时候，小心对方别有用心

这样的表达方式，听者往往要通过询问，才能抽丝剥茧真正明白对方的意思，但当你清楚问出其中的意思时，往往发现自己已经掉入了对方的陷阱。有一个小女孩向某好友混乱地说了一大堆和另一个小姑娘之间的恩怨，到最后朋友发现，结论竟然是另一个小姑娘欺负了她，她的意图在于希望朋友能够抱打不平，而因为和另一个小姑娘的友好关系，朋友陷入了进退两难的境地。

6. 猜测对方可能的真实意图

综合以上对方表达过程中透露的信息，猜测可能的真实意图。比如，一位非常近的邻居向明明的妈妈说道：“你家明明真勤奋，半夜11点还在弹钢琴。”他的说话重音如果是在“半夜11点”，语气不以为然，可能就是责怪钢琴声打扰到了自己。而如果这位邻居离明明家较远，语气真诚，语带赞扬，明显就是真的在赞扬对方。

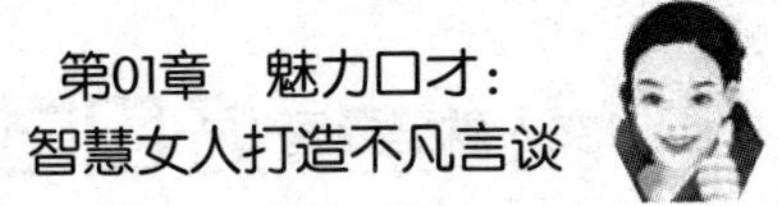

通过对方的语气、情绪、手势、表情等形成自己的判断，然后再通过反问、重复等方式，才能真正弄懂一个人的真实意图。这时候，再表达出自己的想法，往往能够收到更好的效果。

说话礼貌体现女人的高修养

《释名》中有这样一句话："礼，体也，言得事之体也。"意思是"礼"就是说话做事的规范。孔子之前都是"礼不下庶人"的，即平民没有资格遵循和享受礼仪。礼仪也是一个人道德修养的一种体现，所有粗俗的、不礼貌的言辞首先是对自己的不尊重。

怎样说话才算礼貌呢？笔者认为，用语文明，态度诚恳温和，少论人是非，身体语言不冒犯别人，这些应该是最基础的说话礼仪。

1. 用语文明

交谈时应该避免粗俗的语言，多用敬语。语言轻狂、油腔滑调或者带有某种草莽腔、市井俚语、骂腔是最不堪的，即使批评、怒骂也不要用下流语言。尽量多用"请""谢谢""不客气""抱歉"等文明用语，尤其在初次见面时，更要如此。另外，有一些敬语需谨慎运用，比如"您"在北京地区，即使夫妇、母子之间在日常生活中也常用，以表尊敬；但在其他地方可能被视为不够亲切。

2. 态度礼貌

说话时态度应诚恳，语气要温和，表情应坦诚明朗。明代大儒薛瑄居士曾说："心诚，色温，气和，辞婉，必能动人。亲戚故旧因言语而失欢者，多是颜色辞气暴厉，能激人之怒。且如谏人之短，语虽切直，而能温颜下气，纵不见听，亦未必怒。若平常言语无伤人处，而词色俱厉，纵不见怒，亦须怀疑。故与人言语，尤当自警。"

薛夫子的这八个字可以作为言谈礼貌的标准，无论是初次见面，还是故友欢叙，这样的态度必然能够受到人们的欢迎和尊重。和人交谈，切忌疾言厉色或咄咄逼人，诚恳而温和的态度才能化解干戈。批评人言辞要委婉，作为对立的双方，如果不能抑制自己的怒气，可以言辞犀利，但一定不能辱及他人。

3. 说话内容有忌讳

论人是非、背后嚼口舌、造谣生事、恶意中伤、诽谤他人是最不礼貌的行为。很多女人都会在背后论及某个人，如果不可避免，一定要尽量公允、理性、慎重，不可轻易妄下评语。

别人不愿回答的话，不想提及的话题，不可以再问。

在失意的人面前，不要谈论自己得意的事。

不轻易问别人的薪金、朋友亲疏、夫妻相处等隐私，更不要揭人疮疤。别人说话有疏漏之处，不宜在大庭广众之下纠正、鄙薄、讥讽，说话多一分厚道，就给双方都留一分体面。

4. 肢体语言遵循礼仪

肢体语言作为语言的一部分，也会透露一个人的修养。一个女人言谈落落大方，但同时却在抖腿、竖中指或者搔首弄姿、卷衣角、双臂抱胸、双手叉腰，你会觉得她明朗自信、修养深厚吗？在言谈中，戒除一些机械、无意义的小动作，尽量保持优雅自然，也是一种说话的礼貌。

女人的言谈举止是自身修养的一面镜子，口才不仅仅是舌灿生花，只有遵循最基本的会话礼仪，才能得到他人的尊敬和看重，体现自身魅力，最重要的就要做到“自然”和“优雅”两点。

迷人的声音是口才的第一利器

声音的魅力会带给女人好的运气，人们常说“未见其面，先闻其声”或者“先声夺人”，可见迷人的嗓音是魅力女人不可多得的利器。再者，无论多美妙的语言都要宣之于口才能给人甜蜜怡人之感，如果声音难听或者语调平板、节奏混乱、语气不善，有再好的口才也会让人反感。“呕哑嘲哳难为听”，谁还会去注意你的话语才华？

女人甜美的声音往往比深刻的思想更重要。一个歌唱家，即使是无歌词的呢喃，也足以让人入迷。“工欲善其事，必先利其器”，想要别人接受你，有耐心倾听你的谈话，就要让自己拥有柔美动听的声音，抑扬顿挫的语调，让更多人愿意听你说话。

语言专家认为想要完善自己的发音技巧，可以从以下几个方面入手：

1. 拥有自己独特的音色

每个人的音域范围都是很广阔的，试试自己高低音的不同，找到自己听起来最舒适的音高，就能形成最独特的音色。并不是所有的女人都适合沙哑的女低音，或明亮清脆或柔美秀丽或宽厚浓重或低沉性感，只有与自己性格、形象统一的声音才能形成自己的风格，让人感觉舒适。在自身音调的上下限之间找到一种恰当的平衡，加上口腔、鼻腔、胸腔形成共鸣，就能让声音听起来更华丽而富有变化。总之，音色要富有磁性和吸引力，让人喜欢听。

2. 发音准确

每一个词语都是由最基本的语音单位组成，音调不准确，说出的话就会怪声怪气。比如吐字发音不清晰或者结巴、反复，不但影响自己的形象，而且有碍于表达自己的意思，不能充分展示自己的思想和才能。

3. 语调要富于变化

音调强调的是单一词语的声调，语调是某个句子的声调变化。同样的一句话，不同的语调可能表达出截然相反的两种意思。语调反映的是一个人的内心世界，他的情绪和态度。语音语调里含有很多感情成分，有时候掌控好了语调比选择恰当的词汇更加重要。另外，平板的叙述没有人会特别注意，而兴致勃勃、语调丰富的话语，即使是一件平淡的小事，也可能引起人们的兴趣，这就是为什么有些人的话题虽然简单，但人们往往听得兴致勃勃的原因，因为她的语调和情绪感染了对方。有研究证明，使用上扬语调易给听者造成悬念，提高对方兴趣，初次见面不妨多加使用，但切忌持续时间过长，否则会引起疲劳；降调能表现说话人的果敢决断，表现自信，做决定时应多运用。

总之，说话时语气语调一定要柔和，根据场合、情景恰当把握轻重缓急、抑扬顿挫。

4. 音量和语速都要适中

音量过大过小都会让人不舒服，在对方都够听清的范围内，声音要轻一点，可以表达对对方的尊重，同时，轻声细语也是女人魅力和优雅的一种表现。语速也一样，语速太快如同音调过高一样，会给人以紧张和焦虑之感；语速太慢，又会令人有焦躁沉闷之感。在不同的场合运用不同的语速，可以表达你的自信和优雅。会议、谈判等职场场合语速要稍快一点，个人聚会、聊天语速不妨放慢一点。另外，不疾不徐、语速舒缓可以缓解对方的焦躁情绪，同时也是一个人优雅大方的最好表现，女人的语速最好不要太快。

拥有迷人的声音，也就拥有了一项特别的魅力，让人很容易迷醉在你的声音中，你会更受欢迎，说出的话也会更容易被人接受和相信。

女人说话用心更用情

说话不仅仅是用心就能够引起他人的注意，关键的时候，还要学会用情。情绪是会相互感染的，兴奋的、兴致勃勃的、悲伤的、疲倦的，你的情绪会感染对方，让对方走进你的世界。当一个善于说话的女人用一种低缓深沉的声音讲述她曾经遭遇的那些悲伤，或者用欢快、清脆的声音讲述她经历过的一些小小的喜悦的时候，你仿佛走进了一个有悲伤有明媚的丰富精彩的世界。不仅仅好的文学作品有这样的效果，好的口才同样可以让倾听者感同身受。

用心对待他人，别人会感受到你的真心，说话时也要带上你的情绪。是平心静气的讨论还是兴致勃勃的讲述，是真诚热情的问候还是漫不经心的敷衍，往往从你的语气中就能够渗透出来。叙述的能力不仅仅包括用怎样的词汇，还包括用怎样的语调，怎样的表情，怎样的情感，怎样的态度。

怎样学会“用心用情”的说话呢？

1. 用词、语气要引起对方的共鸣

聊天叙事不要过于平板，即使是一件很平常的小事，用兴致勃勃的声音讲出来，还是用平淡的声音讲出来，效果是不一样的。当你提出某些建议，讲述某些简单的小事时，一定要让对方觉得你是怀着莫大的兴致的，是非常感兴趣的，这样对方才可能认真试着同你一起去做，认真倾听你讲的。

如果用疲倦的声音去讲一件事，即使那件事非常刺激、冒险，大概对方也会觉得兴味索然，而不愿意去尝试了。

2. 讲话态度一定要真诚，有自信

有些销售员讲话的时候，往往让你觉得她的产品真的不错，是作为朋友在和你分享一种使用好东西的体验，而不是在推销。这种错觉，往往是推销员诚恳、自信且带着激情和愉悦的语气传递给你的。你会很容易相信并接受她的产品，并愿意和她进行交流。

别人往往是从你的语气中了解你的信心和态度：如果你讲话不耐烦，对方一定以为你对他不真诚，会感觉到受歧视。如果你的声音听上去很累，对方会认为你不真诚。如果你总是显得自以为是，夸夸其谈，对方会没有安全感。如果你的语气过于强硬，且缺少聆听，对方也会非常反感。如果你的语气愉悦欢快，对方一定备受鼓舞，愿意和你交流。

考虑到听话者的感受，然后用真心去说，对方就能够感受到你的诚意和热情，有和你交流的意愿。

3. 观察倾听者的反应，及时作出调整

不管别人反应如何，一味滔滔不绝，是最错误的表现方式，别人会以为你在自我卖弄或哗众取宠。关注对方的情绪变化，如果对方有不耐烦或者焦躁、疲倦的反应，应该及时收住话语，或给与慰问或转换话题或及时结束。如果对方有发言、插言的倾向或欲言又止，应该及时给对方一个机会，或问对方的意见。如果对方兴致盎然，你自然可以继续下去，间或给对方一个询问的眼神。

说话实际上是一种交流，在说话的同时，要注意用你的眼神、情感和对方交流，不时观察对方的反应，及时作出调整，这样才会有“交流”的效果，让双方都满意。

魅力女人切忌口头的小毛病

语言的魅力往往体现于一些细枝末节，一些平时不注意的口头小毛病

往往会成为致命的缺陷，影响语言的吸引力和说服力，同时也使你的女人魅力大打折扣。

这些小毛病主要体现在发音方式、语句组织、语气等方面，很容易被说话的人忽略，却往往引起听话人的反感，引起含糊、歧义，影响意思的表达。

1. 过度使用鼻音

我们常常会听到诸如“……嗯……哼……”之类无意义的单音节，这就是鼻音。如果聊天当中频繁使用鼻音，会让你的声音显得毫无生气，听起来十分消极，让人感觉你心不在焉或者心存抱怨。这种带一定慵懒色彩的鼻音，只适合非常私人的场合，否则将影响你的形象和个人魅力。

2. 发音不清晰，含含糊糊

有些人发音总像在嘴里含了东西，一句话总是在口中打个嘟噜再发出来，含糊不清，导致别人听不懂，话语也缺乏说服力。

3. 语句反复、语意模糊

一句话重复说几遍才能把意思表达清楚，或者总是重复开头的几个字（也属于结巴的一种），如果有这种习惯，一定要戒掉，想好再说，可以让语言更铿锵有力。

说话不是外交，很多场合需要把意思表达得明明白白，少使用语意模糊的话语，否则会给人很狡猾或者没自信的感觉。使用清晰明朗的决断语言，可以让人感觉到你的诚恳，使人对你的话更信服，即使拒绝别人也一样。

4. 无意义的话少说

很多人习惯说无关紧要的话，比如“是的”“好的”“嗯”“啊”“我觉得……只是个人感觉”“如果可能……”这些表示犹豫或谦虚的话会削弱你的自信，削弱你话语中的决断性。虽然话不能说死，但同样不能让自己的话变得无关紧要，少说这类无意义的语言，可以让你更自信。

5. 说话啰唆

如果想要用言语震慑别人，说得越多，就越显得平庸，越不能掌控大局。女人说话一定要注意简洁明了，同样意思的表达，一句话可以说清，没必要说第二句，尤其在下命令、谈判、汇报等场合更要如此。

无关紧要的细节没有必要都讲给别人听。一段话要有重点，重点处可以详细，其他就要尽量简明。过于追求细枝末节的后果就是抓不住重点，让人摸不着头脑。

6. 语气轻浮

说话语气轻浮或狂妄，带有“匪气”“痞气”或者“嗲声嗲气”是很招人反感的，尤其是女人更要慎重，不要让别人感觉自己过于轻浮，否则就少了一分雅致韵味，少了自重，只能被人轻视。少说脏字、暗话，可以让你更稳重，赢得别人的尊重。

口头习惯体现的是一个人的修养，说话简洁明了、幽默、有韵味可以让女人更有魅力，相反则会削弱别人对你的信任和尊重，改掉口头小毛病，就等于改掉了一种负面性情。

自信铸就女人说话时的气场

女人如果羞怯、畏惧而不敢说话，或者犹疑不决，吞吞吐吐，就会让人质疑她话语的可信性，低估她的能力。不敢说话是人际交往的心理障碍，对自己的不自信往往使女人说起话来没有底气，也很难受到别人的注意和欢迎，交际就会出现障碍。

怎样克服自己的恐惧心理，使得说话果断、自信、字字玑珠，甚至当众侃侃而谈呢?

1. 克服恐惧

罗宾逊教授在《思想的酝酿》一书中说道：“恐惧大都因为无知与不确定感产生。”当一个人不确定自己的话会引起怎样的后果的时候，就会产生焦虑和恐惧。在事前，不要对后果做诸多假设，否则只会引起更多恐慌。

不要对自己期望过高，太想一鸣惊人，让别人发现自己口才出众、见解独到，往往事与愿违，越想表现自己越会紧张。当众讲话首要的是用平稳的心态，把自己的意图准确、自然地表达出来就可以了，没必要多么华丽和张扬。

把自己放低一点，没有那么多人会注意到你的表现，人们更多关注的是自己，即使你说错了，也不会有太多人关注。理解这一点对克服恐惧有莫大好处。

2. 做充足的准备

不论是当众讲话、谈判、会议，还是私人聊天，做足准备，就会更有自信。了解倾听者的背景、兴趣，对于自己话题的选择、说话的方式都有更多帮助。

3. 充实自己，不断练习

平时的练习可以增进讲话的自信。多看看书，多听听别人的谈话技巧，并注意反复运用练习，平时多注意和别人谈论，就不会对开口说话产生畏惧。如果把说话当成像吃饭一样平常的事情，信心自然而然就能够产生了。有记者问戏剧大师萧伯纳：“为什么你讲话那么有吸引力？”萧伯纳笑答：“试出来的，就像学滑冰一样，开始时，笨头笨脑，像个大傻瓜，后来试的次数多了，就熟练了。”不断尝试和练习是增进口才的不二法宝。

4. 试着在脑中模拟对话

当你不肯定自己应该说些什么的时候，不妨在脑中试着模拟一些场景。比如，明天要见到某人了，你第一句话想要说什么？对方喜欢说怎样的话题，你想要怎样回应既有趣又能让对方尽兴？怎样把话题继续下去而不会冷场？怎样谈话才能让双方都兴致勃勃？模拟出几个场景，说话时就能有的放矢，也就充满信心了。

5. 正确认识自我

不要妄自菲薄。会话表面上是嘴上功夫，其实是与心理密切相关的。正确认识自我，对自己和对方做出客观、准确、公正的评估，往往在谈话时能够保持清醒，树立信心。不断暗示自己的优势，比如待人诚恳，态度热情，就算没有多好的口才，也不会让对方小看；相反，只会夸夸其谈的小人则会被轻视。这就能让你保持一颗平常心。另外，不要把社会地位看得过重，把对方看作一个平常人，只有谈话者处于平等关系，起码是意识上的平等关系，才能让你自信应对。

口才不仅仅是嘴巴上的出色表现，只有表情自然舒缓，敢于泰然自若地表现出自己的真实想法，不卑不亢，充满自信，才能表现出不凡的气度，令人心折。

温文尔雅，女人说话不急不躁

上海一家幼儿园，在教导小朋友的时候提倡“轻声说话，慢慢走路”，打造“小淑女”“小绅士”。温文尔雅，舒缓自然是一种优雅的仪态，是只有在优越的环境中才能养成的不紧不慢不疾不徐的魅力。

女人说话也要不急不躁，舒展、自然、优雅，透露出一种风情，尤其在私人聊天的时候，更要保持这样的风范。在职场上，不妨快一点，但快也要有节奏，说话时节奏鲜明、条理清楚，想清楚再开口，不啰唆重复，才会更有说服力。

1. 将语速放慢

适当将语速放慢一点，声音放低一点，更有女人魅力。“有理不在声高”，高声大气，噼里啪啦的说话往往给人一种“粗俗泼辣”的感觉。天生语速快，说话像倒豆子的女孩子也要学着尽量将自己的语速放慢，才能显得更加稳重。优雅在一言一行当中，清晰有力不急不躁地把自己的意思表达清楚，往往更能引起人们的重视和尊重。

2. 态度斯文有礼

无论面对怎样的窘状，斯文而镇静的反应永远会给人以好感；气急败坏、轻易动怒变脸色往往显示自己的心虚、浮躁。态度斯文就是在任何时候都淡定自若，即使被人激怒、嘲讽的时候，也能够不动声色地反击回去，显示自己的平静幽默、宽容大度和优雅智慧。

3. 说话前经过深思熟虑

养成开口前深思熟虑的好习惯，不要信口吐言，尤其在一些非常重要的场合，经过深思熟虑后再开口会给人以严谨的印象，增加别人对你的信服。尤其是女人，职场上的性别歧视在任何场合都存在，说话如果无根据，或者不能保持理智就轻易开口，只能让更多人轻视你。经过深思熟虑，严密思考再进行有理有据、严丝合缝的辩驳或陈述，会让对方更重视、更信服更尊重。

4. 适当保持沉默

沉默不语也是一种温文敦厚的表现。当对方过于咄咄逼人或者无恶意地冒犯时，适当沉默一段时间，闭口不言会增加对方的压力，从而使局势对自己更有利一些。而不屑于反唇相讥或微笑下的大度包容，则更能显示女人的风度。很多时候，不说话反而比辩驳或讽刺更有力度。

上司虹在新员工小楠怒气冲冲、咄咄逼人的追问、吵闹之下，泰然自若地听完对方的话，没有急于反驳她，只是沉默不语地注视了她一段时间，等小楠自己平静下来，意识到自己的无理取闹，然后再开口说："吵闹不能解决问题，你回去想想自己想要什么样的结果，有哪些好点的方法。你年轻气盛，我不跟你计较，可你周围都是气盛的同事，回去好好想吧。"

适当的沉默和心平气和的几句话不动声色地把所有的下属都敲打了一遍，更表现了自己的大度宽容和不屑与新职员计较的风度，让人在敬畏下不敢轻视，也更尊重她。

温文尔雅是一种淡定的气质和人生态度，处处透露出举重若轻、游刃有余，不因旁人的言语手脚而轻易发怒，身上自有一种诱人的待人处事的定力和气势，让人不敢轻视，不敢轻易冒犯，这才是真正优雅从容的女人。

言语谦逊礼让尽显女人的气度

"成熟的麦穗总是低着头的。"日常生活中我们也总是注意到越是卓越人士，越是谦恭有礼，越是暴发户，反而越尖刻傲慢。而越是谦和礼让，越能体现一个人的胸怀和气度。

曾看到一篇精彩小文《大师风范》，一位世界一流的小提琴演奏家，在指导学生时，从来不说话，而是将学生拉过的曲子再演奏一遍，让学生在对比中体味琴音。一次，他收了一位新生，在拜师仪式上，学生为他演奏了一首短曲，这位非常有天赋的学生把这首曲子演绎得淋漓尽致、出神入化。大师将小提琴放在肩上，沉默了很久却没有拉响，久久大师叹了一口气，然后微笑着说："你们知道吗，他拉得太好了！我没有资格指导他，最起码在刚才的一曲上。我的琴声对他只能是一种误导。”这一刻大师展现出来的胸怀和气度赢得了每一个人的尊敬与折服，掌声之后不息。

只有强者才敢于谦虚，弱者一定要做出一副张牙舞爪的狰狞相，来掩饰内心的懦弱和狭隘。女孩子展现自己雍容气度的最好方式就是用谦逊礼让的语言、亲切和蔼的态度对待周围的人。怎样表现出自己的谦逊和非凡气度呢?

1. 学会欣赏、赞扬别人

每个人都喜欢他人称赞自己，欢迎他人对自己保持尊敬的态度。真心地欣赏一个人的优势和独特，真心赞扬一个人，会让他感受到你的友好和谦逊。每一句赞扬别人的话，同时也褒奖了自己；每一句刻薄别人的话，也丑化了自己的形象。

2.面对荣誉保持谦和、温雅的态度

面对荣誉之时，最容易洋洋自得，狂妄自大。在荣誉面前保持清醒，谦和待人，感谢他人的恭贺和赞美，淡然自若地面对众人的追捧和赞誉，会显示自己非凡的气度。见过大风大浪的人必然不会再因小小的荣誉而欣喜若狂，得意忘形。

3. 善于反省和自我批评

承认自己的不足，不仅不会让别人轻视，反而更能显示自己的坦诚和勇气。有勇气承认错误，有勇气反省自我，承认自己不如人，不仅不丢面子，反而给自己增添光彩。

4. 容忍不同意见

提出建议或意见时，要表示仅代表自己的一家之言。别人提出的意见或观点可以不认同，但一定要尊重，要有求同存异的容忍之心。

5. 和他人谈话时，兼顾别人的感受

和别人谈话时，要尽可能投其所好，不可只顾谈论自己所喜好和了解的话题。话语出口之前，顾及一下他人的感受，不要因有口无心的话，引起他人的难堪和反感。

6. 谦逊要真心实意

亲切谦逊不是高高在上者施舍给别人的态度，而是真心诚意地认为自己有不如别人的地方。真心地赞赏他人，真诚地礼让他人，才能让人感觉到你的谦逊有礼，才能显示你的非凡气度。施舍的亲切和蔼和谦恭只能让别人更自卑，让人感到你的虚伪。

谦逊显示的是一种力量，显示的是智者的胸怀和强者的境界，女人要懂得用谦逊有礼的言谈显示自己的气度和修养，在忍和静之间寻找成功。

气质女人说话有主见但不强势

谈话要想言之有物，思之有趣，有思想性，就必须有自己的主见，不能随声附和别人，但更不能勉强别人一定要符合你的观点，这就是有主见而不强势的智慧。只懂得随声附和的女人，往往软弱怯懦，被人瞧不起；而总是坚持己见，并勉强别人同意自己的意见，否则就要辩驳不休或者无理取闹的女人，则更引人反感。

每个人都有自己的意志，都不喜欢别人勉强自己，即使是谈论、闲聊也一样；但如果只懂得唯唯诺诺，只会顾虑他人想法，总想要取悦他人，更不可取。女人要怎样才能恰到好处地表现出自己的主见，而又不显得咄咄逼人过于强势呢？

1. 无论言辞如何，态度一定要温和，不过于咄咄逼人。

如果想要引起别人的重视和认同，可以用确定的词语说出自己的想法，可以说“我确信……”“……一定可行”，等等。辩驳别人的观点，或者批评一个人，言辞可以激烈些，但神态一定要斯文温和，不要过于咄咄逼人。

2. 不勉强他人

发表意见时，可以说明仅是自己的一家之言，任别人取舍，不要自作聪明，自以为高明，让别人一定按照你说的去做，否则很容易招人反感。要某人做一件事时，尽量少用命令的语气和言辞，而用恳求的言辞，尤其在同级之间。

3. 必要时一定要坚持己见，坚持原则，但话语和手段要圆滑一些。

说话做事一定要坚持自己的原则，不要人云亦云，更不要因为别人的言辞而轻易动摇，但手段一定要圆滑一些。比如有选择地采纳别人的意见，将不符合自己原则的那部分剔除掉；含蓄委婉地拒绝别人的提议，用“不适合我的个人状况”显然比“不符合我的做人原则”更容易被对方接受。

4. 有主见，但讲道理

当自己和别人出现分歧时，应有自己的主见和考虑，但一定要让别人明白你的意图和，你坚持己见的原因，而不是一味倔强或者无理取闹。

5. 区别对待

自己可以做主的事情，尊重自己的意愿；他人的事情尊重别人的意见，公事尽量综合众人的意见。

6. 有自己的意见和看法

不要总说“随便、还行、你看着办、无所谓”等一切不确定话语，否则会被人认为过于懦弱，没有主见。当别人询问你的想法时，顺口提出一个建议，然后问一句“好不好？”显得更加亲切。比如：“我知道一个非常不错的会馆，去那怎样？”“看电影吧，某片新上映，据说蛮精彩的，去看看？”“这种做法很好，新颖有趣，大家都能参与，太好啦！”都是很好的应对方式，既有自己的意见和想法，又不过于强势。

7. 低调做人，高调做事

按自己的主意办事，但是功劳要归到大家名下，失误自己来承担。做事可以拒绝别人的意见，按照自己的方法来实施，但不可直接拒绝别人，更不可轻易反驳别人的想法，尽管按自己想的去做，但不要说出来。

8. 成见不可有，定见不可无

对同事不要有成见，怎样处理一件事不可固执，不要太爱掌控一切，眼中不揉沙子只会让你更被动。客观地分析一切，理智地做出决定，经过思考然后采纳或者拒绝别人的意见，形成自己的定见，才更可取，也更能赢得他人尊重。

9. 不要随时随地指导他人，他人做事不要指手画脚。

“除非受人所邀或者人命关天，不要提建议。”总是在他人做事时指手画脚是让人非常反感的，尤其对于别人的私事或者个人工作。每个人做事都有自己的处理方法，很少人愿意他人干涉，如果对方犹豫，一般会提出问题，要求大家的意见，这时提建议才更受欢迎。

女人要学会在忠于自己意愿的同时，尊重他人的想法，不取悦别人，更不要勉强别人，这样才能做到有主见而不强势，温和而坚持，才更有魅力。

第02章　贴心口才：懂心理的女人说话合人心

美丽女人，要学会为语言披上华丽的外衣；练就优雅的谈吐，才能够打动人心；做一个优秀的职场女人，更需要小心地避开办公室的敏感话题；面对男人，有时候需要点甜言蜜语；最为关键的一点就是，女人要把话说到别人的心窝里。

解析眼神表情，明白对方真心再开口

曾看到这样一段话："当我第一次走进教室时，我首先注意到的是，真心喜欢我的老师或同学会挑起他们的眉毛（或将眉毛弯成拱形），相反，那些不太友好的人会轻轻地斜视我。"从一个小小的面部变化，就能够觉察到众人对自已持有的态度，并判断出对方是理智还是仅凭面貌而决定爱憎的人，真是一件奇妙的事。

面部表情是人们心理的晴雨表，可以直接反映出不计其数复杂而微妙的心理变化。表情变化非常迅速、敏捷和细致，只有刻意捕捉和分析才有可能琢磨透其反映和传递的情感信息。想要了解一个人的气质、情绪、性格、态度，不妨从他的面部表情和眼神开始解析，弄明白对方真正的心理变化再开口，往往能一语中的，让对方引为知己。

现在就进一步解析一下不同的面部表情反映的真实心理活动，并介绍一些恰当的应对措施。

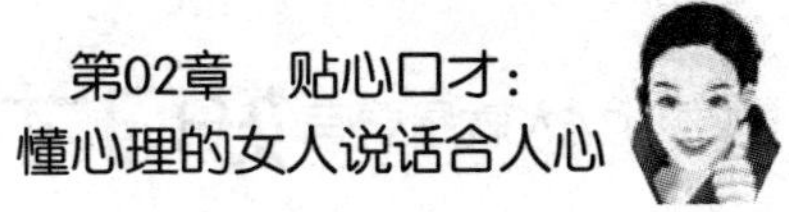

1. 审视

对方视线停留在你的脸上，并不断巡游，视线集中在双眼到嘴巴的三角区域，神态莫测，通常是久居高位者的习惯。面对这种审视者，不要慌乱回避对方的眼光，更不要长时间直视对方的眼睛——前者显示你不够自信，或者做贼心虚；后者显示你有挑衅心态，过于轻浮狂妄。最好的反应是微笑着注视对方面部，平静等待审视结束，会给人以自信从容、沉着稳重的印象。

2. 撒谎

对方视线躲闪、游移，摸鼻子、耸肩、遮住嘴巴、抓脖子、转过头等小动作频繁时，尽管对方在语言上没有意见甚至表示同意你的观点，实际上却是不以为然的。女孩子撒谎要更有技巧一点，通常她们喜欢用凝视来掩饰心理真相，如果遇到女人注视自己过久，不要认为对方欢迎自己或者高度注意自己的谈话，而要揣测她是否言不由衷。

揭穿对方的谎言是最笨拙的方法，最好能够针对对方提问一些细致的问题，问对方是否有其他见解或者疑问，除非涉及隐私，一般会得到对方坦白的回答。或者根据对方在哪句话上出现异常表现，猜测其可能在哪个问题上有异议，自己再有针对性地做出妥协，就可能得到对方的认同。

3. 各种情绪的不同表现

我们看到的面部表情通常是动态的，可能瞬间万变，也可能始终平静，但情绪的变化常常是有章可循的。脸色发青发白是生气、愤怒或受了惊吓而异常紧张的表示；脸上泛红晕，表示羞涩或激动；皱眉一般表示不同意、烦恼，甚至是盛怒；扬眉一般表示兴奋、惊奇等；眉毛闪动一般表示欢迎或加强语气；耸眉的动作比闪动慢，眉毛扬起后短暂停留再降下，表示惊讶或悲伤。嘴唇闭拢，表示和谐宁静、端庄自然；嘴唇半开，表示疑问、奇怪、惊讶；张大嘴巴表示惊骇；嘴唇向上，表示善意、礼貌、喜悦；嘴唇向下，表示痛苦、悲伤、无可奈何；嘴唇撅起，表示生气、不满；嘴唇绷紧，表示愤怒、对抗或坚决。

当然面部表情也会撒谎，当你看到某人的面部表情不协调，他表现出的情绪往往是假装的。比如，脸上漫不经心甚至冷漠，但瞳孔却在瞬间扩大，表示对方很感兴趣，但不想让你知道，以争取更大的让利。表情愤怒，嘴巴却只是微微撅起，嘴角甚至上翘，对方并不是真的生气。

只有探查到对方真正的想法，再开口说话，才能更有说服力和针对性。口才的最高境界就是说出对方想听到的话，达到自己的目的，所以揣测人心才是第一步。

首因效应：初次见面话要说好

初次见面所说的话给人的印象非常关键，第一印象的好坏，往往使对方决定是否和一个人继续交往下去。想要“一见如故”，在短时间内和对方产生心理上的共鸣，给人以亲切、和善、贴心的感觉，就要把第一句话说好，说得精妙令人难忘而有好感。

比如在《红楼梦》中，贾宝玉打量完林黛玉的面貌，第一句话说的是“这个妹妹我曾见过的”，然后又解释道：“虽然未曾见过他，然我看着面善，心里就算是旧相识，今日只作远别重逢，亦未为不可。”正和了林黛玉心中的想法：“好生奇怪，倒像在哪里见过一般，何等眼熟到如此!”引起了对方的好感，日后相处起来格外亲近。

那么，初次见面要说哪些话题，怎样说才能达到一见如故的效果呢？

1. 热情的问候

问候要做到亲切自如而不拘谨造作，遣词用句一定要体现尊重、亲切感和热情，不是一句简单的“你好”就可以做到。和熟悉的朋友打招呼可以用“最近可好”；对德高望重的长者，应说“您老人家好”，以示敬意；对首次见面的朋友，不妨在“你好”之后加上“见到你很高兴”之类的说辞，表达自己的友好；再者可以根据时间、场合的不同而有所变动，比如节日期间，可以说“节日好”“新年好”，早晨不妨用“您早”“早上好”等。

2. 拉近关系

任何两个人，只要细心留意，就不难发现彼此间的“亲近”关系：老乡、校友、共同生活过的城市、共同认识的某个人,等等，只要有了这层媒介，就很容易缩短彼此间的心理距离，使双方都感到亲切，解除拘束感。

像贾宝玉式的“咱们好像在哪见过”“看着眼熟”“你长得很像我认识的某人”等等也可以拉近彼此间的距离，让人一见如故。

3. 寻找共同话题

共同的话题，让彼此间可以更加亲密无间，比如贾宝玉问林妹妹“读过书吗？”结果林黛玉谨言慎行只回答“稍微认识几个字”，宝玉立刻从这个话题上转开，转向问对方的表字，给对方取字等话题，相谈甚欢。如果把这个话题转换到现代，没几个人会对“名字”感兴趣。根据对方的经历和兴趣、爱好、个性等找到共同话题需要更加见微知著。

另外，如果对方的回答显示不想多谈，最好快速转到其他话题。比如某女孩过于瘦弱，初识者常常夸赞她“长得瘦”并请教“减肥秘诀”，如果女孩真的是通过“减肥”瘦下来的，肯定会侃侃而谈；如果对方对“身材”正发愁，她肯定会讳莫如深，再谈论势必引起尴尬，不妨再谈论其他话题。

4. 首次见面用语一定要精而妙

长篇大论往往容易被人忘记，而简短精悍的小幽默、妙语如珠的只字片语往往能让人印象深刻。第一次见面最好不要滔滔不绝，要保持一定的矜持，记得一些精言妙语，关键时刻说出来更容易被人记住。

比如一位德高望重的前辈感叹自己老了，一百句“您保养的不错”“您看上去还很年轻”，“老骥伏枥，志在千里”也比不上一句“里根69岁才当选总统，可见生活能够从70岁开始，您的生活还在前边呢！”更有力度，也更让人印象深刻。

而对于羡慕自己自由、洒脱的成功者来说，一句“失眠的皇帝最羡慕酣睡的乞丐，我对您才是真正的羡慕不及呢！”既捧了对方，又会让对方愉悦，留下好的印象。

用语精妙不是引用名言警句，而是出言要得当有礼，措辞要幽默自然，精短而巧妙，才能让人印象深刻，而感觉亲切。最好不要说车轱辘话，打官腔，重复别人的话，否则很容易惹人生厌。

近因效应：最后的话要说得打动人

心理学中有这样一个概念：在人际交往的过程中，对他人最近、最新的认识往往会成为最深刻的认识。这就是近因效应。

一场看起来宾主尽欢的聚会，往往会因为一句不起眼的恶劣调侃让人对对方产生吃了苍蝇般的厌恶，而且因为告别在即无法解释和宣泄，也许会结下心结；最后一句话说得苍白无力，大失水准，会使先前的好印象消失殆尽；一次愉悦的聊天仓促结束，可能会使这种愉悦感迅速消弭。最后的表现不好，开始的努力也会被大大稀释；一次犯错也许会使所有的努力付诸流水。怎样才能避免这种错误，把最后的话说得委婉动人，让对方期盼下一次相遇呢？

1. 预估结束时间

首先预估好可能结束的时间，不要无话可聊，依然勉强自己说一些苍白的应酬话；也不要在双方都兴致勃勃地谈论时，忽然发现散场了，使双方都失望。商务性质的宴会、酒会，如果不方便中途离开，最好确定主办方的结束时间；能够中途离开的场合，最好在朋友稍感疲惫，或者对话者尽兴自己也尽兴后告别离开；如果有些人没有尽兴，而主办人已经疲惫，不妨换个场合继续，以便大家都满意。

2. 告别语要热情

能给人留下深刻印象的告别语往往是能够让人感到意犹未尽的，让人希冀下一次与你交谈。

祝愿型告别语有“一路顺风”“马到成功”“恭候佳音”“合作愉快”等，这些典型的祝福别人的话会使对方受到鼓舞，感受到你的友善，也会使日后的结交更容易。

惜别型告别语，如“跟你一起聊天时间过得好快，总觉得不够似的。”“有幸结识你，真是相逢恨晚，以后常来常往啊！”依依之情会充分获得对方的肯定和好感。

问候型告别语，如“今天玩得痛快吗？下次再来。”“给叔叔阿姨带个好，有空去拜访他们。”适用于熟人之间，熟不拘礼，不客气生硬也不恶劣流俗，让人感觉亲近。

邀请型告别语，如“什么时候再路过，一定到我家做客。”“后天有个聚会，再聚一聚怎样？”“我家在某某小区，有空也让我做次东道主。”这种邀请型的告别语容易使人感到受尊重，同时为以后交往埋下伏笔。

3. 告别语的忌讳

告别语切忌以下几点：

客气生硬，只有“再见”一句然后扬长而去，容易让人误会你不满意。即使再简短也要用上尾音，比如：“再见啦！”更能显示女人的婉转。

书面语太重，“祝你……”“但愿……”“期待下次会面”等书面色彩过于浓重或者过于官腔的语言非常容易招人反感，或者被人认为拿腔拿调。尤其在性格比较豪爽的朋友当中，最好不要用。

用语流俗甚至低劣，比如：“滚着吧！”“别让我再见着你。”等等。即使熟人之间，也很容易伤感情。

最后的话要说得好，一定要掌握一个原则：一定要有满腔热情，真诚而直率，不要过于虚假做作；措辞要得当，既要彬彬有礼，又要幽默自然；一定要亲切，不要显得居高临下或过于拘束或拘泥于某一句式。

解析他人性格，女人说话对人胃口

人们常说“见什么人，说什么话”“到哪个山头唱哪个歌”，想要说话对人胃口，就要熟悉对方的脾气秉性、年龄、兴趣，习惯怎样的对话方式，这样才能把话说到别人的心坎里，让人引为知己。

希腊人把人的性格分为四种：驾驭型、分析型、平易型和表现型。针对这四种不同的性格，选择不同的说话方式更容易被他们接受。怎样判断一个人的性格属性呢？首先要看他们各自的说话特点：见面时发现一个人非常强势或强硬，感觉总是在下命令或者打断他人的话题，可以认为他是驾驭型的人；如果对方常常沉默不语，开口非常有条理却让人感觉非常冷漠、冷静、阴阳怪气，让人感觉不好接近，这种人通常属于分析型性格；如果对方总是在说“好好好”“是是是”，说话没什么情趣，意见左右摇摆，喜欢迎合别人，则属于平易型或者叫“好好先生”；最后一种喜欢滔滔不绝，而且说话幽默风趣，不在意他人的眼光，则属于表现型性格。

当然，每个人的性格都不是单一的，而是复合型的，但会有偏重，比如偏重驾驭型的性格，无论他讲话多幽默，思维多缜密，总是在主导交际场面，非常强势，很少和别人平等相处。怎样和不同类型性格的人会话才能合他们的胃口呢？

1. 驾驭型性格

说话最好直来直往，因为驾驭型人平时做什么都是快节奏的，非常讲究效率，不喜欢啰唆，说话最好干净利落，说完走人。把决策权给他，最好让他拍板做主，人多的时候，要给他留足面子，有分歧时，最好把自己的意见包含到他的决定里面去，哪怕是表面上的，也要满足他的虚荣心。

比如和一个驾驭型的人在接下来做哪一件事发生了分歧：他决定去某饭店吃饭，因为这个饭店是朋友开的；而你早计划好了一起唱歌，可以融洽感情。这时，你最好把自己的决定插到他的安排里去："就按您说的，去某饭店吃饭，饭后去唱唱歌。"他的兴趣点在于权力和控制，所以他的意见一定是对的，他的见解一定是深刻的，但你的可以作为补充，哪怕是表面上让着对方，让对方心里高兴了，就可以和他"一见如故"。

2. 分析型性格

分析性性格的人内心非常自我，界限非常分明，把自己和别人分得很开。他们也许不擅长社交，喜欢回避话题，不喜欢说话。但这种人非常爱面子，他不虚荣，捧着、哄着对他无用；但一定要非常尊重他，凡事要让他知道，即使他不参与；只要给出意见，最好能听他的。他不喜欢表现自己，他认为表现自己的人很肤浅、没有深度。越是王婆卖瓜的人他越不喜欢，更看重的是情投意合、一见如故。

说话想要合他的胃口，不要忘记征询他的意见，然后自己来做决定，说话最好斯文雅致，但不要唯唯诺诺，他看不起豪爽、粗糙的人。

3. 平易型性格

对于这类"好好先生"，说话最好委婉含蓄、拐弯抹角，即使是恭维也要用请教的语气去说。因为他没有自信而自尊心强，很容易受伤，不敢让别人捧着，跟他说话他常常心不在焉，但非常注重别人对他到底怎么看，是否关注。

和这类人说话，可以多拉拉家常，多欣赏对方，对他的观点多多认可。绝对不能有一点瞧不起的意思，但可以强势一些，他们很佩服强势而

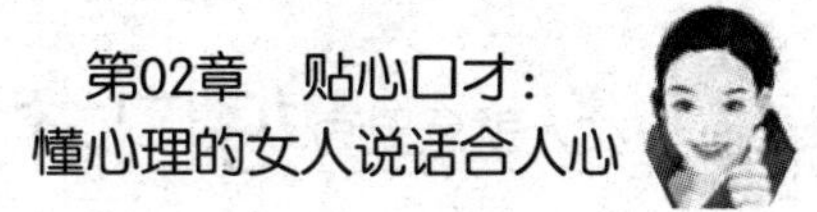

且看重、关注自己的人。

4. 表现型性格

对于好表现的朋友，最好的应对方式，就是认真倾听他的谈话，无论是萨达姆、克林顿还是神仙姐姐，要想跟他打成一片，跟上他的跳跃性思维就够了。让他当主角，认真倾听的同时，不妨用询问的方式，引导对方的话题，只要能让他侃得兴致勃勃，完美地表现够了，你就是他的投缘人。

除了性格外，还要顾及他人的年龄、性别、兴趣、习惯的对话方式，这样才能做到合人胃口，使双方都能尽兴，否则只能不欢而散。

男女心理有别，是“哄”是“捧”有不同

男人和女人在天性上有所不同：男人阳刚更需要成就感，需要被尊重；女人阴柔更需要安全感，需要被保护。从承担的社会角色来说，男人需要担负责任，撑起一片天空；而女人更需要包容，创造和谐的氛围。

针对男女心理特点的不同，说话时一定要采取不同的方式才能让对方感到更加贴心。男人要“捧着”，恰当地称赞他们本身的能力和力量、他们的事业，欣赏他们的理智、智慧和领导能力，会让对方更引为知己。女人是“花朵”，喜欢被关注、被观赏、被保护，她们还有非凡的“虚荣心”和敏感脆弱的心灵，年轻、美貌、打扮奢华是永远不会被嫌弃的赞扬话题，与男人不同的是，称赞她们的伴侣和孩子比称赞本人更让她们兴奋。

1. 男人面前装不懂

男人最怕女人入侵他们的脑袋，类似于“您在想什么”，“您当时怎么考虑的，矛盾吗？”“您不会感到疲惫吗？”之类的话题，切忌提起。说“不能理解您”或者“不是一般人能理解的”比“我理解您的感受”更能让他们感到飘飘然，也会让对方更看重你。因为女人本来就很难理解和体会男人一些独特的感受。

2. 赞扬对方的力量和阅历

男人不在乎年龄，但在乎本身的力量受到质疑。“您保养的真好”这

句话对于男人来说近乎侮辱，不如换一种说法："您一定很注意锻炼，身材真棒，看起来非常强壮。"他们还很在乎阅历，说对方"遇到的事多"，无论是麻烦事还是幸运的事，都会让对方产生满足感。

3. 对男人的"捧"要恰如其分

男人是理智的动物，如果你的恭维不着边际，或者没有迎合他内心深处最需要的，很容易被对方打上"马屁精"的称号，不愿和你真心交往。

4. 对女人不需要说实话，但一定要顺耳

女人永远需要一种"感觉的泡沫"，明明知道你说的不是真话，但哄哄她，她还是会很兴奋的。她们很容易轻信，即使言不由衷的恭维、夸大其词的赞赏也能让她们感到高兴。对于女人，你可以说她不够聪明，但绝不可以说她不漂亮、不迷人。

有一个段子非常有趣：漂亮的女人直接夸"真漂亮"，不漂亮的女人可以赞扬"有气质"，丑女人可以夸赞"很可爱""很温柔"。赞扬对方脸上并不漂亮的酒窝胜于赞扬她漂亮的美人痣，赞扬她的"吸引力"胜于赞扬她的智慧和理智。

5. 逢人减岁，遇货加钱

哄女人时，尽量捡那些好听的、顺耳的话来说，总结起来也就是"逢人减岁，遇货加钱"，猜测对方的年龄时一定要减小几岁，不管对方多么"老成"，胡诌一个美妙的年龄，胜于实话实说，尤其对于30岁以上的女人更是如此。

遇到对方佩戴漂亮的饰物或者包包，即使一眼能看出是拙劣的仿货，也要用看行货的眼光迷恋它们，并羡慕地恭维："这个品牌这个款的包只有在国外才能买到，大概一万多的样子，很贵吧，托谁帮你买的，还是出差出国了？"即使再肉麻，也能让对方眉开眼笑。

6. 尽管羡慕她们的伴侣和孩子

称赞她们的老公和孩子比直接恭维她们更能获得好感："前几天在一个酒会上看到您先生了，还是那么风度翩翩，羡慕死您了，您平时都怎么调教的呀？""您家宝宝又聪明又漂亮，尤其是那眼睛水汪汪的，您真会生！搞得我都想要一个漂亮宝宝了。"

总之，男人天生喜欢高高在上，更注重内涵，需要"捧着"；女人更注重外在，需要在言语上哄着、让着。针对心理上的不同，才能让所有人

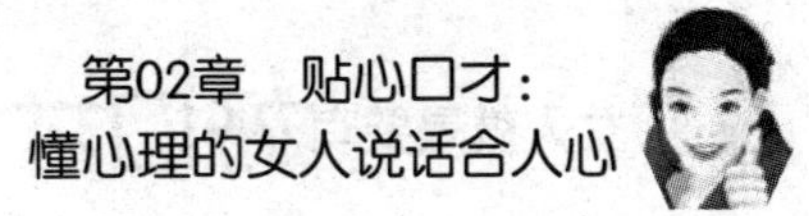

都皆大欢喜。

太精明惹人厌，女人学点“装傻”的口才

女人太精明就像花朵非要长出尖刺，无端惹人厌烦。懂得不露锋芒，适时装装傻，娇憨一些的女人才会更受欢迎。一个女人领会了大智若愚的神韵，说话就不会过于咄咄逼人，而懂得巧妙地替人遮羞、自嘲或者幽默地反唇相讥，看似痴愚迟钝，实则更贴合人心，而且不会授人以柄，这样才更能彰显一个女人的智慧和幽默。

怎样“装傻”来避开尴尬的局面，维护自己的尊严、他人的面子，而且不会让人觉得咄咄逼人呢？这种口才也有一定的方法和规律，才能不被人小觑，否则一律听而不闻，不回应对方，就只能沦为懦弱可欺了。

1. 把对方的话引向更荒诞的方向

相传宋高宗时，有个御厨将没煮熟的馄饨呈给了皇帝，结果被下了大狱。不久，宴会上有杂戏演员演相声，互问对方的生辰，一个说“甲子生”，一个回“丙子生”，这时丞相大人站起来说：“这两个人都应该下大狱。”皇帝问为什么，丞相不紧不慢回道：“甲子、饼子都是生的，不应该与馄饨没煮熟同罪吗？”皇帝大笑，释放了先前的御厨。

对于对方荒谬的逻辑、结论或无理要求，不妨做出夸张或更荒谬的假设，从而达到反驳对方的目的。

2. 就对方表面的意思作答

应对别人有深意的挑衅时，不妨只从对方话语的表面作答，不理对方话中的其他含义，反而能够出奇制胜，避免双方陷入更糟糕的境地。比如苏联卫国战争初期，一些驰骋疆场的老将对于年轻的军事家看不惯，不禁语出讥讽：“为什么派你跟我们一起去？是想来教育、监督我们这些老头子吧？白费劲！你们在桌子下跑的时候，我们已经率领着成师的部队在打仗了。别自以为了不起，革命开始的时候，你才几岁！”不料年轻的将领老老实实地答道："那时候，刚满十岁。"这一回答，让人生出一拳打在棉花上的感觉，愤怒自然无法发泄，从而保证了双方的和谐。

受辱之时装"憨相"，大象无形有时反而是最聪明的应对之策。曾有个女孩子因为自作主张引起了女上司的不满："你以为你是谁？你算老几？"女孩憨憨地笑答道："我在家行二。"引得同事大笑不已，上司哭笑不得，一场风波终于止息。

3. 故意曲解对方话中的含义，答非所问法

当对方的问题或话语不善，故意贬低或嘲讽自己的时候，可以故意偏离逻辑规则，不直接回答对方提问，而在形式上响应对方语言，通过错位造就幽默效果，维持自己的尊严。比如在某次联合国会议休息期间，某发达国家外交官问一位非洲国家大使："贵国的死亡率一定不低吧。"对方巧妙地答道："跟贵国一样，每人一次。"

答非所问讲究的是抓住表面某种形式上的联系，不留痕迹地避开实质内容，中断对话逻辑上的连续性，从而跳出被动的局面。

比如某些人不想泄露自己的隐私，往往会答非所问"从来处来""和你薪水一样多"；明星在隐私问题上的回答也往往只是"我们是很好的朋友"之类既模棱两可，又避开实质性问题的方法，不尖锐，也不遮遮掩掩，让人无可挑剔，但却什么都没说，这才是高明的"装傻"手段。

4. 装作没听到

这是最简单的一种应对方式，运用得好则需要在暂时假装以后转移话题，以便避实就虚，通过打击、转移对方的说辩兴致，从而达到打破窘迫局面，化干戈为玉帛的目的。例如，在某次失误以后，愤怒的上司把下属们聚在一起，责问："问题究竟出在哪里，出在谁身上？"这个时候，洗清自己未免有争功诿过之嫌；而把错误揽到自己身上，无疑会受到更多责难。某个女下属沉默了一下，并没有回答这个问题，而是直接说："这个错误不大，我可以修改一下，说不定会有不同的效果。"显然比起追究责任来，怎样弥补过失，继续下去更重要，于是几个下属都轻松过关了，她也得到了同事们的感激。

"装傻"是一门艺术，最终的目的是通过它起到缓和气氛、变换话题或者反唇相讥的作用，让人觉得你聪明而不尖锐，精明而不刻薄。

第03章　伶俐口才：精明的女人能够从容变通

语言是人与人之间交流的载体，语言表达能力的好坏，直接决定了人际关系的和谐与否，进而还会影响到事业和生活。特别是对于一个女人来说，会说话的女人不仅能够获得家庭，还能够使自己在事业的道路上平步青云，同时也能为自己增添个性魅力。当然，口才伶俐的女人还需要灵活变通，这样才能使自己如鱼得水，游刃有余。

慧心女人，分清场合说对话

聪明的女人懂得利用自己的身份和所在的场合让自己说出的话身价百倍，从而更被人重视；不看场合说话不仅让自己和他人遭遇尴尬，还可能被人轻看，使自己显得浅薄无知、不合群。想要受到欢迎，获得良好的人际关系，就必须针对所在的场合设计不同的话题和谈话方式，这样才能突出交际效果。

1. 不说不适合大众的话题

即使是闲聊性质的聚会，也不要只顾及一小部分人的感受，而不顾及在场的其他人士。比如很多婴儿妈妈喜欢谈论孩子的喂奶、洗尿布、生病甚至屎、尿、屁等话题，完全不管是不是在饭桌上。而有些女人，谈到兴起经常忘乎所以，忽略身边的男士，大谈内衣、身材、生理期保养等，不顾及男士或未婚女士会不会尴尬。事业型女人在私人沙龙也不宜大谈自己的事业或者对经济政治高谈阔论。

2. 话题不要影响气氛

在某些以“庆祝”为主题的聚会或者欢庆场合，最好不要谈及自己的疾病或者悲伤等不合时宜的话题；参加葬礼时万勿嬉皮笑脸；庆功宴上也最好不要论及过程中曾犯下的错误。总之，即使你说的都是事实或者好意提醒，也不要逆全场气氛而发起话题，完全可以在其他场合再私下聊。

3. 不同场合用不同说话方式聊不同话题

职场上多聊聊自己的工作和进度；商务酒宴上不妨在商言商；私人聚会多聊聊购物心得、化妆打扮或者电影、音乐、健身操等，但最好不要谈及“婆婆经”和一些家务事；一些女人沙龙最好就主题发起谈论，如果没有主题，红酒、品茶、客厅布置、旅游等都是很好的话题。再者，和家庭主妇最好用通俗易懂的语言，深入浅出，能使人听懂；和小资女最好用一些深沉的论调和雅致的语言；和时尚女人，可以多用时髦点的词句。某次，几个白领人士和待孕妈妈谈起“神马都是浮云”，结果，她们自己的话直接成了“神马、浮云”。而且让本来就是大龄未孕的妈妈兴起了出去工作代替调养身体的念头，造成家庭矛盾。

4. 充分利用特定的场合

同样一句话，在不同的场合有不同的效果。二战期间，英国首相丘吉尔会见罗斯福，要求美军出兵共同抗击法西斯。当他清晨在浴缸里津津有味地抽雪茄时，罗斯福总统不小心误闯进来。丘吉尔急中生智，立刻利用这个场合乐呵呵说道：“总统先生，作为英国首相，在您面前我可是开诚布公、毫无隐瞒了。”

这句话不但缓解了尴尬，更重要的是充分利用了这次“坦诚相见”表明了自己的毫无遮掩，换个场合这句话肯定不会有这样好的效果。

克林顿在竞选总统的电视辩论中，没有坐电视台提供给的高椅子，在这种不用直接面对选民的场合当中仍然保持对观众的尊重使他显得更加彬彬有礼，赢得了选民和电视观众的好感。换个场合或许没有什么，越在看不到的地方越保持对人的尊重和赞扬，越容易获得他人好感，这就是利用场合的技巧。

聪明的女人在与人交往中，必须要把交往的对象、场合、时间等多种因素都考虑进去，才能不失礼数，又使你的语言获得更好的表达效果，优化沟通。

女人说话委婉但不失真诚

有这样一则小故事：三个画师奉命给国王画像，英勇的国王在战斗中失去了一只眼睛，瘸了一条腿。第一个画师照实画了出来，引起国王大怒；第二个画师把国王画得双目炯炯有神，双腿笔直有力，国王仍然愤愤不已；第三个画师把国王画成了一副打猎的模样，闭起瞎了的一只眼睛瞄准前方，瘸了的腿踩在一块大石头上。国王看了以后非常满意，立刻奖赏了这位画师。

头一个画师不懂得委婉，第二个画师缺乏真诚，都让人心底不舒服。在语言的艺术中也一样，想要说得好，让人接受，从心底感到舒服，就要学会变通的艺术，说话委婉而不失真诚是女人应该学会的一种智慧。

1. 真诚面对对方

态度要真诚客观，就算要批评一个人，也要做诚恳客观的批评，真实表现出你的目的：比如想要他更好地完成工作，或希望对方能改正错误，或希望他能为别人考虑一点，不要做出一副我批评你是为了你好的样子，非常虚伪。告诉对方改正了对他自己有什么好处，他自己会权衡利弊，会在考虑之后选择接受还是拒绝你的批评。任何时候能批评的不要指责，批评是客观指出错误，指责则是带着情绪的埋怨。

赞扬一个人也是这样，真正赞扬别人的优点，别人的努力和智慧，就是真诚；赞扬别人不起眼的地方或者缺点，就很容意马屁拍到马蹄上。

2. 态度温和

同样一句话，用一种强硬的方式表达出来，还是用心平气和、温润的语气表达出来，效果是不一样的。疾言厉色或者咄咄逼人是最失风度的，态度上的温和也是一种委婉，同样也是一种真诚。语气温和的叙述一件非常让人搓火的事，对方往往马上就能认识到自己的错误；用笑嘻嘻的语气代替僵硬的、直愣愣的要求，往往更容易达成自己的目的。

3. 表达方式要委婉

表达方式要委婉，比如请假，可能有不同的方式：方式一，直接说“我要请一天假”，然后讲明理由或借口。方式二，委婉表达，但态度有点问题，例如：“我要休年假，您看，老张天天休病假，老让我替他干活，所以我觉得我应该休休假。”方式三，更委婉点，例如：“您看我把手头的工作也干完了，老张休病假的时候留下的活儿我也帮他干完了，我都一把年纪了，快当剩女了，我想休个假和男朋友去海边浪漫浪漫，尽早争取把自己嫁了，行吗？”

第一种方式过于僵硬直接；第二种方式老板考虑到公平，可能会批假，但心里肯定不舒服，因为你用了攀比的方式；只有第三种方式，把攀比委婉表达成了“他请假时的活，我也帮着干完了”，更容易获得上司好感。

4. 委婉有度

任何语言都要恰如其分，才能取得想要的效果，委婉也要有度。过度的粉饰雕琢，过于绕弯客套，就容易失去心理的纯真自然。很多“暗示”“讳饰”“暗喻”等如果对方没有正确领会，说不定会给事情带来波折，给自己带来麻烦。而且委婉也要讲求对象，跟一个向来直来直去的人讲究委婉，对方也许会认为你不够“率直”，不可交。再者，没有必要委婉的事情，不妨直言，也能增加自己“直爽”的个人魅力。

说话时，如果能考虑到别人的内心感受，充分利用对方心理变化而采取不同的说话方式，讲究变通，就能做到委婉而真诚，让人更容易接受。

尴尬冷场，女人巧妙变换话题

谈话时遭遇尴尬冷场是很平常的事情，谈起的话题对方不感兴趣；某些人因为特殊的经历对谈起的话题感到尴尬、难堪；朋友不慎谈到了你完全不懂的领域或者从没去过的旅游地，导致你无比尴尬；一个话题结束，词语枯竭，暂时找不到适合的话题，交谈难以持续，出现冷场。遇到这些场合，就需要女人灵活的头脑高速运转，巧妙地变换话题，将谈话引向自己和对方都感兴趣的方向。

变换话题不是乱打岔，如果方式过于僵硬，就会让气氛更冷淡，或者使人嘲笑你的无知。想要不着痕迹地变换话题，就要遵照以下原则：

1. 话题枯竭时，转换的话题的跨度不要过大

比如刚刚在谈论某本书，话题出现枯竭时，完全可以转换到这个作者的其他作品，或者根据原著拍摄的影视作品，和原著观点相似的其他作者的作品类比，书中提到的某个场景中的某项运动你也特别热爱，等等。这些有关联的话题，可以让话题衔接巧妙；而绝对不要刚谈到某部作品生硬转到经济领域，再转到热爱的某项运动，这样东一榔头西一棒子，不但让人摸不着头脑，还会给人以你事事都懂一点，但都不精通的坏印象。

2. 上下话题最好衔接自然

在某个“退休欢送会”上，某老同志为自己从来没有得过“优秀工作者”称号而沮丧、感伤，恰恰一位平时与他颇有矛盾的年轻人不饶人地说：“不，那是我们不好，不是你不优秀，而是我们从没有提你的名。”

这时，无论劝慰对方不要在意称号问题，还是开玩笑，找借口给双方台阶下，显然都不是好的方法，只能使场面更加尴尬。这时，一个参加工作不久的小女孩站出来：“是啊！老同志们平时都把机会让给我们了，把时间都花在辅导我们年轻人上了，我就常常受到某老的指点，以后您不在，我们找谁倾诉烦恼啊！您以后有什么安排？什么时候方便我们去拜访取经啊？”

一番话，引来大家同声附和要找老同志去聊天，气氛重新融洽起来。

这个话题变换得非常巧妙，它引导了“我们从来没提过你的名”自然过渡到“老同志将机会让给了年轻人”，变“被动评不上”为“主动谦让机会”，立刻让老同志显得高风亮节起来，然后自然过渡到“辅导年轻人”，“以后找谁辅导”到“退休后的生活安排”“能否再去请教”，重点落在了退休人最关心的“退休生活安排上”，让对方不会感到“人走茶凉”的惆怅，同时不动声色地转换了话题，把“优秀工作者”这个让人不快的话题，抛在了大家脑后，三言两语就将话题巧妙换掉，避免了更难堪的场面。

3. 不要随便转走别人的话

如果一个人谈论的话题并不是你熟悉的，想要巧妙转换话题，可以将他的重点换掉，但绝对不要转换领域。比如，某人谈到到某地区旅游，大谈某地的蓝天、大海、美食等对于你非常陌生的东西。你如果对此地的其他方面比较熟悉，比如人文或者经济建设等，就可以引申开来；如果你对其他地方比较熟悉，可以就“旅游”这个话题展开。但不要在别人兴致勃勃的时候，来一下“我们换个话题吧”或者转到毫不相连的领域去，非常不给人面子，也显示出你的无知。

女人的以柔克刚话语制服术

“一滴蜜比一加仑胆汁更能吸引苍蝇。”学会用和悦的态度软化他人的防备心理，用柔软的语言达到自己的目的，是智者最好的选择。女人说话就要“绵里藏针”，用对方的观点说服对方，用软磨制服强硬的对手，以柔克刚，才是真正的聪明。

女人在这方面往往有更大的优势，因为女人天生擅长以柔弱遮掩内心的刺，软化他人的态度，最终“扮猪吃老虎”。怎样才能更好学会以柔克刚呢?

1. 以慢对快

当对方情绪激动不理智的时候，不要争执，首先听对方把话说完，然后慢慢做出自己的处理，以慢对快往往能够让急得跳脚的人冷静下来，达到自己的目的。

一位女顾客挑选商品时间过长，售货员去招待其他客户，对方怒气冲冲地指责道：“你这是什么服务态度，你没看见我先来，他们后来吗？为什么扔下我不管了？”售货员耐心地把话听完，慢条斯理地说道：“请原谅，我们店生意忙，对您服务不周到，让您久等了。我服务态度不好，欢迎您多提宝贵意见。”温温和和的一句话，把女顾客也说得不好意思了：“我说话不好听，请您原谅。”

人们往往尊重说话温和的人，以“软”对“硬”，以“慢”对“快”，

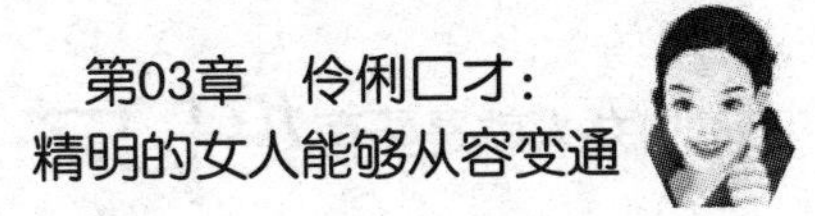

往往能够力胜千钧，以柔克刚。

2. 巧妙处理代替强硬惩罚

一个朋友一场应酬过后又去参加另一个酒宴，迟到了，在座的朋友们起哄要他自罚三杯，这位再三告饶却没有效果，这时身边的女伴站出来，说道："不然罚他给咱们唱首歌，只要不大舌头就算过关。"

一句话让差点僵住的场面重新热烈起来，众人起哄中男人唱了一首歌，笑声掌声响成一片。有时候巧妙的处理技巧，往往能化解对立情绪，让对方醒悟。

3. 以韧性取胜

中国有句古诗："君当作磐石，妾当作蒲苇。蒲苇韧如丝，磐石无转移。"坚韧如蒲苇的女人往往能够让男人如磐石般坚硬，更能够顶起石头。当你暂时无法改变一个人的想法时，不妨采用"来日方长"的手段，以韧性取胜，只要不是原则性问题，一般都能够解决。

4. 绵里藏针

柔软并不是"软弱"，要柔和但不要优柔寡断，要委婉但要敢于真实表达出自己的意图和不满。

林肯总统对那些冗长、复杂的官样报告感到厌倦，但又不愿直接和对方起冲突，他这样表达他的反对意见："当我派一个人出去买马时，我并不希望这个人告诉我这匹马的尾巴有多少根，我只希望知道它的特点何在。"话语之中绵里藏针，虽然委婉，但针对性地指出了报告的不足之处——繁冗、复杂、无重点。

以柔克刚就是要硬话软说，既不卑不亢，又不锋芒毕露，不容易惹起他人的怒气，又让人无可反驳，无可拒绝，这是女人必须学会的一种谈话技巧。

妥帖的借口迅速让女人逃离窘境

交往、谈话中难免陷入窘境，怎样找到妥帖的借口逃离难堪困窘？怎样用灵活的话语为自己开脱？怎样机智、幽默而不失大方地逃离窘境，而不让人觉得“落荒而逃”？怎样躲开不愿应酬的人而不让人心生埋怨？怎样离开自己不喜欢的场合而不着痕迹？怎样让自己的借口看起来像那么回事，让借口成为理由？下面就来介绍一些适用于女性而且不过于生硬的方法。

1. 寒暄不超过八分钟

杰奎琳的社交秘书教给这位第一夫人“交谈中的礼貌不过八分钟。”过了这段时间，如果你不喜欢和这个人再应酬，就可以离开。如果在私人派对上，可以托辞去拿饮料、拿食物或者帮女主人接待来宾、去打电话等。而且一定要说到做到，否则很可能被尴尬的抓到你说谎。

2. 把不喜欢应酬的人介绍给其他人

如果某人的谈话不合你的胃口，可以把他介绍给其他人，然后找个借口离开。你不喜欢吃的菜，一定会有别人喜欢；你不喜欢应酬的人，说不定会跟别人很投缘呢！

3. 拖延战术逃离难题

别人提出了一个你无法拒绝但你真的不懂的难题，怎样回答“我不懂”才不会让别人感觉你太笨？最好使用拖延战术——这个问题很好，但我要先考虑一下再回答。然后搜集这方面的资料，以确定下次不会遭遇同样的诘难。如果因为自己没有做好准备工作，而回答不出问题，最好能先道歉，然后明确表示什么时候可以得到结果，最后一定要兑现。如果是某些无法拖延时间回答的问题，转换相似的话题，或者转化话题的角度，不失为一个好办法：“这个问题很好，但更有趣的是……”

比如孩子提问：“火车为什么跑得快？”这个问题不好回答，如果立刻查资料，估计孩子会失去兴趣，这时就可以回答他：“火车跑得很快，最快时速能达到每小时300多公里，也就是去姥姥家两小时就到了，以后去姥姥家坐火车好吗？”

4. 不想见到某个人或者不想提起某个话题

如果你的时间或场合只适合与现在的朋友交谈，在遇到那些不怎么喜欢的老朋友的时候，就不要过度热情。比如友善地表示：“见到你真好！”但完全没必要邀请对方一起去吃午饭。如果对方坚持，或不断邀请你，最好把你的条件讲明白，比如：地点（离你家近）时间（短、方便），目的（不涉及感情或者不涉及公务）。

如果你不想谈到某件使你焦头烂额的事，最好提前就跟朋友们打好招呼："今天出来是散心的，谁也别说烦心的事。"或者："离婚是我个人的事，你们不用安慰我或者提建议，最近我都被问烦了。"好朋友自然不会让你难堪。

5. 如果你不想接受"说教"

"说教"往往来自你的父母、上司、长辈，很多自以为是的人常常会展开各种"长篇大论"，如果你不想被不断地"唠叨"，最好花时间听完这些话，反而能更快地脱离轰炸。不要试图揭穿他们的信仰，嘲笑、忽视、争辩、不敬、贬低他们的原则只能让他们更努力去说服你。不如让他们痛痛快快说上几分钟，然后再离开。

6. 逃离"醉鬼"

很多人酒过三巡后会"形象尽失"，最好的方法是把对方塞进出租车里，或者开车送对方回家，然后随便找一个借口打断对方的啰唆，比如："我要准备明天的工作""我要回家喂我的宠物""回去等朋友的电话"，等等。

总之，遇到窘境不要慌乱，越是自然的小借口可能越妥帖，不要过于夸张和离谱，越自然越容易让你迅速逃离窘迫。

聪明女人出口帮人打圆场

善解人意的女人往往能够在别人陷入尴尬、难堪或争斗局面时，及时为人解围、打圆场，驱散弥漫的硝烟，化戾气为祥和，使双方都不至于陷入无法转圜的难堪局面。同时获得双方的赏识和信任，提升自己的人缘和魅力指数。

打圆场虽然可以调解纠纷，避免尴尬，提升女人的"人缘"，但它也是个"技术活"，如果一味"和稀泥"，说不定会弄巧成拙，使场景更加尴尬难堪或者同时得罪双方。怎样掌握为人打圆场的"技术"？只有根据不同的情景场合，做出不同的反应，运用不同的手段和技巧，才能缓和气氛，调节人际关系。

1. 转移注意，岔开话题

当某个话题无论怎样继续下去，都只能使双方更加尴尬和对立，无论怎样解释，都可能效果不明显时，不妨转移大家的注意力，岔开话题，使原来僵持的场面重新活跃起来，从而缓和尴尬的局面。

体育比赛时，某位运动员的衣服被压在了下面，一时发火把上面的衣服扔了下来，双方发生了激烈争吵，这时候劝解、安慰或者继续处理衣服的话题，都容易使矛盾更激化，甚至使运动员带着情绪上场，影响发挥。体育委员于是打圆场："大家平时玩得挺好的，今天怎么了？别的班可都准备好了，正盼着我们输呢！咱们可得齐心协力、团结一致呀！"很快把话题转到了大家更关心的比赛上，转移了争吵的注意力，一场硝烟化于无形。

2. 给对方找台阶

很多人陷入窘境，往往是因为他们在特定场合做得不合时宜或者不合情理，造成局面进一步尴尬和难堪，这时如果有人出来打一下圆场，给对方找一个借口或换一个角度，双方的尴尬就都能够解除。

一次，齐白石在看护伍德萱的陪伴下参加新凤霞的"敬老"宴会，在场的都是很多文艺界名流。齐白石很早就听过新凤霞甜美的唱段，见到本人后，很激动紧紧地握住新凤霞的手，从上到下，仔细地端详、凝视着新凤霞，引起了对方的尴尬。他的看护提醒他："你总盯着人家看什么呀？"此举惹得齐白石颇不高兴，反驳道："我这么大年纪了，为什么不能看她，她生得好看。"说完脸都气红了，伍德萱也一时不知所措，这时新凤霞笑着说："齐老，您看吧，我是唱戏的，不怕看。"旁边的人也凑趣道："老师喜欢凤霞，就收她做干女儿吧！"几句趣话真的促成了一段佳话。

给不合理的事情找到一个"合理"的理由，哪怕是表面上的合理，也能够解除他人的尴尬，缓解气氛。

3. 善意曲解，缓和气氛

对自己的尴尬或者别人的难为进行善意的"曲解"，也可以缓和气氛，缓解尴尬的局面。美国总统都是擅长"曲解"的能手：克林顿在发表竞选演说时，有民众高叫道："垃圾！狗屎！"克林顿却面不改色地笑着说："不要着急，先生，我马上就要谈到你提出的脏乱问题了。"里根决定恢复生产B—1轰炸机，遭到了美国很多人的反对，他却笑笑地装傻：

“我只知道B—1是人体不可缺少的维生素，我想我们的武装部队一定需要这种不可缺少的东西。”

曲解用得好，完全可以把射向自己的冰箭化成对自己有利的“温雨”，在谈笑风生中显示自己的机智和风度。

4. 强调事情的合理性

当对立的双方因为非原则性的问题产生激烈的争吵时，不妨给两边的愤怒都找一个合理的理由，和和稀泥，就能够使气氛重新融洽起来。最重要的是一定要不偏不倚，不要偏向于某一方，否则可能使场面更加无法控制，自己也两头得罪人。

5. 不为过程找借口，而为结果找理由

当一件事情已经发生，再如何找借口、找理由也改变不了结果，面对对方的敌对情绪，不妨就结果找找理由，强调结果还不错，往往能缓和紧张的气氛，消弭对方的不满。比如某人责备下属：“咱们办公室就你拖拖拉拉，磨磨蹭蹭，搞得整个团队都等你一个人，再好的机会都错过了。”某女士在后边笑嘻嘻地打圆场：“不会不会，起码集体加班的奖金不会错过。”严厉指责的气氛一破，大家都不用尴尬了。

女人利嘴一张，避开陷阱捉弄

面对形形色色的应酬交际对象，不能用某种固定格式语言来应对，学会随时、随机、随人而应变的技巧，对于女人格外重要。在表达技巧上则表现为口齿伶俐，既具备快而清楚的表达能力，又要有高度灵活的应变措施，这样才能更轻易地避开别人语言中的陷阱和捉弄。

预备一些固定的语言小技巧，可以让自己出口的话更具有灵活性，更不容易因被抓到话柄而陷入对方的陷阱，被对方捉弄。

1. 巧妙转变话锋

当感觉对方的话锋开始不怀好意或者针对你时，及时转变话锋或话题能够避免落入对方陷阱。某办公室八卦女在吃饭时兴致勃勃地说道：“昨天你们办公室主任和小王吵得可精彩了，整个办公区都可以听到。”然后问身边的某女：“你听到没有，知不知道为什么？是不是主任抢了小王的功？”

这时候怎么回答显然都不合适，于是女孩子话锋一转：“这么说你知道是吗？”八卦女接话：“我也是听说的。”“耳听为虚，经过这么多人传话，说不定早传变形了。”巧妙地转变话锋，让自己避免了卷入旋涡。

2. 给对方的捉弄找个高尚的理由

几个正在打闹的小伙子，在人群中摘下了一位姑娘的帽子，一边抛起，一边观察姑娘的反应。这时候勃然大怒显然是正中下怀，姑娘不紧不慢地说：“我的帽子很漂亮吧？”小伙子捉弄地笑道：“当然，和你一样漂亮。”姑娘接下去说道：“你是不是想仔细看看，给自己的女朋友也买一顶？”小伙子终于不好意思了，只好顺水推舟：“是啊，现在看完了，还给你。”

有时候别人的捉弄并没有恶意，只是一时兴起，或者玩闹过头，这时候完全没有必要动怒，显得自己没有风度。不妨给对方的行为找个好的理由，让彼此都有台阶下，也避免了自己的难堪尴尬。

3. 说话灵活易变动

说话有一定的灵活机动性，在交谈中很重要，否则就很容易被捉弄。比如接受别人的邀请，而无法确定具体时间，就可以灵活地说：“在十一前后，我去一趟吧，到时打电话给你。”或者：“这个月什么时候方便，一定聚一聚。”就给自己争取了很长的一段时间。面对别人“你觉得怎么样？”的问话，如果不方便表示自己的态度或观点，或不好发表意见，就可以简单地回答“这件事我听说了”“我注意到了”，而不要陈述自己的态度，这样就拥有了话语的主动权。

4. 赞扬别人不忘眼前人

《红楼梦》中王熙凤赞美黛玉的时候就捎带上了三春：“真有这样标致的人，我今儿才算见了！况且这通身的气派，竟不像老祖宗的外孙女，竟是个嫡亲的孙女。”夸赞林黛玉漂亮的同时，夸她像亲孙女一样，等于赞三春也一样“标致”，可谓个个不落地讨好了。

在人面前赞美他人，或吹嘘自己最好也捎带上对方，以免别人听了心里不平衡而向你发难，这样赞此捧彼更不容易给自己设置陷阱。

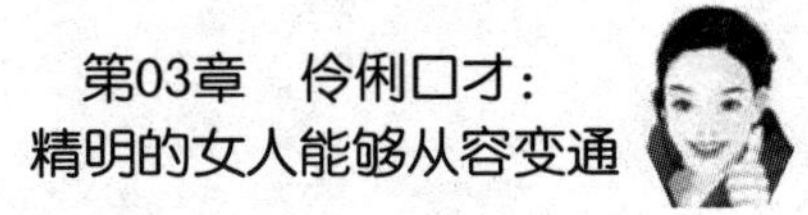

5. 以彼之道还施彼身

当对方无理挑事时，可以恰当地抓住对方语言的破绽，以其人之道还治其人之身。在某次作家见面会上，一个小伙子笑嘻嘻地对女作家说：“听说你写了60多部作品，真高产啊！”女作家不设防地说：“是的。”小伙子接着讽刺道：“我能知道是谁帮你写的吗？”

女作家笑笑接着问：“这60多部作品你都看过吗？”对方不知所措地点点头，“那我能知道是谁帮你看的吗？否则怎么会看不出作品风格的一致性？”此法的“巧”处在于抓到对方话中的“漏洞”，一举扭转乾坤，避免落入陷阱。

学会这些技巧，不仅仅是为了保护自己的人格尊严，更重要的是“杀鸡儆猴”，让别人清楚自己有一张“巧嘴”“利嘴”，捉弄自己往往会使对方狼狈不堪，而让人再也不敢轻辱于你。

第04章 知性口才：谈吐散发迷人的高贵气质

知性的谈吐，是女人聪明、有教养、有才智的表现。知性的谈吐，是女人高雅脱俗内在精神气质和修养上的直接体现，是女人全身绽放的无尽魅力，它是一种能量，更是一种致命的吸引力。谈吐自如是一种风度，笑对群儒是一种境界，巧舌如簧是一种能力。而女人知性的谈吐更是体现出其内涵，当女人在开口说话的瞬间，她的高贵气质就会让人一览无余。

充实知识底蕴，谈吐才能彰显知性

先秦时期有“名”家，最擅长“白马非马”等的狡辩之术，然而因为对具体政务、社会没有帮助，没有充足的知识学说作为底蕴，经历千年后儒家、道家、法家、墨家都各有传承，唯独“名”家，很少被人所闻。可见任何事物只有有经历、有知识、有底蕴，才可能得到认可。

好口才也一样，不能一味凭着伶牙俐齿逞口舌之能，或强言狡辩，必须有充足的知识底蕴作为基础，才可能妙语如珠，连绵不绝。口才的好坏与技巧有关，但更与自己掌握知识的多少有密切关系，总要有充足的“谈资”，才能说得出来。怎样充实自己的知识底蕴，让谈吐优雅而知性呢？

1. 多读书，读好书

“腹有诗书气自华”，面对众人想要谈吐自如，彰显知性魅力，就要有一定的知识储备。杰奎琳作为世界风云人物，她的谈吐让多位国家领导人惊叹，之所以能做到这一点，与她大量的阅读是分不开的，她的房间里整个一面墙都摆满了书，沙发上、小憩的地方都散落着书籍，她从小时候就开始对大部头的小说着迷。渊博的知识、睿智的头脑、迷人的谈吐来自于平时一点一滴的积累和学习。尽量做到多读书看报，看到某些好的观点和思想停下来自己思考一下，形成自己的独特想法；看到某些精妙的句子，不妨摘抄背诵下来，久而久之也能出口成章。喜欢看电视的话告别肥皂剧，看一些科教或者人文、政治节目吧，立体的音像作品会让你对一些知识有更深刻的理解。

2. 多些生活历练

“人间正道是沧桑”，只有经历越多、历练越多，观念才能越成熟，眼界越开阔，说起话来才能切中要点、震撼人心而有说服力，令人心悦诚服。人们对于成功者多信服，其中原因之一就是他们的生活经验、磨砺比别人多。平时一定要加强生活积累，积极面对和感受生活中的一点一滴，展开所有的感官去体验生活中的声音和色彩、感触和味道，因为年龄和性别的原因，女人对于生活可能没有更深刻和宽广的感受，但我们可以更细腻、更立体丰富。有机会就努力拓宽自己的视野，没机会多多从生活中的细节感悟和思考、研究一番，也能够让我们积累不少生活体验。

3. 关注时下热点

不要只关心身边的事情，多关注一些时下热点、政治新闻等有利于开阔自己的心胸。心里装着世界的人，胸襟会更广阔，境界肯定要高于一般女人，别有一番迷人魅力，言谈举止更雍容大气，说出来的话自然更有气度，更容易被人信服。

同时，也要关注语言的变化，尤其是与年纪小的人说话时，用“时髦”语言更容易达成心理共鸣，沟通更顺畅。

女人的谈吐要雅致迷人，充满知性的智慧，就必须以丰富的知识为坚强的后盾。这样的谈话才能够给人以力量、愉悦之感，才能拥有真正的好口才。

优雅的态度让语言充满知性魅力

说话时，态度的优雅可以让出口的语言更迷人，充满知性的魅力。当女人偏着头，一边思索一边慢条斯理地说出她的见解或迷茫，那种迷人的魅力会感染周围的每个人。知性不仅仅是语言上的理性和智慧，更体现在谈话的态度、个人修养和神态细节当中。

赫本70岁时走访非洲儿童，即使已经不再年轻貌美，即使不知道她在说什么，从她搂抱非洲儿童的动作，从她怜悯的神态，我们依然可以看到她的优雅和高贵。她说："在非洲，自己从来没看到过乞求施舍的双手，只看到不幸人的高贵举止，他们从没有憎恨过生活。"她神态文雅而平和，眼中饱含纯真和善良，她的温柔和母性甚至让饥饿的孩子扔下手中的食物奔向她索取温暖和希望。

这是语言所没有的魅力，语言可能有无法沟通的时候，但通过一个人的态度，说话时的神态，可以感受到对方的气质和修养，感受到对方的友好和温柔。说话的艺术不仅仅指语言的魅力，更包含了自己在神态中无意透露出来的信息。

怎样让态度将语言的魅力提升呢？怎样用你的态度来展现自己的优雅和知性呢？可以从以下几点做起：

1. 让迷人的微笑挂在脸上

无论是鲁豫还是杨澜，她们即使不开口，脸上也一定带着一丝自信而淡定的微笑，不是很爽朗热情，但很含蓄优雅。嘴角眼角翘起一定的弧度，但唇部一定是抿着的。这样的微笑可以让人感觉更舒服更亲切。微笑不要太夸张，时间不要太长，否则会让人感觉虚伪。神色温润而宽容，可以让人更乐意接近你。

2. 开口说话不要滔滔不绝

开口说话时，一定不要滔滔不绝，说几句，停一下，给人思考和反应的时间。也可以一边说一边思索，神态与开口说的话相应和，即使出言责备也不要口出恶言。说话时语气不要平板，不能淡然无波，要尽量显现出自己的喜怒哀乐而不过于夸张，这样的话语才能更吸引人，感染人。

3. 话语理智而有感染力

知性女人一定是有相当的理智的，这种理智的表现在于"有度"，态度比较淡然，不偏激，即使是热衷而诚恳的，从语气中也不会觉察到她们的急切。

知性女人可以不喜欢某个人，不喜欢某种观点，但讲话一定是客观的，比如："我不认同他的观点。""我不能接受他的说话方式。""我不是很喜欢他的个性，和我本人不符合。"但绝对不会用批评或责备的语气，更不会侮辱和诋毁。用语也一定是谦逊而文雅的，对别人可以不喜欢，但绝不会轻慢不尊重。

总之，口才不仅仅是要用语言来完成，还要靠良好的风度。优雅的说话可以给听的人留下良好的印象，内涵丰富的话语加上一份优雅的风度，一定会让你的语言充满知性的色彩和魅力。

知性有度，谈吐不要不食人间烟火

很多人把"知性"当做学识渊博的另一解释，常常洋洋自得地卖弄一些新名词、冷僻的理论、深奥的哲学道理等，来显示自己的高深莫测。其实，"知性"真正的含义离康德所提出的定义不远，即是介于感性和理性之间的一种认知能力。"知性之美"在于涵养深厚、头脑聪慧、思想理智成熟、做人又极大气。表现为工作上的中性，感情上丰富细腻，具有女人味、人情味。

所以，知性不是不食人间烟火，更不是卖弄神秘，女人谈话也要知性而有度，谈吐迷人的要点在于能够被听众所理解、所热爱，这样才能散发出女性迷人的魅力。因此，女人们聊天谈话要遵守以下几条准则：

1. 谈论的话题要离生活近一点

女人谈论的话题要与听众的知识水平相当，让人感兴趣，与当时的情景、场合相符合，不要自以为是地谈论一些文艺、哲学、人生等话题，动辄讲冷僻的理论，拿大师们的话唬人。

曾见过一个女人总是抱怨与别人话不投机，不被人理解。其实要理解她也很难：与人聊天上来先聊半小时《红楼梦》或者《论语》；不管什么场合，陀思妥耶夫斯基、赫尔曼·黑塞、弗朗索瓦·斯·萨冈的理论必然充满多半聊天时间。大师们深奥难解的理论充斥着整个宴会，让人很难消化。这样的女人当然谁见了都要快速闪开，跟她谈论浅了被斥为"无知”，深了，除了喜欢哲学的人谁又专门去了解那些深奥的东西？过于知性，痛苦是必然的。

2. 谈话不要过于“文艺腔”或“小资腔”

文艺腔泛滥会给人很“酸”的感觉，动不动“给灵魂找出路，给漂泊的灵魂找到归宿，让动荡的灵魂有一片宁静的栖息之地”“一扇门在被通过时，你通常不会意识到它是敞开着的”“这只是一种意象，它并不是真实的，是事实通过你大脑时，留下的一种感觉，浮光掠影，但很微妙，很美好”。这些语句固然很美，但它的受众也很小，除非和一些特别热爱文艺或哲学的人谈论，否则这种说话方式是不受欢迎的。

更有一些非常小资的诸如“忧伤”“感动”“绝望”等词汇，以及一些煽情语录，诸如：“如果我不是一个作家，会是一个妓女”“夫妻之间最真实的东西是背叛。任何一对夫妻，哪怕是最美满的夫妻，都不可能在爱情中相互激励；在通奸中，女人因为害怕和偷偷摸摸而兴奋，男人则从中看到一个更能激起情欲的目标”“爱到深处，原来是寂寞”“生活是一袭华美的袍子，上面爬满虱子”等等。

在谈话中，如果不确定对方是个小资女，就不要用这种曲曲折折、虚头巴脑的说话方式，因为它只适用于文字，而且沟通效果并不好，显得很“卖弄”。

3. 不卖弄“术语”

谈话时不卖弄“术语”，无论是各种只有用异国语言表达才更地道的“词汇”，还是专业内的“专业词汇”，如果别人听不懂，就不要运用，尽量用通俗的话来表达，否则就有卖弄之嫌。引用某些文言文，最好翻译过来。

总之，知性可以“渊博”，但绝不是“卖弄自己的渊博”，语言越贴近生活，越生动形象，才能越让人信服。

讲理深入浅出，令人亲近又钦佩

在交往中，枯燥的大道理，往往不能被人接受，如果能够化抽象、枯燥的讲理为具体生动的比喻，把简单枯燥的事情具体化、形象生动化，就能够使自己的言谈更加生动有趣，引人入胜。把深刻的大道理用浅显生动的语言表达出来，就能够让人们觉得更亲近，更贴近生活，从而更喜欢和你交往。

在这方面，最欣赏的人当属庄子，他讲理时总是将深刻的道理承载于一个个生动有趣的小故事当中，让人不知不觉看得津津有味，而又对他叙述的境界有了更深刻的认识。从遨游九天的大鹏鸟，我们领略了什么是“逍遥”；从螳臂当车的故事中，我们懂得了什么是不自量力；从“曳尾于涂”的乌龟身上，我们领会到什么是“人各有志”。没有喋喋不休的大道理，却能轻易地劝导别人，这才是真正的大智慧。怎样把这些大智慧融汇于平时的说活当中呢?

1. 用各种修辞手法将道理通俗化

比拟、夸张等修辞手法可以将复杂、抽象、深奥的道理通俗化。一些寓言常常使用这种方法，比如伊索寓言中有一篇讲道：“苍蝇站在风车上，大言不惭地说‘风车的转动，都是我的力量’。”当某些人夸耀自己在某事中的功劳时，不妨把这个寓言讲给对方听，他也许能够大悟。

联想集团的老总也讲过一个“鸵鸟理论”：“当两只鸡一样大的时候，另一只肯定觉得你比他小；当你是一只火鸡，人家是一只小鸡，你觉得自己大得不行了吧，小鸡就会觉得咱俩一样大；只有当你是只鸵鸟的时候，小鸡才会承认你大。所以千万不要把自己的力量估计得过高。”这形象地说明只有你站得足够高，才会被人信服。这样启发式的语言，更容易被人津津乐道。

2. 将道理情理化

人是有情绪、情感的动物，当道理讲不清楚的时候，不妨以情绪、感受将其中的道理具体化，让人能够更加体会深刻。

一个小故事中，某男告诉别人：“欠什么别欠人情，能用钱办成的事，就不要用人情去办。”很难说清的道理，但男人指着饭桌上一盘花生说：“你觉得欠别人一盘花生米，在别人心里没准欠他一顿鲍鱼，人情这东西不具体，很难说明白，到最后两人都感觉吃亏。”将道理用感觉说出来，让人觉得无比亲切。

3. 将道理蕴涵在事实当中，让道理具体化

当道理复杂或者乏味时，不妨将这些教条寓于典型的事实当中，道理就能变得更鲜明形象，更具体化。很多小寓言故事就是运用了这种方法，“唇亡齿寒”“螳螂捕蝉，黄雀在后”等都把国家间的形势缩小到最常见、最有意思的故事当中，让统治者马上明白怎样的选择才是最明智的，比朝堂上的争辩更能让人明晰，也容易使人产生兴趣。

想要把道理讲得深入浅出、趣味十足，不妨多读一些寓言和儿童文学，不要小看这些小孩书，最复杂深刻的道理往往蕴涵在最简单的故事当中。

培养艺术情操，开口即有知性女人味

有人说：“女人只有拥有了美丽、知识、独立以及社会地位的平等以后，才能懂得生活的艺术。”也就是说知性的女人不一定是懂艺术的，但懂艺术的女人一定是知性的，有着和男人意识上、学识上的平等和独立。

平时培养一些艺术情操，关键时刻能够欣赏，提出自己的观点也就有了知性的味道。茶花女的原型是一个法国妓女，之所以获得了小仲马的倾心，很大一部分原因是她的书房中摆满了小仲马的书籍，关键时刻能够以鉴赏的目光来评论他的那些作品，被一个人理解了艺术灵魂，对于作者来说，有多兴奋？女孩子怎样培养自己的艺术情操呢？

1. 多接触一些艺术点评

对于外行人来说，弄懂艺术的真正灵魂是很难的，不妨在欣赏艺术作品的同时，多看一些艺术点评，一些通俗的解说和评论可以帮你更轻松地看懂听懂那些作品，帮你更好地理解和欣赏作者的风格。另外，专业的评语可能会在某个场合用得上，记住一些更有利于提高自己的鉴赏力。

2. 练习至少一样才艺

钢琴、绘画、舞蹈、歌唱，至少拥有一项才艺，这是女人最大的资本，古代英国的淑女或者中国淑女都是这样培养出来的。美和艺术都是相通的，精通一样艺术，对其他艺术形式的理解也会有很大帮助。另外，拥有一样才艺，意味着你的灵魂是丰富多彩的，感受力也会变得敏感而丰

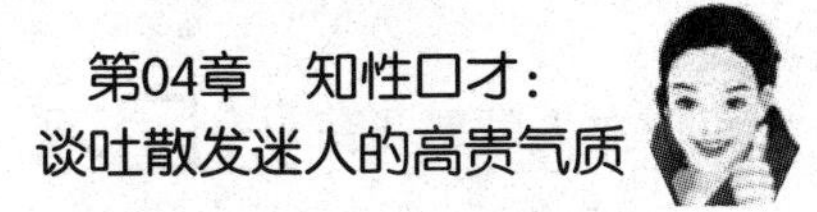

润，同时你的社会地位不会过低，否则你没有精力和财富去学这些。这些都有利于提升你交际中的形象和话语中的说服力。

3. 适当收藏一些艺术品

适当收藏一些艺术作品，比如一些艺术大师的原声唱片、画作，各种有趣的民间艺术品如有趣的陶瓷娃娃系列、木制生肖等，并常常拿出来欣赏。这种实践出来的眼光要比看某些图片更直接，也更敏锐，更能增广见闻，用来赠送朋友也是很好的礼品。

4. 参加一些画展、音乐会

直接、现场观察和领略比听唱片、看图片，更能深刻感受到那种艺术的震撼力，再者，不同的演奏团体、不同的解说者会对艺术作品有不同的理解和演绎，从不同角度来欣赏同一部作品，受到的感触也会更丰富。

5. 多和同好者讨论

多和一些爱好艺术的人进行讨论。真理往往是辩论出来的，艺术感觉也一样，当你参与讨论的时候，同时也是在将你的观点进行总结和归纳。将你对艺术作品的理解阐述出来，你的观点会更鲜明深刻，理解会更深邃。

6. 将艺术气息带入谈话当中

无论是走路的姿势、谈话时的手势还是话语本身，都能够看出一个人在艺术上的修养，只要你对艺术有充分的热爱，知性气息就会如身上的香水一样扑面而来。你的话题不一定要围着艺术转，但不多的几句点评一定是非常到位的，说出的话语比较专业，而且即使没有艺术功底的人也能听懂，这就是知性的魅力。

关注时事，见识广的女人能说会道

说话的魅力在于“言之有物”，华丽的词汇、委婉的技巧这些都是语言的点缀，如果言谈话语中没有值得品味、关注的东西，再美丽的语言都会显得苍白。语言和话题都是与时俱进的，必须时常更新，才能让人们感到新鲜，否则单话题单一、枯燥、落伍，就会像“祥林嫂”一样，时间久了就会被人们所厌倦。

社交场上的交际女王往往是长袖善舞、八面玲珑的，她们往往什么话茬都能接上，什么都懂一点，说话风趣幽默，一件简单的小事也能被她们说得妙趣横生，让别人听得津津有味。这一切往往要归功于她们见识多，去过的地方多，经历得多，而且感情丰富，感觉敏锐，当然显得格外能说会道。

如果没有机会，也不一定要亲自见识，关注一下时事热点，总能找到自己感兴趣的话题，经济的、旅游的、健身的，时事不仅仅是重大新闻，也是生活中人们热衷做的事情，人们关注的热点。平时怎样做到关注时事呢？

1. 每天看点时事报道

多看看新闻，读读报纸吧，关心一下这个世界到底发生了什么。关心时事、关心时代大潮，你会发现自己的某些观点会非常独到、新颖、平衡而不偏激。看问题会更加全面，处理事情的方法也会变得新潮而不守旧。

电视、网络、报纸等都是极好的了解各种信息的手段，最主要的是要有灵敏的嗅觉，能够从现有的知识和信息中探查到某种趋势、某种迹象，才能够最终获得渊博的学识，增广见闻。现代社会是一个信息爆炸的社会，各种知识和信息往往使人们眼花缭乱，不辨真伪。在接收各种信息时，必须要去伪存真、去杂留精才能够得到精准的、正确的信息，谈话时才能让人感觉到你见解独到。

2. 听听别人讨论什么话题

听听别的女人在讨论什么话题，比如，女人永远不会落后的话题——减肥。前几年的方式可能是减肥药、减肥茶、束身衣；再看看如今，女人们更热衷讨论有氧运动、瑜伽、跳操班或者营养合理的饮食菜单。听听别人的讨论，也算给自己找个方向。

3. 敏锐的观察力和感受力

时事不仅仅是看来的，也是感受出来的，就算你天天看新闻、读报纸，如果只当成一种消遣，也不会有可谈的内容。将自己感兴趣的信息收集起来，逐渐就能成为一个系统，这样你在某方面的洞察力会更加敏锐，比如房产，比如时装，比如文学趋势，关注时事不是关注所有的新闻，而是有重点地观察生活，感受社会变化，关注自己的内心。

4. 把时事带到自己的谈话当中

有了素材，怎样把这些带到自己的谈话当中去呢？主要有两种方式，当人们谈论某件最近发生的事情时，将你思考的结果，你的结论和观点说出来，如果你的视角非常独特，就会被人们重视和认同。第二种方式，当人们讨论某个观点时，不妨把最近发生的几件时事，或有关联的新闻讲出来，证明你的观点，你的谈话将更有说服力，也会更有趣。

关键时刻说些令人回味的话语

聪明的女人说话总是能够让所有在场的人如沐春风，而说出的话也常常如余音绕梁，使人回味再三。这样的妙言妙语绝不是一夕之功，或者单靠口才来完成，必须有足够的积累，才能把一些俏皮的富含哲理的语言用一种轻松的语气轻描淡写地说出来，不刻意，而又让人忍不住回味。

怎样才能在自己的谈话中融入一些令人回味的话语呢？“文章本天成，妙手偶得之。”跟写文章的诀窍一样，想要出口成章，就要不断积累，才能在谈笑风生中出口就能让人回味无穷。

1. 记住一些有趣的富含哲理的句子

有些“妙言”的妙就妙在其简短精悍而富含哲理，有些妙在表达精准，有些妙在够“巧合”，有些妙在够“讽刺”，有些妙在意味深长。这样的句子，往往不是自己的话语能够代替的，只有精准的“复述”才能尽显其智慧和精髓。这样的句子不妨多摘抄一些，背诵下来，在适合的场合说出来，往往更能让人“回味无穷”。

2. 不要经常引用名言警句

很多人都喜欢引用“名言警句”，尤其是某些励志性的句子。这样的句子不要多说，要知道一个好句子第一个说的人是天才，第二个是庸才，第三个说得就变成了“蠢材”。妙句最忌“老生常谈”，既然同样要使用“警句”，就不妨用一些人们很少用的，很少知道的，最好俏皮一点的，更能体现女人的机智。

3. 俏皮妙句要适合场景，有针对性

一句话能够让人反复思索，或每次想起都乐不可支，往往是那种“触景生句”的，触碰了最巧妙最适合的“场合”说出来的俏皮话，才更容易被人记住。幽默也好，妙句也罢，不要生搬硬套，更不要次次都拿出来当开场白娱乐大众，否则你本身就变成了一个笑话。用得好不如用得“巧”，一定要恰到好处，在巧合的场景、巧合的人面前说些“妙话”，才更有用。

有些“妙言”则要有针对性，比如曾和某些人谈到过某些话题，或者和某个朋友有默契，心有灵犀，这样一唱一和的妙言妙语更能体现其趣味性和幽默感。

4. 哲理性的句子最好用在结尾

饱含哲理的寓言式的句子，最好用在话语的结尾，更意味深长，引人深思。这些句子最好能慢慢地优雅地讲出来，然后给人一段充分思考的时间，人们往往会对你更尊重，更敬佩。也可以用在故事叙述的最后，当成结论性语言，更能体现这些“妙语”的价值。总之，那些令人回味的话语必须用在关键时刻，有恰当的时机和场合再运用，才会显示你的知性和智慧，否则就会变成“笑柄”。

妙语不在多，而在于精，在于巧，纵然只有只言片语，也要展现自己的品格和机智，这样的语言才能“妙语解颐”，才能“绕梁三日”。

第05章　幽默技巧：妙语连连做精灵般的女子

女人不仅仅要会说话，还需要学会幽默的技巧，做一个精灵般的女子。假若把你的各种优良特质比作钻石的各个侧面，幽默感则是钻石直接面向观众的那一面，可以时时折射出智慧的光芒。在有限的时间和空间之内，哪怕是初次见面的一次晚餐上，不经意间说出一句幽默妙语，能让你一展才华，令人耳目一新，乐不可支，印象深刻。

幽默暗藏智慧，化解女人各种难题

恩格斯曾经说：“幽默是表明一个人对自己事业具有信心并且表明自己优势的标志。”汪国真也曾说：“富有智慧的人，不一定幽默；而具有幽默感的人，一定富有智慧。”在犹太民族语言希伯来语中，“幽默”和“智慧”有着同一个发音“赫夫玛”。可见在智者眼中，幽默是自信、智慧的标志，是丰富日常生活的重要手段。在如今的社交圈子当中，幽默也已经被公认为一种潇洒、优雅和高深的表现。

幽默可以冲淡人际关系的紧张，使过于严肃的氛围得到缓和；可以使局促的场面变得轻松、和谐，使人立即消失掉拘谨或不安；可以让你从尴尬、困境中解脱出来，几乎是化解社交场合各种难题的灵丹妙药。交往中女人灵活掌握这一手段，也可以让自己变得更加优雅自如，充满灵性。在妙语如珠的幽默中会心一笑，所有的难题都将迎刃而解。

那应该怎样运用幽默，用幽默来做什么，在哪些场合下最好幽上一默呢？

1. 大事化小

哲学家伏尔泰的小仆人非常懒惰，一次仆人把没有刷掉泥泞的鞋子递给了哲学家，并告诉他：“路上还是布满泥泞，两小时后一样会把鞋弄脏。”伏尔泰笑着走了出去，不久仆人追上来要橱柜的钥匙，因为他还没吃午饭，伏尔泰笑着说：“吃什么午饭呢，两个小时后你还是一样饿！”伏尔泰没有大发雷霆教训自己的小仆人，而是用玩笑的方式让他受到教育。

在大庭广众之下，不要发脾气，如果遭遇了让你不满的事情，不妨用玩笑、幽默的方式微笑着解决，更能显示自己的风度。

2. 化解别人的故意为难

一次达尔文参加朋友的宴会，一位年轻貌美的女士和他坐在一起，她对达尔文的进化论并不赞同，于是戏谑地问道：“听说您断言人类是由猴子进化而来，那我也属于你的论断之列吗？”此种场合进行科学辩论显然是不合适的，于是达尔文漫不经心地答道：“当然，您不是由普通的猴子变来的，而是由非常迷人的猴子变来的！”这番戏言既反驳了美女的戏谑，又没有使之过于难堪。面对别人的故意刁难，或者不适合场合的提问，不妨以幽默的方式来化解，保全双方的颜面。

3. 可以和谐人际关系

交往中说几个小笑话娱乐一下，调侃调侃自己和老朋友，就能够让周围的气氛轻松愉悦起来，众人也会变得喜欢和你交往。恰如其分地运用幽默，主动热情地与周围的人交往，它同良好的仪态举止一样，能够使你顺利、迅速地熟悉和了解同事，为自己的事业大开方便之门。几句轻松的调侃，几句俏皮话，能让陌生人迅速放下心防，使自己赢得别人的信任和喜欢，事业也将获得更好的发展。

4. 让尴尬的场景以和谐收场

曼德拉在某次接受勋章的仪式中，把讲稿的顺序弄乱了，面对这有些尴尬的场景，他没有手足无措，而是不以为然地一边整理一边脱口而出：“我把讲稿的次序弄乱了，你们要原谅一个老人。不过，我知道在座的一位总统，在一次演讲的时候也把讲稿的次序弄乱了，而他却不知道，照样往下念。”顿时，整个会场哄堂大笑。

与人交往难免遇到尴尬的场面，这时幽默地自嘲一下，或者开个小玩笑，让气氛在哄笑中和谐起来，不失为避免难堪的好方法。

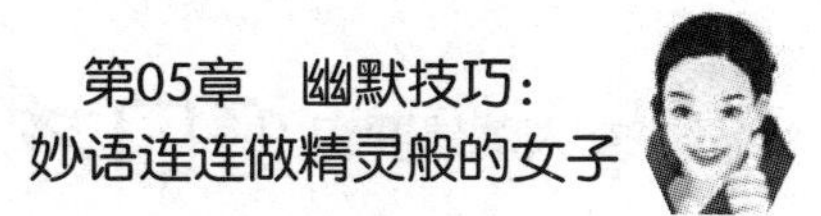

人们普遍喜欢幽默的女人，因为善幽默者必然善谈笑，女人如果能在谈笑间让一切都看起来和谐美好，把事情办成，让人们也得到愉悦，就是拥有了大智慧和大气度。

自嘲打趣赢得他人对你的喜爱

海利·福斯第有句名言：“笑的金科玉律是，不论你想笑别人什么，先笑自己。”可见自嘲是幽默的最高境界，因为自嘲是拿自己本人的失误、不足、缺陷来开玩笑，然后巧妙地引申，自圆其说，博得一笑，没有足够的自信和超脱调侃的心态是无法轻易做到的。

自嘲或自嘲后打趣老朋友，一般不会伤害到别人的情感，而且可以在尴尬中为自己保住面子，消除紧张；可以活跃气氛，在公共场合更显人情味，赢得人们的喜爱。无论遭遇矛盾还是难堪或者因自己的失误而不好下台，不必过于掩饰，也不用郑重地承认自己的错误，或手足无措，越严肃越慌乱反而越容易遭到人们的嘲笑，不妨自我调侃一番，给自己找个台阶，可以将紧张的氛围轻松化，更容易得到人们的原谅，也更有利于自己的人际关系。

自嘲要怎样运用呢？

1. 给不雅的行为方式找到一个有趣的理由

无论是自己的失误，还是遭遇到了尴尬情况，掩饰是最差劲的方式，转变话题如果无法不着痕迹，那就找个有趣味的理由。比如，恰好绊了一跤，不妨解释为：“本想表演个前空翻。”“想要脚踏实地真不容易。”“可见眼睛只往上看，脚下就爱摔跤。”再比如说错了话：“果然越爱耍嘴皮子，越打自己的嘴。”“人家都说多说多错，我就说了一句，以后要把嘴缝上了。”

2. 找个有趣的后果

出现失误，不妨把失误夸大做一番联想，找个更有趣的后果。比如有位石学士，一次骑驴不慎摔倒，却不慌不忙地站起来说：“亏我是石学士，要是瓦的，还不摔成碎片？”一句妙语说得在场人哈哈大笑。平时也可以巧妙利用这种方法：“幸亏这身肉托着，否则还不摔断骨头？”“多亏你家地面结实，要不这一下摔穿了地球，你们就得到美国找我去了。”

3. 对自己的缺陷自嘲，可免去别人的嘲笑

有时候坦然地笑话自己，可以避免别人拿自己的生理缺陷开玩笑。比如，林肯总是拿自己的丑相貌自嘲：“我觉自己好像一个丑陋的人，在森林里漫步时遇见一位老妇。她说：‘你是我所见过的最丑的一个人。’‘我是身不由己。’‘不，我不以为然！’老妇说，‘至少你可以待在家里不出门啊！”’

大胖子詹姆斯东曾经拿自己的身材开玩笑：“我是个比别人亲切三倍的男人。每当我在公共汽车上让座时，便足以让三位女士坐下。”

女人也不妨开开自己的玩笑：“幸亏我还有一点笨，否则像我这么漂亮又好脾气的女人，哪还有人敢要？”“不是有句歌词叫‘我很丑，但我很温柔’嘛，大家一看就知道我肯定是个倍儿温柔的女人。”对自己的缺陷表现得越不在乎，越坦然不讳言，越能得到别人的尊重，这样的自嘲往往能让别人对你多几分好感和佩服。

4. 顺便打趣别人一下

自嘲的同时打趣一下别人，往往能取得更好的效果，还能“回敬”一下别人的无理取闹。在某次宴会上，一个胖子遇到了萧伯纳，于是挖苦道：“如果是外国人看见你，还以为英国人都在饿肚皮呢！”萧伯纳看了他一眼，谦和一笑道：“是呀，但如果外国看见你，就会找到饥饿的根源了。”一句话引来了一片笑声，那个嘲笑他的人，也不得不笑了。

女人在自嘲的同时，也不妨打趣一下对方，让她也有苦说不出。“见识浅短的女人！”“嗯，大概是头发太长的原因，不都说‘头发长见识短’嘛，不过好像你比我的头发还长啊！”

对着穿高跟鞋的女人不妨打趣一番：“看我这么‘小巧玲珑’，就是个‘小人’，倒是您这高头大马的‘大人’，怎么还要计较‘小人’的过错呢？不会是脚底下‘掺水’了，实际上也是个‘小人’？”明里暗里的一番打趣嘲笑，也无法让对方动怒，才是最好的反击方式。

与其拿别人开玩笑，不妨先拿自己“开涮”一番，既能显示自己的大

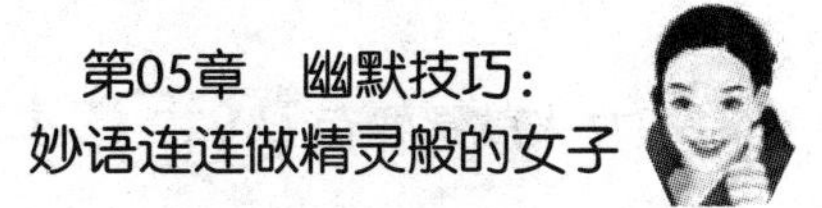

度胸怀，又能维护自我尊严，消除尴尬、耻辱感，还能制造宽松和谐的交谈气氛，能使自己活得轻松洒脱，使人感到你的可爱和人情味，有时还能更有效地维护面子，建立起新的心理平衡。

丰富表达方式，女人更俏皮幽默

一句话有很多不同的表达方式，怎样说出话来更有幽默的效果呢？怎样说话才显得更俏皮风趣让别人忍不住捧腹呢？丰富自己的语言表达方式，对于女人来说是非常重要的，实话也可以“巧”说，严肃的话题也可以“戏”说，直白的话不妨“趣”说，又能够产生幽默的效果，让氛围更加轻松活跃，自己也更受欢迎。怎样巧妙地表达自己的真实意图，而更有幽默的效果呢？

1. 以虚对实

妻子对丈夫说：“你经常说梦话，去医院检查一下吧。”丈夫笑着说：“不用了吧，要是治好了，我就没有一点说话的机会了。”对于妻子实实在在的关心，丈夫以虚假的“不说梦话就没有了说话机会”应对，产生了幽默的效果，这种淡淡的抱怨反而使生活中充满情趣。当然还可以采取“以实对虚”的方式来产生幽默。如老婆回家晚了，进门就问：“晚饭做好了吗？”正在弄狗粮的丈夫没好气地说：“这不给你弄着呢吗？”老婆看了一眼，不生气反而装作一本正经：“那多弄点，好东西要和好老公一起分享。”

把对方嘴巴里的实话当成虚话调侃一番或者把某个玩笑当成实话顺着说下去，就有让人捧腹大笑的后果。

2. 语意双关

语言是丰富多彩的，同样的一句话往往在不同的场合，因不同的对象可能有不同的意思。巧妙地运用双关语，或语意双关的句子，往往能够产生幽默的效果。

比如在《刘三姐》中，三个秀才与刘三姐对歌，刘三姐的双关讽刺可谓辛辣之极："姓陶不见桃结果，姓李不见李花开，姓罗不见锣鼓响，三个蠢材地里来。"

平时用词的时候也可以多运用一些语意双关的词语，丰富自己的表达方式。比如想要打包又不想引起尴尬，不妨用调侃的语气："咱们吃不了兜着走啊？"再比如妻子和丈夫闹脾气，打了对方一巴掌，丈夫说："君子动口不动手啊！"妻子马上接道："那我就下嘴咬了啊！"把动口"说"化为动口"咬"，自然产生了幽默效果。

3. 有意曲解

明明知道对方的意思，而有意曲解，可以造成很特别的幽默效果。丘吉尔某次演讲时，台下递来一张纸条，写着"笨蛋"两字，丘吉尔知道对方在等着他出丑，于是笑笑说："刚才我收到一封信，但写信人只写了署名，忘了内容。"

另外把重点落在句子的其他位置，也会造成幽默的效果，比如妻子说："你看郑先生，每次出门都要吻他老婆，你就不能做到这一点吗？"丈夫说："当然可以，不过我目前跟郑太太还不太熟。"妻子的重点在"吻"，而丈夫巧妙地把重点放在了"邻居太太"，起到了幽默的效果。

4. 避重就轻

当矛盾一触即发的时候，不妨答非所问，回避问题的严重性，用联想性语言产生幽默效果。比如一个顾客发现自己的酒里漂着一根白头发，便招来服务员问："这酒里怎么漂着一根白头发？"服务员笑着说："可见我们的酒是陈年老窖啊！"一句"戏言"化解了一场"纷争"。

同样一句话，换一种表达方式，就可能产生不同的效果，女人要学会丰富自己的词汇和表达方式，在非正式场合尽量用不那么严肃的语气，用调侃、俏皮的表达方式来回应别人，就能显示出自己的幽默。

善用联想，发散思维铸就幽默言辞

言语幽默的产生,离不开人脑对语音、词汇以及语境的联想。人脑在接受外部语言信息时，往往要与头脑中本有的信息词库建立种种联系，这就是联想，也就是说所有的外部信息都要经过大脑的加工才能进行理解和创新。在这个过程中，我们不妨多多利用自己的发散性思维，以接收到的信息为中心，从不同的角度，沿着不同方向在头脑中先发酵一番，再开口，往往能产生幽默的效果。怎样对敏感词汇进行幽默式的联想呢？通常有以下几种方式：

1. 由结果联想原因

当别人不满意结果时，不妨用一个有趣味的原因来化解恶果带来的不满情绪，往往能够让紧张的气氛轻松起来，让问题变得更好解决。

一位年轻的小姐点了一只龙虾，这只龙虾只有一只螯，女士请来了服务生：“这是怎么回事？”直接平实的回答无疑会让双方都尴尬，服务员运用了自己出色的想象力：“小姐，你知道龙虾是种凶残好斗的动物。”一语让顾客觉得好笑起来，于是同样幽默地答道：“那就换个打赢了的吧。”

2. 由结果联想过程

马克·吐温某次坐火车外出，他嫌车开得太慢了，于是在查票员查票时递给对方一张儿童票，查票员调侃他：“看不出您还是个孩子呢！”马克·吐温一本正经地答道：“我现在不是孩子了，但上车买票的时候还真的是个孩子呢！”

充满趣味的过程或原因可以和坏的结果形成对比，产生幽默的效果，使事件本身也充满趣味性。当自己对某些事情不满时，不妨联想一个充满趣味性的原因或过程，可以消解这种不满的程度。

3. 对比性联想或逆向联想

把两件对比性强烈的事情放在一起讲出来往往能够达到惊人的幽默效果。安徒生生活简朴，常戴着破帽子在街上行走，有个路人笑他：“你脑袋上边的那个玩意儿是什么？能算是帽子吗？”安徒生回敬道：“你帽子下边的那个玩意儿是什么？能算是脑袋吗？”

对比性联想讲究的是对某个词或某件事情进行反面或逆方向的联想，经常用于回敬别人，比如：“在某些场合当爷的人，一定会在另一些场合当孙子。”或者：“我如果像你这样胖，早就上吊了。”“我想要上吊的时候，会拿你当绳子的。”这种有对比性质的联想往往能够因其强烈的反差引来幽默的效果，不妨常常使用。

4. 替代式联想

选择适当的词语来代替本来的词汇也会产生一些幽默效果，比如在美国记者安娜·路易斯·斯特朗80岁的庆祝会上开场即道：“今天，我们为我们的好友、美国女作家安娜·路易斯·斯特朗女士庆贺40公岁诞辰。”然后解释道：“在中国，‘公’字是紧跟它的量词的两倍。40公斤等于80斤，40公岁就等于80岁。大家为斯特朗的40‘公岁’举杯庆贺。”来宾听后都捧腹大笑。

平时也可以运用联想的方式用某些“发名词”或“歧义词”来代替正常的情形，产生幽默效果。比如，“人家都说君子不夺人所好，您可不能横刀夺爱啊！”把自己喜欢的东西上升到了“爱侣”的地步，更加风趣。

5. 情景联想

就某种情境联想到某种有趣的行为方式，比如由蚊子吸血联想到打针，由两车追尾联想到亲吻，由柳枝映在水面上联想到顾影自怜等，都可以引起幽默的效果。

马克·吐温有一次到某地投宿，有人曾告诉他此地蚊子特别厉害。他在服务台登记房间时，一只蚊子正好飞来。于是他对服务员说：“早听说贵地蚊子十分聪明，果如其然，它竟会预先来看我登记的房间号码，以便晚上对号光临，饱餐一顿。” 服务员听后不禁大笑。然后做好灭蚊工作，他果然一夜没挨咬。

幽默不低俗，高雅的女人更擅幽默

幽默是一种高雅的说话方式，它不是滑稽，不能和插科打诨、刻意说低俗的笑话、用荒唐夸张的动作“搞怪”“搞笑”混为一谈。虽然以上几种形式也能使人们笑，但这种低俗或中性的刻意为之，往往不能算幽默，强硬的笑话还可能引起人们的反感。另外幽默只能作为一种手段，而决不能成为目的，女人要懂得用自己的幽默细胞和高雅情趣来巧妙地运用“幽默”，而不能批量制造，更不能讲低俗的笑话来取悦众人，否则就会使自己沦为笑柄。

1. 必须以高尚的情趣为基础

幽默的谈吐必须建立在思想健康、情趣高尚的基础上，它往往以诙谐的语言为手段表达善意的规劝和批评或解嘲。所以某些“刻薄”的讽刺和损人的话最好不要拿出来“现”，比如有些女人刻薄同事“老黄瓜刷绿漆——装嫩”还自以为幽默，除了表现自己的刻薄和无知外没有好处。一些荤段子最好不要在大庭广众或异性面前卖弄，以免引起尴尬，同时，它显示的是你自己的粗俗无礼。

2. 有高超的观察力和想象力

幽默之所以令人发笑，往往在于其“巧”“妙”，时机“巧”，言语“妙”，但离开所处的语境，往往也就不能成为“幽默”，所以需要快速的反应力，要求说话者思维敏捷、能言善辩，具有较高的观察力和想象力，并拥有高超的语言驾驭能力和丰富的语言表达方式。这些都来自对于生活的深刻体验和对事物的认真观察，日常生活中要多留心、多思索、多积累，才能拥有幽默的智慧。

3. 较高文化素养必不可缺

幽默不单单靠智慧和口才以及机灵善变来表现，更要靠深厚的知识底蕴作为基础，否则就只能变成“讥诮”。幽默本身就是智者用诙谐的形式表现出的一种口才，一个人只有知识丰富，对古今中外、天南海北、历史典故、风土人情等各种各样的事情都有所了解和掌握，在加上丰富的语汇和灵活多变的表达方式，谈起话来才能生动活泼，妙趣横生。

比如林语堂讲话往往妙语如珠，每次演讲都能座无虚席并逗得在场人士哈哈大笑，这与他文学大师的身份是分不开的，更与他的博闻强记、见识广博有关。女人要做聪明的“幽默者”，而不要做暂时的取悦者。

4. 最好意味深长

幽默绝不是笑话，不能像垃圾一样，说过就被人丢了、忘了，一定要值得细细回味，以后想起来还要觉得好笑，觉得“妙不可言”。幽默不是耍贫嘴，不是没一句正经的，而是要在平实的话语中夹杂一两句得体的“俏皮话”，一句巧妙的“调侃”“打趣”。称得上妙言妙语的永远只有一两句，而且值得再三回味，堪称经典，令人难忘。

5. 最好不要转述笑话

一些幽默的段子，自己看得开心就罢了，在某些场合讲出来，可能有生搬硬套之嫌，而且别人的段子很可能被事先听过，这样就会适得其反。自己生活中的某些趣事，办公室、旅游途中的某些趣闻倒不妨讲一讲，可以增加自己的魅力。

幽默感是可遇而不可求的，它是智慧的结晶，是长期积累的结果。根据具体的语境，选用适当的妙语，才能造成风趣幽默的效果。另外，有的人不会幽默则不必强求，否则，故作幽默，反而容易弄巧成拙。

调温幽默，女人掌握冷热适度的幽默

冷幽默是那种听完后需要思索一番才能明白其中的诙谐之处的幽默，是淡淡的在不经意间流露出来的让人发愣、不解、深思继而才能大悟的幽默。大多数冷幽默内容比较奇怪，实际意义不大，而且比较无聊，是那种高深、深沉的哲人才玩得起的幽默。而热幽默是相对于冷幽默而言，一听就明白搞笑的地方，使人大笑不已的幽默方式。简单点来说，冷幽默是卓别林，热幽默则是憨豆先生。

对于女人来说，前者失之“费解”“枯燥”，后者失之粗俗傻气，都不是很好的幽默方式。好的幽默必须是温度适宜的，让人能看得懂，但又透露出智慧的闪光点，是含蓄婉转的，但绝不晦涩难解，就像几米的漫画或经典语录，简单温馨的话语中透露出智慧和彻悟，诙谐中含着内涵丰富的调侃打趣。怎样掌握幽默的冷热度呢？

1. 方式要含蓄婉转

幽默的方式如果过于直白，就变成了喜剧加闹剧，固然能让人爆笑，却缺乏了一点让人冷静思考的智慧。如果自己的幽默不能让人会心一笑，没有回味的余地，这种直白的爆笑式、无厘头式的幽默最好不要表现出来，否则会显得女孩子涵养不够深，太浅白粗俗。所以搬来的笑话、无厘头的电影台词、明显丑化自己来取悦他人的动作或语言、粗话荤话等，最

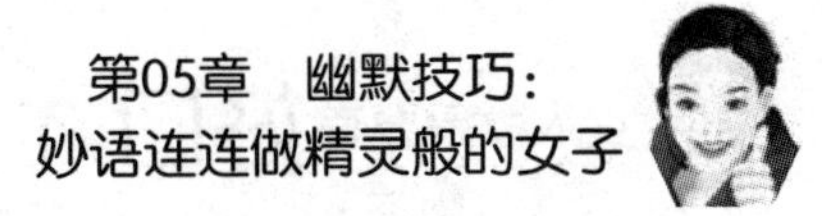

好都不要说，有损女人的涵养和形象。

幽默的形式最好含蓄一点，生动有趣的语言和曲折的说法，能够产生足够的幽默效果，如果学会“把简单的事说复杂或把重要的事轻描淡写”而不要过度，则更能体现女人特有的俏皮。

2. 不要用艰涩的语言或术语开玩笑

用自己的专业术语或者文言文、半文言文、书面语来开玩笑，或者讲某些民族性、宗教性强的笑话，往往因为过于晦涩费解，而成为冷笑话。

比如一个女律师在和男朋友亲密后讲了一个笑话：“接吻是行为人与相对行为人之间以行为做出的意思表示，但具有很高的不确定性，需要进一步的解释。”结果这个专业的冷笑话被男朋友消化了很长时间也反应不过来，再比如，有一个小笑话是这样的，荷兰人和比利时人共同驾车出游，荷兰人突然问：“我送你一样东西好吗？”比利时人答道：“那当然好，多谢！”于是荷兰人把车门玻璃摇下来对着比利时人用力扇了扇说道：“给你，很新鲜的。”听到这个笑话，你肯定摸不着头脑，这个笑话其实是讽刺荷兰人有多吝啬的。

尽量用通俗的语言，说受众能够听得懂接受得了的笑话，才有幽默的效果，否则就容易冷场。

3. 内涵丰富

如果在幽默中能够显现出与众不同的睿智，或巧妙的语言，或巧妙的解释，或从不同角度想都能显示出其幽默风趣，则更能体现女人的智慧和素养。

4. 情调温馨

可以打趣，可以调侃，可以讥诮，可以戏谑，可以讽刺，但最好不要刻薄和嘲笑。情调要温馨，要平和，无论是批评还是讥诮，都要有度，要顾及别人的自尊心，不要过于挫伤别人，别人才可能接受你的幽默。比如一个人眼白较多，朋友戏称“白眼狼”，虽然你为了表达自己的“戏谑”，但在对方的感受中，是一种“挖伤疤”，自然不能欣赏你的幽默，还可能因此而产生反感。

幽默也要适度，不但是冷热温度要适中，还要注意不要过多、过滥、不顾场合、不顾对象，过于没大没小，没有分寸。一定要把握好尺度和温度，巧妙的风趣语言才称得上真正的幽默。

出其不意，升华幽默的精髓

运用出其不意的方法，往往能够把幽默感提升，更能使人体味到其中的巧妙和由此产生的趣味。出其不意重要的在于其结果出乎人的意料，所以通俗的段子要少讲，最好在某种适合的场合下，抽冷子地说一句巧合的、有深长意味的话，才会有良好的幽默效果。出其不意，也要讲究方法技巧，一般有以下几种：

1. 运用转折法

比如当年《中西日报》的主办人伍磬昭在一次演讲中谈到袁世凯说：“他平生只做了一件大利大益于中国的事情。”听者无不愕然，然后他才不慌不忙地答道：“即是他死了——绝对的死了，很合时宜的死了。很合适的死了。”这一妙语，使在座的人都会意地笑了。

怎样运用转折法呢？通常要上来先讲一个荒谬的结果，引起别人的惊奇，在别人急于想知道原因的时候，给对方一个巧妙的解释。比如最近股市暴跌了，问朋友睡眠怎样？对方说：像婴儿般睡眠。大惊后佩服：不愧是高手！这都能睡得着！他沉默半晌道：半夜经常醒来哭一会儿再睡。

2. 陡转法

当两个人的对话正在自然、顺畅的发展时，突然一个急转，对话的结果出来了，却是让人目瞪口呆的结果，就非常有喜感。

曾看过一个小笑话：一位老太太拿着破旧的作业本，给一个著名作家看，并让他看看这个孩子的前途如何，对方看见那潦草不堪的字迹，评价道：“这个孩子既懒惰，又任性，我想他一辈子都不会有出息。”老太太非常严肃地说：“这是你小时候的作业本！”

想要达到这样出其不意的效果，最重要的是前面的铺垫，如果没有精彩的铺垫，对比不强烈，效果就不会那么明显。平时也可以运用这种方法，前面说一段精彩纷呈的铺垫，然后语气一转，来个出其不意的结果，正像某个段子一样，听前面像陆小凤与西门吹雪大战紫禁之巅，最后结果，主人公喊了一声“磨剪子来！”让人捧腹。

3. 巧合法

这种方法就好比你拿起电话急切切的叫了一声“老公”，噼里啪啦讲了一段自己今天受到的委屈或者遇到的精彩事件，结果对方干咳一声告诉你“我是他爸爸”，让人尴尬而啼笑皆非，当然也能出其不意地逗笑自己和他人。

比如某次乾隆皇帝问篮子为什么只能装东西，不能装南北？大臣就幽默地答道：“因为在五行中南主火，北主水，东主木，西主金，水火都盛不住，所以只好装东西了。”只要有足够的智慧和内涵，处处都能发现巧合。

4. 所说的话与行动刚好达成一致或相反

比如林语堂某次晚上演讲，因为前面人演讲时间太长，他快步走上台后，仅说了一句：“绅士的演讲应该像女人穿的‘迷你裙’，越短越好。”然后就大步流星地走下台去。

如果他接下去又不厌其烦地讲了两小时怎样缩短自己的演讲，行动与语言形成反差，这一幕就变成了“冷幽默”，也有一种出其不意的趣味。

第06章　赞美技巧：女人的美言令人心神愉悦

有人曾说："激励对温暖人类的灵魂而言，就像阳光一样，没有它，我们就无法成长开花。但是我们大多数的人，只是敏感躲避别人的冷言冷语，而我们自己吝于把激励的温暖阳光给予别人。"每个人都渴望来自他人的赞扬，任何人都不例外，对此，女人应该习得一些赞美技巧，让自己的美言令人心神愉悦。

从女人细腻的角度去赞美对方

赞美之所以动人，在于它能够满足对方内心的某种隐秘渴望或者分担其某种失落和忧愁。女人在赞美语言方面的优势往往在于其观察入微、情感细腻、善解人意，赞美一个人不妨从女人特有的细腻视角出发，更能与众不同取悦人心。

1. 赞美越具体越好

赞美他人时，越具体明确，有效性就越高，越容易被人接受。一些空泛、含糊其辞的赞美，往往会让人质疑你的辨别力和鉴赏力，比如"这幅画画的真美""你真漂亮"等空泛的赞美，往往因为没有具体原因和细节，听起来过于虚伪泛泛，很难打动别人。怎样让自己的赞美更具体一点？缩小赞美的范围或指出赞美原因，往往可以更细腻，比如："你皮肤真白，穿什么都好看"。"这条项链真别致，很配你今天的礼服。""这幅画色彩浓烈，构图新颖协调，真的不错。"或者加入自己的感情也可以

使赞美显得更细腻，比如："真羡慕你身材这么好。""看到你做得这么好，我都嫉妒了。"等等。具体而有所指的赞美，往往更能显示你的真诚和友好，让别人更乐意接受。

2. 从一个很小的优点或长处开始赞美

赞美他人不一定非大事不可，从别人的一个很小的优点或长处开始赞美，往往能收到更好的效果。曾经看过一个节目，某相声演员赞美他的老师，只讲了一件事，说有次去老师家，老师起身上厕所很长时间没回来，他怕老师年纪大了，去公厕看老师的时候，发现老师正在给一位特普通的老人系腰带，表现了老师的高尚风格。越小的事，越小的细节，往往越能体现一个人的真性情，而从某个小细节去赞美他人，往往更能让对方感动。在日常生活中，人们有非常显著成绩的时候并不多见。交往从具体的事件入手，善于发现别人哪怕是最微小的长处，并不失时机地予以赞扬，更能赢得对方的欢心。

3. 把具体的事情提高到抽象的角度

赞美越具体细腻显得越真实可信，但是如果只是对细节处的赞美，往往很难体现赞美的深度，这时就需要一定的升华，使你的理解显得更深刻，赞美更有高度。"细微处见精神"，细微有了，那么见了什么精神和品格呢？比如："你的头发又黑又密，你平时一定很注意保养吧。"这样的话往往更容易引起对方的谈兴，怎样化具体为抽象呢？通过故事展现品格，通过作品展现能力，通过表象展现精神，是抽象化的原则。比如："你真是一个伟大的摄影家，你总是那么有洞察力，深邃却又细腻，你的照片就像是你的第三只眼，透过它呈现出来的世界是那么地动人。"就从对方的作品中赞美了对方的洞察力和表现力。比如"这件蓝衬衫真衬您，显得您的皮肤更白，眼睛更深邃，更神采奕奕了。"从具体的打扮，到抽象的身材，让赞美更深入。

4. 从不同的侧面进行赞美

当别人看到对方的成功时，你看到的是对方的勤奋和努力；当别人看到的是对方的美貌的时候，你看到的是对方的风采；当别人看到的是对方的聪明时，你看到的是对方把握大局的能力和准确的分析力。这些往往更能说明对方在你内心中的地位和你对他的看重，还能表现自己的深度，往往能使对方对你更有好感。

总之，溢美之词应详实具体而细腻，因为越具体说明你对对方的了解越细微，对对方的长处和成绩越看重，你的赞美也就更能打动人心。

赞美不流俗，特别点更能深入人心

每个人每天都可能听到不少赞美之言，但真正能取悦自己的赞美却很少。同样是美言，为什么有些说起来让人兴奋、愉悦，有些听起来则寡淡如水呢？同样的一句美言，听第一遍可能觉得很开心，听第二遍就没有强烈的感觉了，听第十遍就会产生厌倦。作为美女，每天可能听到的都是诸如“你真漂亮”“好美”之类的陈词滥调，作为成功者也是如此，同样的评价听得多了，就觉得俗了，也就削减了对于被赞美的兴奋感。

因此，对于一个人的赞美一定要不时换点新花样，或者从不同角度、不同侧面去赞美他，不流俗，才能更深入人心。怎样让自己的赞美之言不流俗呢？主要从以下几个方面入手：

1. 内容不流俗

我们往往能够通过某个人的特质推测出他最常听到的各种赞美：比如他有出众的外貌、成功的事业、极高的名望地位，这时就要避免简单重复通俗的赞美，而着重找出其他的发光点，比如事业成功的某人同时棋艺精湛，名望高的某人有一把颇为自得的胡子，某个美人很有幽默感，等等，对这种不是其最出众的特质的赞美，往往能够表达出你对其的重视，更容易获得他人好感。

2. 赞美方式特别

如果你赞美的点与他人相同，那么就尽量寻找一种与众不同的表达方式好了，比如比起“漂亮”“美”这种大众化的赞美词来说，“打扮出众”“迷人的魅力”“气质非常特别”等词汇显然更能取悦一个人。比起“卓越”“优秀”等词来说，“我看过您的传记”“我曾经在某次宴会上见过您，印象非常深刻”“对您的那次访谈，我看了，您的回答很精彩”，然后背诵一两句他曾说过的话，更能表达出你的崇拜之情。对于赞美来说就是

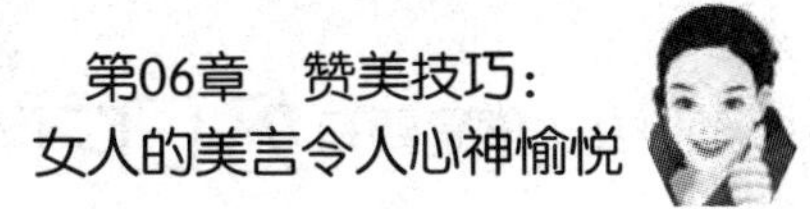

要“把每个字都唱出一种以前从未有过、以后也绝不会再有的意义”。

3. 赞美对方认可的特质

注意观察别人的言辞，从中发现他们颇为自得的某种特质，然后大肆赞美，往往更能引起他们的好感。某次曾国藩与几位幕僚闲聊，评论当今英雄，说道：“彭玉麟、李鸿章都是大才，为我所不及。我可自许者，只是生平不好谀耳。”这时一个幕僚评价道：“各有所长：彭公威猛，人不敢欺；李公精敏，人不能欺。曾帅仁德，人不忍欺。”幕僚们听了都拍手叫绝，曾国藩十分得意地说：“不敢当，不敢当。”曾国藩刚评价自己“不好阿谀”，幕僚就赞他“仁德厚道”，当然合了他的心意，更容易取悦他。

当年的美国第一夫人杰奎琳也曾经抱怨所到之处所有人都赞美她的穿着打扮，显得自己很肤浅，表示自己设计布置的白宫才最能展示自己的才华。可见赞美人要搔到别人的痒处，就要仔细观察其自己认可的特质，才能被对方认同。

赞美一定要做到因人而异、突出个性、有特点不流俗、深入对方的内心，才能收到更好的效果，不要让每个人都听到同样的赞美词，更不要让对方听到两次相同的赞美词，特别点更能给别人留下深刻的印象。

美言珍贵，赞美的话不要轻易说

赞美是人际关系的润滑剂，应该赞赏别人的时候不要吝啬，但美言同样是非常珍贵的，润滑剂用多了也显得自己过于“油滑”，被别人误会为“马屁精”、好好小姐，自己的美言也就变得不再有价值。赞美别人的话不要轻易说，更不要不分场合，不分气氛，毫无技巧地“拍马”，一定要适时适当表达自己的溢美之词。那么，什么时候最好不要说赞美的话，赞美又讲究什么技巧呢？

1. 忌一见面就赞美

双方刚刚见面，对对方的性格特质还不清楚时，不忙着赞美，否则不但有“拍马屁”之嫌，还容易因弄不懂别人的忌讳，马屁拍到马腿上，引起对方反感。再者，刚刚见面就赞美对方，如果看走了眼，你的话又收不回来，往往会后悔不迭；前恭后倨，你的人格就更显得虚伪了。即使前两种情况都没有发生，刚认识对方就赞美，对方则对你还不熟悉，赞美的效果也会大打折扣，对方甚至会反应不及谁在恭维他，岂不是白白浪费了自己的美言？

2. 忌第一句话就赞美

即使双方都认识，也不要开口就赞美别人，因为此时对方没有心理准备，你的赞美会显得很突兀，甚至会遭遇贬值。寒暄一番再赞美两句，引入深层谈话才能收到更好的效果。

3. 忌连珠炮式的赞美

曾经听过这样一段话，结婚当日某人给新人的母亲道喜："您近来可好？真是人逢喜事精神爽，看您的气色就觉得喜庆。刚才我看了眼新娘子，真是漂亮，气质也好，看着大大方方，斯斯文文的。今天儿子娶了这么好的媳妇，您也算万事遂心了。"从对方的精神夸赞到新人，再夸赞别人万事顺心，这一番连珠炮式的赞美虽然把当事人夸赞得喜洋洋的，但周围的人对他却多了几分鄙夷。这种过于庸俗的连篇好话有阿谀奉承的嫌疑，常常会引起人们的反感，尤其是职业女性，最好不要用这种恭维方式去赞美他人，否则会被人质疑你的智慧。

4. 忌言不由衷的赞美

赞美别人时如果言不由衷，虽然话语不会有什么瑕疵，但说话的语气、表情、肢体动作却难免会暴露自己的不以为然，赞美的话听在别人耳朵里反而变成了一种嘲讽，是对别人的一种不尊重。

5. 忌单独赞美

面对异性的赞赏，男人女人都会表现出一定的嫉妒和小心眼，因此在一大群异性面前最好不要单独赞美某个异性，否则，捧了一个，却得罪了一群，就得不偿失了。对于异性的赞美，要么单独闲聊时提出，要么重点提出一个人，但别人也不能落下，比如："早就听说您在某行做得非常成功，俗话说'物以类聚，人以群分'看来今天在座的各位都是各行各业的顶尖人物啊！"一句话把众人都带到了，别人也不会尴尬。

6. 赞美不要过于轻易、频繁

现代人都喜欢较劲，工作上、生活上都是如此，尤其是职场上的女性更喜欢和别人竞争、私下较劲。轻易送出的赞美，是在给对方加分，但却容易让人觉得你弱智，看不起你。因此对别人的赞美，最好是在对方做出非常精彩的业绩或者想到非常高明的主意时再给对方，而且不要过于夸张，一句诚挚的“干得好！干得漂亮！”比十句无足轻重的“您今天真漂亮”更能体现你的佩服和智慧。

总之，溢美之词不要滥用，用得多了也就不珍贵了，体现不出自己感叹赞美的价值了，你本人也会因此而“掉价”，慎用赞美，让你更受欢迎。

如何把赞美说到心坎里

樵夫钟子期是怎样让大琴师俞伯牙引为知己的呢？在俞伯牙抚琴的时候，钟子期不自觉的赞道“巍巍乎若高山，荡荡乎若流水”，一言道出了俞伯牙琴声中表现出的意境，而琴声中的意境，也可以看作某个人做人的格调、心胸和个人修养，一句对于琴声的解说，变成了间接的赞美和欣赏，自然让俞伯牙惊喜万分，引为知音。只是这一句比赞美对方指法如何娴熟、意境如何高雅更能令对方满足和愉悦，当然也更困难。

赞美要做到这种不着痕迹，而尽得对方欢心的地步，一定要对对方有深刻的了解，还要有足够的学识和涵养，让对方意识到自己“识货”，赞到对方的得意之处，才能让对方更兴奋。怎样赞美才能达到这种境界呢？如果能做到以下几点，往往能把赞美说到对方的心坎里。

1. 有真实的情感体验

把自己的真实情感体验和对方的情感感受联系起来，就知道对方最喜欢怎样的赞美。有发自内心的真实情感的赞美才不会虚伪和牵强，比如表达自己的赞美时不妨加上一句：“看着你今天的成就，就想到你当初的努力，我真为你感到高兴。”“早知道姐夫体贴，今天亲眼看到，真羡慕您。”这种带有情感体验的赞美，能够体现出人际交往中的互动关系，又能表达出自己内心的美好感受，往往让对方更乐意接受。

2. 符合当时的场景

赞美要应景，适合场合，只需要一句往往就能和对方的想法合拍，让对方大起惺惺相惜之感。

3. 赞美要详尽、细致，解其意

在《红楼梦》中有这样一段，林黛玉戏谑刘姥姥："她是哪一门的姥姥，只叫她是个'母蝗虫'就是了。"这时候薛宝钗则赞道："世上的话，到了二嫂子嘴里也就尽了，幸而二嫂子不认得字，不大通，不过一概是市俗取笑儿。更有颦儿这促狭嘴，他用《春秋》的法子，把市俗粗话撮其要，删其繁，再加润色，比方出来，一句是一句。这'母蝗虫'三字，把昨儿那些形景都画出来了。亏他想的倒也快！"一句话说得林黛玉格外舒心。

为什么呢？如果一个人的得意之作不能被别人尽知其意，就会有沮丧感，薛宝钗在赞扬的同时，解释林黛玉用《春秋》法子，撮其要，删其繁，再加润色，比方出来，一句是一句的，表明自己懂得这句戏谑的好处，自然更得林黛玉的心。

赞美别人时也不妨把对方的行为和考虑到的因素、感受等表达出来，往往能得到更好的效果。

4. 注重对方感受

了解对方的忌讳，注重对方的感受，才能把话说到他人的心坎里。在赞美之前，不妨先细细观察对方的情绪状态，如果恰逢对方情绪不佳或有什么不顺心的事情，过分的赞美往往让对方觉得虚伪。而对方情绪高涨时，适当的恭维可以让气氛热烈，对方也会更畅意。

总之，对赞美对象的事先了解是非常重要的，一方面能够提供更恰当的赞美内容，另一方面也可以让自己的美言说得更加恰如其分，深入人心。

拿捏分寸，赞美过度适得其反

老子曾说"治大国若烹小鲜"，即反复折腾，反而无益，凡事都要慢慢来，事缓则圆。赞美也是一样，如果不审时度势，掌握一定的技巧和分寸，很可能会适得其反。尤其是对于上级或社会地位较高的人，如果恭维太过，不但被赞美者反感，还会影响自己的形象，降低自己的格调，对于女人来说，是致命的错误。

真正的懂得赞美的人，会将强弱、分寸拿捏得很得当，把赞美的火候控制得很好，张弛有度，收放自如。不过，赞美的分寸也是很不容易把握的：好的赞美甚至比好的批评更像一门艺术，而糟糕的赞美甚至比批评更让人反感，赞美如果过度，就会失去本该有的魅力，因此赞美也存在着“安全用量”。当你开口赞美别人的时候，一定要遵循以下法则：

1. 赞美要真心实意

真诚是人际交往的最重要原则，社会关系学家卡斯利博士曾说过：“大多人选择朋友都是以对方是否真诚而决定的。”每个人最珍视的是别人的真心诚意，只有态度真诚地赞美，别人才会乐意接受。虚情假意的恭维很可能被对方认为另有所图，降低了自己的格调。

2. 不要夸大其词

赞美一个人要符合对方的特质，更要“确有其事”“确有其因”，有充分的理由赞美对方，对方才更乐于接受。赞美一个人的行为或贡献时，你的赞许更显得真诚。当众赞美别人的贡献会让别人知道他的确值得赞美，获得最好的效果。因此赞美行为比赞美本人更可以避免功利 。赞美通常会带一点点夸张，但不要过于夸大，不着边际，引起别人的反感。

3. 讲究场合，合乎时宜

赞美别人是否有效，关键在于是否能够相机行事、适可而止，只有在适当的场合、时间表达自己的认同、赞美之意，才能达到更好的效果。比如当一个人计划做某件事悬而未决时，赞美此人主意高明，能激励对方下定决心做出成绩，更能令对方生出“知己”之感；在别人做事遇挫时给予赞扬，有益于对方再接再厉；在对方做事成功时作出肯定和欣赏，可以满足对方的自尊心，显示自己的宽大胸怀，还可以激励他人。

4. 赞美要有度

一味去赞美一个人，对方听到的次数越多，就越容易产生厌恶感，在适当和必要的时候应该有分寸地赞美，才能让人愉悦。食物再美味，吃得多了就容易腻，尤其是一次接收到的赞美过多，很容易使人厌烦，旁观的人也会感到尴尬，所以，一定要拿捏好分寸尺度，一两句即可，如果附和者多，自己最好打住话头，也不要一味附和别人。

赞美对方若能恰如其分，恰到好处，会令对方感到很舒服；但赞美得多了，会过犹不及，使得赞美没有新鲜感，削弱它的价值，甚至让对方反感，这样就得不偿失了。

间接赞美之言，效果非同凡响

先讲一个小故事：清朝大学问家袁枚在离乡就任前向老师拜别，老师询问他有什么为官处世之道，他告诉老师已经准备好一百顶高帽子送人。老师听后，勃然大怒，袁枚辩解道："官场之上爱戴高帽子的人何其多，像您这样清高卓绝的人，天下能有几个呢？"老师点点头："你说的也有道理。"

过于直接的恭维、赞扬往往被一些人反感，尤其是那种低调、谨慎的成功男性，对于女人不讳言、过于夸大的恭维，更容易厌烦，这时候间接的赞美往往更能起到妙不可言的作用。怎样间接赞扬一个人，能让对方乐于接受而对你更欣赏呢?

1. 请教式赞扬

很多人在初次见某个人时，都会无措，只能从最表面的功绩、身材、衣饰等方面给予赞扬，往往落入最下乘。这时候，如果对对方的兴趣爱好、最爱说的话等有所了解，就能更含蓄而有针对性地赞扬对方。比如："我来之前，看过贵公司的公司文化，不知道王总您当初是怎样确定这几个关键词的呢？"再比如："您这么年轻就进入公司(大型公司领导)，有什么经验和心得可以给我们分享一下吗？"或者："您的意见我们都很认可，但一时绕不过弯来，您能不能详细分解一下？"

这种请教式的赞扬往往不着痕迹，没有直接赞扬别人能力强、睿智，但处处都在暗示自己希望得到指导，对于好为人师的人来说，很容易就能让对方和你热络起来。

2. 通过别人的嘴来表达赞扬

一种是当面赞，例如："我曾听某某说您最是睿智、大度，当时还不服气来着，见面才算是彻底折服了，真实百闻不如一见啊！”或者：“我平时心高气傲，看到您才知道‘人外有人’，以后可不敢觉得自己漂亮了。”“我刚刚打听过，大家都说这件事最好请教您。”同时把对方和第三者都恭维了，也表明了自己的骄傲和气度，容易让别人对你产生好感。

另一种是当被赞扬者在离你不远的地方，或者可能被对方听到的时候，对着第三者赞扬对方，比如：“某某的话讲得真是太好了，我听了受益匪浅。”或者：“我倒觉得某某处事公正，赏罚分明，还是这样的领导让人服气。”一旦你的话通过别人的嘴传到被称赞者的耳中，往往能够起到当面赞扬不能起到的作用，人们往往更相信别人背地里说的话。

3. 赞美对方的亲人

对于女人来说，接收到对她孩子或者伴侣的赞美，比赞美她个人更能让她兴奋。比如：“您的孩子这么小就这么懂事，看来您在家没少做榜样啊！”或者：“看大哥多幽默潇洒啊，当初我们都没看出大哥的潜质，还是您眼光好。”“王妈妈的装扮又漂亮又得体，是您的眼光吧，看着就像您的风格。”这样赞美对方亲人的话，间接赞扬了对方的眼光、孝心、人格，更容易被对方接受，效果也更好。

4. 可以用泛指性语言赞美对方

比如：“我很喜欢北方人，爽朗质朴，很容易成为朋友。”用不点名的方式，泛指性地赞美一群人，覆盖面广，效果也比较大，每个北方人听了心里都会美滋滋的，适用于各种公开场合的讲话。

总之，间接的赞扬，就是用一种暗示、含蓄的方法让对方感到愉悦，让赞美隐躲在一段叙述和故事中更能让人回味无穷，效果会更好。

第07章　说服技巧：妙语循循善诱深入人心

在生活中，我们常常会遇到试图说服对方的场景，有时候即便我们说得有多么滔滔不绝，但嘴里说出来的语言却是软弱无力的，最终无法说服对方。其实，说服也是有一定技巧的，我们需要妙语连连，循循善诱才能深入人心。

攻心为上，先获取信任再说服

说服别人的过程，也就是逐渐攻破被说服者的心理防线的过程，只有首先获取了对方的信任，让对方逐渐“认同”你，和你产生心理共鸣，才更容易说服对方，从而达到理想的说服效果。女人直觉敏感，善解人意，往往更容易攻破他人的心防，获得别人的信任。

怎样首先获取对方的信任呢？

1. 取得心理共鸣

有这样一句格言：“人的心和降落伞一样，必须是开的才有用。”想要获得对方的信任，就要使对方首先敞开心扉，取得心理共鸣。首先必须要话题投机，态度观点一致，才能让对方有知己感，进而赞同你的想法。如果话不投机，难以消除人们之间的对立情绪，使对方和你有心理隔阂，自然不愿听你说话，不愿和你亲近，也就不能达到说服的目的。

在尝试说服某个人时，不妨先避开对方的忌讳，从对方感兴趣的话题说起，先从情感上取得一致性，然后从细节处扭转对方的观点，进一步赞同你的想法。比如曾学过的《触龙说赵太后》就是先说自己“偏爱小儿子”迎合了赵太后的心理，然后再说宠爱子女要“为之计长远”逐渐攻破了老太太的心防，取得了赵太后的信任，最终达到了目的。

2. 有具体的数字和资料支持更能取得对方信任

对于理性的人来说，更容易从具体的数字和资料方面分析获得信任。比如一句广告“一年卖出三万多杯，杯子连起来可绕地球一圈”就是具体的数字资料，说明其受欢迎的程度，更容易得到消费者的信任和喜欢。尤其对于业务营销来说，想要说服某个大客户，一定要提供详细专业的技术资料和销售情况以及其他客户的反馈，这样更容易得到对方的信任；而对普通消费者来说，专业资料反而不容易被欢迎。

3. 用实例来取得信任

很多推销者往往这样说服客户：“你的同事/邻居/好朋友某某也用过这个产品或者也买了这个产品。”或者：“我自己也用这个牌子的护肤品，你可以看看我的皮肤。”这样直观的实际例子更容易取得对方的信任，关键是所举例子最好是对方熟悉的、有好感的人，否则以对方讨厌的人做例证，往往引起反感，也就不容易达到目的。

4. 用自己的人格取得信任

如果对方把你当成朋友，往往更容易接受你的说服。很多保险和业务人员就是这样做的，他们往往不会直接说服客户，而是往往先和客户成为朋友，当然并不讳言自己的职业，当交情达到一定的程度以后，对方有这方面的需求，自然而然就很容易找上他们，这种长期的营销策略更容易博得别人的好感。比如有个公司，在每个节日都会为某范围内的每个家庭寄上一张贺卡，并署名自己的公司，有需求的时候，人们第一想到的往往就是这个公司。这也属于一种隐晦的说服术。

5. 层层分析释去别人的疑虑

一个人对某件事情想不通，往往会疑虑重重，并不一定是对劝服者不信任，仅仅是对道理不理解，这时候就要用层层释疑的方法把道理说透，进行全方位各角度的分析，一点点释去对方的疑虑，才可能说服对方。

张仪曾经游说韩国与秦国“合纵”，共同攻楚，韩王心存顾虑，张仪是怎样说服对方的呢？他说：“韩国山地险恶，国家储备粮食不足，士兵不过二十万。秦国有百万大军，且士兵勇猛敢于赤足露身追杀敌人。山东各国的兵力虽然不错，但只有在披甲戴胄的情形下才敢战斗，而且人心不齐。两者相较就如把千钧的力量加在鸟蛋上，山东各国必然没有胜算。

“如今大王不服从秦国，秦必然发兵，大王的国家就要倾覆，不如亲附秦国而共同攻楚，把战祸转嫁给楚国，还能讨秦国欢心。”

一番形势分明的分析之后，韩王释去了心中疑虑，听信了张仪的策略。

最后，攻心说服最基本的技巧是巧妙地诱导对方的心理或感情，以使被说服者信服。所以最好使对方获得心理上的优越感或满足感，以迎合对方的心理，而千万不要试图批评或改变对方的想法。

6. 说服要动之以情，晓之以理

想要说服一个人信服你的观点，听从你的话，不但要使对方在情感上信任你，喜欢你，还要使对方在理智上觉得你是对的，你讲的话有道理，也就是所谓“动之以情，晓之以理”。

这两种方法可以分开使用，也可以在一起共同使用，当对方态度或思想上一时转不过弯来时，如果能够态度和蔼婉转地引导对方提高认识，辩明真相，往往能够起到很好的效果。动之以情往往要以对方的某种感情作为切入点，由表及里，由己及人地进行说服感化。

怎样做才能让对方听你的话呢？

1. 引起感情的共鸣

首先赞同或表扬对方，往往能够达到更好的效果。直接的批评，人们往往在感情上很难接受，第一步一定要委婉，一定要先承认对方，也就是所谓的“将欲取之，必先予之”。比如想要让某人剪掉非常珍惜的指甲，不妨先表扬她“你有一双非常漂亮的手，你的指甲也很迷人”；想要让某个在课堂上捣蛋的孩子安静下来，不妨先表扬对方“我觉得你是个非常聪明的孩子”。这种方法，能够让对方在情感上更容易接受你说的话。只要承认了第一句话是正确的，在接下来的“但是”里，也比较容易接受。

2. 把“但是”之后的道理讲明白

要说服对方改掉习惯，或接受某物，接受某种观点，一定会让对方在心理上有不舒服的感觉，但只要道理浅显明白，一般人还是能够接受的。比如剪指甲的道理：“但是，指甲太长了会藏下很多细菌，很容易生病，剪掉它好吗？”或者；“指甲在你写字或弹钢琴的时候会给你添麻烦的，好好想一想，剪掉它好吗？”再比如让捣蛋孩子安静下来：“但认真听课会让你不断进步，让你更聪明，安静点老师和同学会更喜欢你，好吗？”

晓之以理最怕的就是讲不明白，简单的事情只要用一两个典型事例加上简明扼要的分析，就可以讲清楚。一些复杂的事情，因为涉及多方面因素，往往触动一点就会牵动全局，必须要全方位、多层次、多角度地进行一系列说服，最好不要直接给出结论，而要层层释疑，用层递渐进的方式把道理说透，最后的结论最好要让对方自己推论出来，让他把你的意见、主张，当作自己寻求的答案，自己发现的真理，对方才更容易自愿接受，自动就范。

3. 讲道理的时候不要带自己的情绪

如果老师讲道理的时候带着怒火，劝导别人的同时是责备的、怨愤的，或者带着同情惋惜的，别人很可能很反感，尤其是一些自尊心强的人，即使你的道理再正确，对方也不可能接受，即使迫不得已接受了，心里也会不舒服。带着商量的口气，让别人尝试着按你的要求去做，才更可能劝服一个人。不要强硬地说道理，很多道理看似很正确，但要狡辩也很容易，想要别人认同你的道理，就不要强硬。

4. 重在沟通

晓之以理，动之以情，是一种说服方法，但如果不能沟通，也很难达到效果。别人不认同你的道理，不喜欢你的赞美，对你有成见，或者认为你的方法有问题，就不可能达到效果。最重要的在于要让别人了解并理解你的想法，同时你也了解对方的想法，弄懂问题关键在哪，再找到一条通道，对方才可能支持你的想法，被你所劝服。

比如学生在课堂上淘气，认为“顽皮能得到别的同学的注目和喜爱”，再用“学习可以增长知识”来劝说也不可能达到目的。这时候如果用“小伙伴喜欢活泼的朋友，但更羡慕学习上也拔尖的伙伴，你不想和他们齐头并进吗？”这样也许更能让孩子认同你。

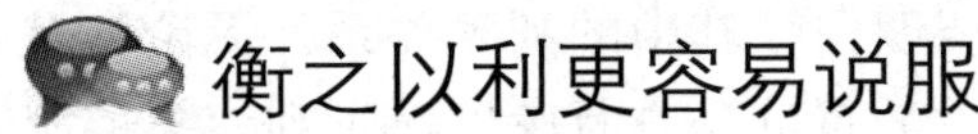

衡之以利更容易说服

《史记》中有这样一句：“天下熙熙皆为利来，天下攘攘皆为利往。”

指出无论是王侯还是匹夫，大多为了利益而往来奔走。所以，凡是涉及利益的劝服不妨“衡之以利”，尤其是在以情动人以理服人效果不彰的时候，则可以以利诱导，打动他人。

衡之以利并不是退让自己的利益给其他人，更不是直接以利益来诱惑别人，要遵循一定的技巧，才能说得不被人反感。如果上来直接以利说事，往往暗示对方“唯利是图”，引起被说服者的反感，反而有害无益。运用哪些技巧可以在不知不觉中让人知晓利害，自觉听从你的说服呢？

1. 暗示法

有时候直接把利益明朗化反而会引起他人的反感或者质疑，更不利于说服对方，这时候不妨用暗示的方法来使之明白，如果不按照自己说得去做，很可能失去某些利益。暗示法削弱了威胁的力道，有时更容易被人接受。

某家银行的信贷人员向一家拖欠贷款的企业催收外汇贷款，结果对方推三阻四。临告辞时，信贷员巧妙地透露了一条“内部消息”：在国际外汇市场上，美元对日元的比价可能下跌。因为这家企业原本都是通过收回日元再折成美元偿还银行的美元贷款的，继续拖欠下去就意味着企业要还更多的钱。没有一句催还，却用这种暗示的方式，警告对方再拖下去对企业会更不利，而让对方及时还贷。

2. 直陈利害

这里的“利害”不是直接的金钱利益，而是利弊得失，“两利相权取其重，两害相权取其轻”是人们的普遍心理，从对方的利弊得失来劝说，更容易打动对方。

比如在《烛之武退秦师》中烛之武的那段说词，就首先帮助秦君分析形势：“秦晋两国强弱相当，晋国与郑国国土相连，攻取郑国以后，晋国会得到土地变得强大，相对的秦国就会弱小了，到时候晋强秦弱，会对谁不利呢？”

然后允诺了对方一分利益：“郑与秦结盟，郑作为东道主，可以随时供给来往的秦使缺少的东西。”

这样一来，只要秦师撤退，就可以消除“攻郑”带来的弊端，还能赢得盟友和利益，只要明白了其中的利害关系，无论秦君怎样衡量考虑，为了自己也会听从对方的意见。有时候以提供利益来说服对方，不如把整体形势分析清楚，让对方自己做出有利于己方的决定。这不仅需要说服的技巧，更需要把握整体局势、明晰利害的智慧。

3. 情利结合，说动他人

对于那些不过分讲究“实惠”，而明事理、重情义的人来说，与其直陈利害，不妨设身处地为对方着想，充分考虑对方的切身利益和实际困难，考虑对方的合理需要，在此基础上说服更显得通情达理，令人心悦诚服。如果同时能够以双方的交情为载体，情利结合，对方则会更容易接受。

李宁在退役之初本来打算操办体育学校，这时，健力宝的老总面见了他，劝道：“想要搞体育学校，就要靠国家拨款资助，否则很多事情不好解决。与其向国家伸手，不如自己创条路子。所以我认为你最好先搞实业，就搞李宁牌运动服吧。赚了钱，有经济实力再办体育学校就不用求爷爷告奶奶了。”然后提议：“请你考虑一下，是不是到健力宝来?我相信只要我们携手合作，效益肯定大于分别创业。从另一个角度说，就目前来看，恐怕也只有健力宝能帮助你实现这个理想。我那时创业，走了不少弯路，你不应该也不至于从零开始吧，那实在太难。你到健力宝来，我们是基于友情而合作，健力宝也需要你这样的人。”

一番话，既讲明了可能遭遇的困难，分析了利弊，又表现了朋友的情谊，人情味和利害并施，终于打动了对方。

名人效应：以对方的偶像来引导

曾听过这样一个小故事，一位出版商有一批滞销书久久不能脱手，于是找到总统，并三番五次去征求意见，总统顺口说了句“不错”，于是出版商大做广告：“现有总统喜爱的书出售。”这些书很快被抢购一空。不久他又故技重演，总统恼怒于他上次的行为，奚落道“糟透了”，书商又趁机大做广告：“现有总统讨厌的书出售。”很快书又售尽。第三次，书商将书送给总统，总统保持缄默，不作任何答复，书商却又有新广告：“现有令总统难以下结论的书，欲购从速。”不久这批书又销售告罄。

可见名人的影响力是无处不在的，女人尤其喜欢崇拜、追逐偶像，如果能够以双方都喜欢的某个偶像作为切入点，说服引导一个人，也会有很好的效果。平时不妨用对方的偶像作为引导，说服对方戒掉坏习惯，改变某种行为方式，甚至是遵守某种制度，养成某种品格。

比如在孔子的《礼记·中庸》中有“祖述尧舜，宪章文武”等句子，孟子言必称尧舜，在《孟子见梁惠王》中孟子曾说：“贤能的君主并不把射猎这种娱乐当成首要的追求，在《诗经》中写到文王打算建设灵台，即使没有规定做好的日期，民众也像子女一样来帮忙。文王到灵囿，母鹿静静伏着，母鹿体型肥壮，白鸟浩浩洁白。文王来到灵台，满池鱼儿跳。古代圣君与民同乐，所以才能真正地欣赏享受园、池。”这里就是用了圣明君主来引导梁惠王施行仁义，与民同乐。这样的说服术在古代贤者对君主的说服中是经常用到的。

然而在运用这种名人效应来引导一个人的行为时，一定要注意有针对性。

1. 用对方喜欢的名人

名人效应并不是都有效的，如果选择了一个对方反感的名星偶像，对方一定会非常恼怒。在某个明星闹军旗服装丑闻的时候，一个售货员对小女孩夸赞道：“你穿这件衣服特漂亮，特像……”结果小女孩非常愤怒地扔下衣服，她本来很喜欢那个明星，但丑闻发生后，她认为对方非常没有内涵，而且不敢承认自己的错误，一味掩饰，于是这个赞扬就变成了侮辱，这种引导刚好起了反效果。

2. 适应对方的角色

如果对方是个幼儿，你最好用喜羊羊之类他喜欢的形象或者他的老师来说服他；如果被说服的对象是个中学生，不妨说“林肯上中学的时候……”；如果对方喜欢足球，可以用球王贝利的故事来打动他；如果你想说服的是个成功人士，比尔·盖茨的事迹一定能够打动他……只有和对方的角色相适应的偶像才更有说服力，对家庭主妇说第一夫人如同对国王讲最出名的诗人一样，再有名，对方再喜欢，也没有说服力，对方是不可能以之为奋斗目标的。

3. 最主要的是道理

偶像只是一个引导性名词，无论偶像的故事多么精彩，经历多么传奇，如果不能从中感悟人生的哲理，不能得到启发，不能达到说服的目的，就没有任何作用。一定要记得自己的目的是说服是引导，如果讲不出道理讲不出精髓，就只能是一个故事，一个笑话，一定要把道理讲清楚，

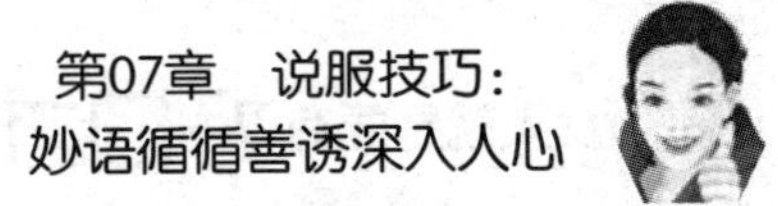

让对方认同你的观点，这才是最重要的。

描绘美好蓝图，让听者“情不自禁”

女人更容易用梦幻的方式来描述未来，也容易被自己的梦幻感动征服。女人描述的美好蓝图往往能令听者神往，情不自禁地尝试你的意见，这是一种常见的说服术。

古代的贤士们就常常给君主们描绘运用他们的思想治国可能实现的“美好蓝图”，比如在《礼记·大同篇》中孔子描绘了以“礼”治国的未来蓝图：“当大道得以施行的时候，男子都有本身适当的工作，女子都有归宿的家庭，鳏夫、寡妇、孤儿、没有子女的老人家，以至残废疾病的人，都能得到照顾。没有抢劫、偷窃和作乱，处处都可以做到路不拾遗，夜不闭户。”

孟子在梁惠王面前也宣扬以“仁义”治国的美好前景：“分给百姓五亩大的宅园，种植桑树，那么，五十岁以上的人都可以穿丝绸了。……七十岁以上的人有丝绸穿，有肉吃，普通百姓饿不着、冻不着，这样还不能实行王道，是从来不曾有过的事。”在哪个战乱的年代，谁不希望自己的国家国泰民安，自己能够称王做霸主？先贤们就是用这些美好的蓝图来打动君主，宣扬自己的政治理想。

在某些广告当中人们也往往能看到这样的宣传：“花园式公寓，大片绿地，顶级装修，您将享受到尊贵有品质的生活。”“仰望湛蓝的天空，俯瞰辽阔的大海，徜徉在一望无际的大片风信子花海，在这里您将有一个最难忘的夏天。”无可否认这种鼓动性的语言，往往能够打动你的内心，让你情不自禁地想试一试对方描绘的情景。但这种方法也是有风险的，一旦不能实现，很可能毁掉你的信誉，一定要遵循以下原则，才能实施。

1. 打动人心

描绘的前景，如果不能打动对方的心，就算你说得天花乱坠也没有半分用处。想要打动人心，就要懂得对方的需求。帝王需要国泰民安，需要做霸主，人们就用“王道”的前景来打动他。对方呢，需要什么，要保值增值？要赚钱？要让别人羡慕和尊重？让自己过有品位的生活？增加自己的身价和社会地位？满足自己的虚荣心？懂得别人需要什么，然后再往这方面描述，更能引起对方的兴趣，比如：“我们这块的买主都是成功人士，到时候一说您住在某某小区，肯定让别人高看一眼。”

2. 有论据支持

说得有理有据，别人才可能相信，比如一些加盟项目，总是这样宣传：“一件产品最低能赚十块钱，就算每天最少有二十个客人的客流量，每月至少有6000元的收入，比很多工薪阶层要强多了，而且……忙都忙不过来，睡觉都会笑。”这样有具体数字的，更显得真实，也更能打动别人。

3. 不要过度夸张

过度的夸张肯定站不住脚，还会影响自己的信誉。这种描绘前景的方法，就是让对方幻想一下未来最美好的景象，是带着一定夸张成分的，被说服者也都明白这一点，他们图的也是这个“可能”。但不要过于夸大，太浮夸了反而显得虚伪不真实，让人反感。比如某只股票的平均年收益能达到20%，如果夸张为“一般能保证您一年30%的收益，最高波段能赚50%没问题”，内行人一般会心动，最后即使没有赚到那么多，别人也能理解。如果夸大为“过几天一定会翻着倍的往上涨，赚个三五倍绝对没问题，您就等着数钱吧”，这种明显蒙外行的话，最后肯定要自打嘴巴，影响自己的信誉，这种明显的浮夸欺骗就不可取了。

说服一定要切中要害

想要说服别人，就一定要切中要害，在别人心中最在意的事情和观念上下工夫，往往能够引起对方的足够重视，通过对方自己的深思熟虑以后，更容易接受劝服。女人在说话时，一定要学会揣摩对方最在意的是什么，周围环境氛围最重视的是什么，什么是对方心中的“逆鳞”，绝不可以触动，什么事可以令对方心软感动，继而接受自己的劝说。然后再进行触动内心的劝服，就可以省不少工夫。

1. 增加被说服者责任感

任何人都喜欢被别人重视，都希望自己所做的事情是重要的和受人瞩目的，在劝说中如果能够增加对方的责任感，多肯定对方的能力、优点，往往能够消除他们的抵触情绪。如果在对方沮丧悲观时，有意识地“肯定”对方，就能使其获得一种优越感和荣誉感，则更容易被说服。

一位大学生被分配到偏远山区去工作，心中沮丧，这时，负责分配的某位领导语重心长地说了一句：“那个地区确实穷啊，长此下去，老百姓真要穷得没裤子穿了，但只要你一到那里，他们就有了希望，凭你的知识和才华，一定能使当地经济起死回生，你是那儿老百姓的救星哪！”这句话甚至比告诉对方越落后的地方越容易做出政绩、越有发展前景更能令这位大学生兴奋。因为，哪个年轻人没想过为时代贡献自己的力量，哪个年轻人没想过自己可以影响决定某一地域的发展呢！

并不是每个人都有强烈的责任感，把关系自身利益的小事，说成关系更多人利益的大事，可以增强对方的责任感，满足了对方希望自己受欢迎受瞩目的期盼，可以使他更乐意去做这件事。

2. 照顾对方的自尊心

劝服不是批评，如果想说服别人，就必须给对方设置体面的台阶，使说服对象不会感到难堪尴尬，不会感到唐突，自然更容易改变自己的做法。

一个年轻的妈妈抱着孩子坐公交车，车上人多拥挤，孩子哭闹着要找座位坐下，售票员再三劝说也没有人让座。她温和地对自己的孩子说：“好宝贝，大家都是刚下班，都累了，等叔叔阿姨们休息一会儿，会有人给你让座的。”这时，挨着母子俩的一个小青年站起来主动让出了座位。

如果强硬要求别人有“道德感”有“素质”，往往更容易引起他人反感，这时不妨照顾一下别人的面子和自尊心，反而更容易让对方就着台阶下来。

3. 把对方最重视的事情和自己的劝服结合起来

楚庄王爱马成癖，给自己的马“衣以文绣，庇以华屋，席以露休，啖以枣脯”；不仅如此，在马死后，还打算为马发丧，以华棺埋葬，以大夫之礼下葬。群臣哗然，纷纷劝谏，但楚庄王一意孤行。这时，优孟嚎啕大哭地走进来说："堂堂一个楚邦大国，以大夫之礼下葬大王的爱马，规格未免太低了。我请大王将自己的爱马以国君之礼葬之，赐以玉雕棺材，全国老幼负土掩埋，通知邻国来唁悼，这样天下诸侯们也好知道大王你看重马而轻于人。"这番话引起来楚庄王的沉思，缓缓说道："我的过错难道已经达到这种地步了吗？"然后更改了主意。

在春秋战国时期，"重士""纳贤"是整个社会的主题，如果谈到谁"重色"大于"重士"或者谁不重视贤者，往往会让掌握着所有智慧的"贤士"整体唾弃，甚至引起国力衰退，这是每个君主心中的"伤疤"。优孟之所以能劝服楚庄王，就是因为抓住了这一点，把庄王最重视的问题和葬马连在一起，才切中了要害，引起了他的重视。

委婉劝服别人的几项技巧

当一个人对某个话题有心理抵触或者对某种观念有成见的时候，再直接劝服或反复劝谏往往会引起对方的反感，这时就需要用婉转的方式，先消除对方的防备、成见，再有技巧地开口，才可能受到成效。再者，女人如果用直白的方式去说服别人，无论对方是同性还是异性，往往更容易伤到对方的自尊，而掌握几项说服的技巧，用含蓄委婉的方式去劝导，则更容易被对方接受。

1. 恰当运用比喻

比喻能够增强语言的形象性和生动性，使说服的道理变得不那么严肃、枯燥，增加了趣味性，还可以把复杂的局势变得浅显通俗，易于理解和接受。

刘向的《说苑》中记载了这样一个故事：吴王阖闾要攻打楚国，于是警告左右大臣"谁敢劝阻就处死谁"。一个年轻的侍从官，想要劝谏却又不敢违抗王命，只好每天拿着弹弓和弹丸在后花园转来转去，吴王感觉奇怪，就叫进来问为什么。侍卫回答道："园里有一棵树，树上有一只蝉。蝉停在树上一边放声地叫着一边吸饮着露水，却不知道有只螳螂在自己的

身后；螳螂想猎取蝉，但却不知道有只黄雀在自己身旁；黄雀想要啄食螳螂，却不知道有个人举着弹弓在树下要射它。这三个家伙，都极力想要得到它们眼前的利益，却没有考虑到它们身后有隐伏的祸患。”

这番劝谏非常巧妙，没有一句提到战事，但形象的画面，却让人无法不联想到战争整体的局势。最后的一句说理，恰到好处地点出了被说服者心中的顾虑，一语中的，让对方不得不接受自己的劝说。

2. 让对方先说

想要说服一个人，就要首先弄清楚对方心里是怎样想的，最主要的顾虑是什么。如果搞不清楚就一味劝阻或责问批评，往往引起对方反感，最终也不能达到目的，即使一时通过威胁或其他手段让对方同意了，下次遇到类似情形，还会有矛盾产生。再者当对方有很多话想要说出来的时候，是不会理你有多正确的。耐心听对方讲话，或者询问对方，找出症结所在，再有理有据有针对性地进行劝导，才能更容易达到目的。

3. 让对方感觉到危机

用威胁的方法可以增加说服力，但让对方感觉到危机。不仅仅是威胁，每个人心中对于自己的决定都有恐惧心理，都可能产生一瞬的摇摆不定。这时候，如果能够巧妙利用对方心里的潜在不安全感，阐明对方决定可能产生的后果，让对方明确感觉到危机所在，则会让他迅速放下自己的决定，听从你的建议。

某高三学生为了音乐决定放弃考大学，这时妈妈劝道：“我不反对你玩音乐，音乐可以成为任何人的兴趣，但想成为音乐家，一定要有特殊天赋，再加上长期不断的训练，你确定自己可以对音乐有十年的兴趣吗？而且放弃考大学而玩音乐毕竟太冒险了，如果在音乐上你没有坚持住，又没有受过高等教育，你以后凭什么在社会上立足？”一番话让儿子感觉到危机所在，母亲顺利达成了自己的目的。

4. 寻求一致

很多人习惯于顽固拒绝他人的说服，经常都处于“不”的心理组织状态。尤其是叛逆期的青少年和老年人更是如此，很顽固，很少听从别人的意见。对于这种持拒绝态度的人，一开始决不能让对方说出拒绝的话来，否则就很难改变他的想法。一定要先努力寻找与对方一致的地方，先让对方赞同你远离主题的意见，从而使之对你的话感兴趣，而后再想法将你的主意引入话题，从而最终求得对方的同意。

某初中的男孩早恋了，妈妈先假装不知道，而是在饭桌上讨论“男人的责任”这个话题，然后问男孩：“你觉得成熟的男人应该负责任吗？”“当然，不负责任还称得上男人吗？”“我和你爸爸20岁结婚的时候，他已经能够赚到足够我们两个人生活的钱，后来我们一直很满足，很快乐。所以，我觉得要负责首先得保证自己能独立，是吗？”“嗯。”男孩已经领悟到妈妈想说什么，“妈妈放心吧。”

总之，说服别人也要讲究技巧，先消除抵触情绪，再委婉讲道理，更容易得到对方的认同。

第08章　劝慰技巧：女人用话语温暖人心

在生活中，当我们遇到那些遭遇困难或挫折的人，该如何劝慰呢？有时一句话不适当，劝慰就达不到预期效果，反而会惹人伤心。这时女人要发挥自己温柔的特性，用话语去温暖人心。

理解他人苦恼，送去最贴心的问候

“给不幸的人送去最贴心的安慰，是一个女人的美德。”女人善解人意，语言温婉动人，往往能够带给不幸的人温暖和慰藉，减轻他人痛苦。人生的道路往往逆境多于顺境，坎坎坷坷，苦恼最是难免，除了当事人需要自我调节，还需要朋友最贴心的安慰。人们往往很难忘记曾经和自己一起分担痛苦、在不幸中给自己温暖和力量的那个人，女人要学会担当这一角色，才能有更多的患难与共的真心朋友，关键时刻才能获得更多的帮助和关怀。

然而，并不是所有安慰的话都可以让人感动，只有掌握一定的技巧，才能说得贴心，让人感到欣慰和感激。怎样给不幸的人送去最贴心的问候呢？首先要站在对方的角度，理解他人的苦恼，才能说到对方心里去。

1. 多倾听对方的苦恼

安慰一个人，听比说更重要，很多人并不需要你的安慰和帮助，只是需要一个静静听他诉说的人。聆听时最好不要追问事情的前因后果，也不要急于去做判断，给对方一定的自由空间，让他去诉说自己的感受，更能分散苦闷的心情。

某女孩向闺蜜诉说她老公吵架的烦恼，其实，吵架的原因并不重要，也不大，主要是女孩子身在外地，总觉得孤单，心理敏感，感觉老公和家人合伙欺负她。这种因为远离家人和好友，远离熟悉的人而产生的孤独、郁闷和委屈是很多新婚的年轻女人都体会过的。朋友只是静静听她反复诉说，然后告诉她自己也有过这种感受："事不大，但感觉特别委屈，特别想流泪。"一下子说到了女孩子的心坎里。

2. 理解他人苦恼

由于生活体验、家庭背景、所受教育的不同，每个人对苦恼都有不同的理解，在有些人眼中很严重的事，在另一些人眼中似乎"不值一提"。当试图安慰一个人时，首先要理解对方的苦恼，接纳对方的世界，不要迫不及待地提出自己的见解，更不要对对方的感受妄加评断。安慰者必须先放弃自己根深蒂固的成见，真正站在对方的角度去看他所面临的问题，走进对方的内心世界，才能对对方的痛苦感同身受。

3. 用真情实意的关怀贴心问候对方

贴心的问候，往往能一下说到对方的心坎里，安慰时最好先问别人的感觉，比如："你感觉好些吗？我能为你做点什么？"或者："你愿意和我说说发生了什么吗？说不定我能帮上你。"这些贴心的关怀性语言可以让对方感觉到你真诚的关心，和帮助对方的意愿，从而让对方内心充满温暖。

切忌一些缺少感情色彩的僵硬安慰，比如"不要担心""不要难过""一切都会好起来的""勇敢点""请节哀"等等这类套话因为司空见惯，而缺少关怀，往往很难真正打动人心。

纽约怀特普兰的一名心理治疗专家露斯·罗森菲尔德说："别拿你的情绪去影响他——更别指望让他接受。你需要做的就是认真倾听，接受你朋友的情感，理解这种情感。"唯有理解，才更贴心，唯有理解和关怀，才能让朋友感到温暖和力量。

 表达自己的理解来宽慰对方内心

被戴安娜王妃誉为“洁白的小天鹅”的英国著名童星艾莉在12岁时患上骨癌，准备截肢。手术前亲朋好友和热心观众都闻讯来探望、安慰她。这个说：“别难过，说不准还会出现奇迹，还有机会慢慢站进来呢!”那个说：“你是个坚强的孩子，一定要挺住，我们都在为你祈祷。”艾莉一言不发，默默地向所有的人有礼貌地以微笑致谢。戴安娜也来到了小艾莉的病床前，她把艾莉搂进怀里说：“好孩子，我知道你一定很伤心，痛痛快快地哭吧，哭够了再说。”艾莉一下子泪如泉涌。自从得了病以后，什么样的安慰话都听过，就是没有人这么说过，艾莉觉得最能体贴、理解她的就是这样的话!

最能宽慰一个人的话就是对自己情感的理解和感同身受，这样的话往往使不幸者感受到自己找到了一个“同盟者”，一个最能体会自己内心感受的人。怎样表达自己对不幸者的理解来宽慰对方的心呢?

1. 不要直接表达“理解”

很多人安慰别人时通常会说：“你的心情，我理解，但一切都会过去的。”或者：“我理解你的心情，因为我也曾经……”这些不痛不痒的话不会带给不幸人任何的温暖和贴心的感觉，相反啰嗦自己曾经的经历和如今的平静心情还会招致反感。

2. 把你理解的感受讲出来

比如：“你一定非常痛苦”！“你很郁闷吧？”“其实也知道没什么，还是感到特害怕，是吧？”“觉得特委屈，是吗？”或者把对方内心的隐秘感觉讲出来：“你是不是很担心，很焦虑?放心吧，等真正事到临头了，你反而会镇静下来，这个我有体验。”对方的心往往能够放松下来。

3. 帮对方分析原因

如果能够分析对方沮丧情绪的原因，安慰起来就能事半功倍。比如一个女人离婚了，很难过，但很多朋友安慰都无效。她的某个知心好友则开

导她："你是不是觉得自己拴不住老公的心，怕被别人笑话？你是不是觉得男人被别人抢了特不甘心？我反而觉得离婚对你来说是种解脱。"经过朋友的一番分析，女人也觉得自己是"当局者迷"，自己对上一段婚姻没有那么留恋，不过是不甘心而已，也就走出了离婚的阴影。

4. 提供有效的招数

比如戴安娜安慰中有一句："痛痛快快的哭吧，哭够了就好了。"理解别人的情绪，那么怎样对付这种情绪呢？不妨准备两三个好用的小招数，面对刚刚跟男友分手的小姐妹，"别郁闷了，咱们一起逛逛街去吧，买两条新裙子，把自己打扮的漂漂亮亮的，心情好了，眼睛更亮，咱再挑更好的。"当然，挑选的小招数最好能够投其所好，和对方的性格相合。否则，对方哭得跟泪人似的，劝她"别伤心了，打场球就好了"肯定是没用。对方是焦灼还是郁闷，是伤心还是痛苦，是恐惧还是担心，不同的情绪有不同的应对招数。了解朋友的心情和性格，才能说出最贴心的话，才能宽慰对方。

作为朋友，把自己对于不幸者的心情的理解讲出来，也许就能帮助他们透过迷雾看清自己真正的情绪和伤心的原因，才能更快走出人生的迷雾。

诉说他人痛苦经历劝慰失意之人

面对人生中的不如意，不同的人心理是不同的，但相同的一点是：如果他们面对比他们幸运的人，会产生自怨、气馁、灰心、丧气的复杂感觉，这就是为什么不要在失意的人面前说得意的话。而面对比他们更加不如意的人他们则会产生自得、幸运的感觉，失望、消极的情绪自然被"知足"取而代之。

所以安慰一个受到挫折、情绪沮丧的人，不妨诉说他人的烦恼、痛苦，采用这种"比下有余"的方法，也会让他们暂时从失意中解脱出来，继而产生"幸好我还没有到那个地步""比起他们来，我这点挫折又算什么"的感觉，从而冲淡他们的失意感，使之更加振奋。这种方式的安慰要

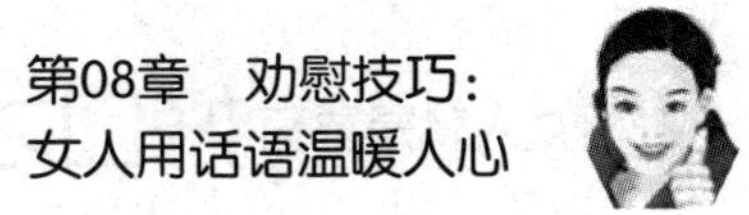

怎样表达更有效呢?

1. 语气要诚恳、同情

叙述别人遇到的麻烦，态度应该诚恳，表示自己的同情和无能为力的遗憾，否则会被朋友误会你对第三者的麻烦感到幸灾乐祸，从而疑心对自己也存在幸灾乐祸看热闹的心理。千万不要说“他当时比你现在还惨”“可怜他就没你这样的好运气了”等，这样直接的比较之言会让对方非常反感。可以说“听说某某也和你有过同样的经历……”，然后直接把对方遭遇到的麻烦、困难叙述出来，不要与被安慰人作比较，更不要说“再看看你，这点小事算什么？”之类的话，最后不妨提点对方一句：“你是不是应该乐观点？”

2. 可以对比着说

不是两个人的对比，而是第三者痛苦经历和现状对比着说。比如先叙述对方曾经遭遇的挫折，再说现在他生活得很好，功成名就，然后归结为：“所以说，天将降大任于斯人也，必先苦其心志，这点麻烦，其实就是对你的一个考验，可见你以后是要有大成就的。”“你看自古一帆风顺的，哪个能有大的业绩？哪个功成名就的人不是经过大风大浪的？你现在若能闯过风浪，必然能否极泰来。”或者：“我相信你也能像他一样闯过风雨。”

3. 切忌“知足常乐”式的表达

安慰一个人是为了使之平和快乐，如果只是讲一讲别人的痛苦经历，然后希望对方“知足常乐”或者“你还是幸运的，有什么不满足呢？”就会使对方陷入安于现状、不思进取的陷阱，就失去了安慰的意义。一定要在劝慰中让对方看到自己的优势和长处，让对方看到希望，以图东山再起。比如：“我觉得，你在某方面还是比他明智的，所以没像他那样栽那么大跟头，以后肯定还有更多机会。”这就是比较好的一种劝慰语言。

总之，让一个人意识到自己是幸运儿的方法，就是让他看到比他更不幸的人，失意对比更失意，就会有一种对比的自得，这种自得往往也能产生一种力量，带一个人走出人生的低谷。

安慰病人时用积极阳光的言语

人在生病的时候，往往会焦躁、沮丧、情绪低落，经常心烦意乱或胡思乱想。整天面对医院枯燥的白色，也往往会使人陷入慌乱，如果能用生动阳光的语言给对方的生活增添些乐趣和希望，他们的心情就会稍微好转。但想要真正达到安慰病人的目的，则必须讨巧，讲究一些谈话技巧也是有必要的。

1. 交谈要有针对性

一般和病人或者家属的交谈，离不开对病情和养生之术的探讨，事先对病人的病况、情绪、相关疾病的保养有所了解，安慰就会更有针对性。比如有些病人对自己所患疾病是否能治愈没有信心，可以多介绍其他相类疾病病愈的例子，让患者相信医生，就可以减少忧虑；有些病人则对经济负担过于看重，一些实际的办法，比如争取医保、单位补助、大病保险的预付等等能分散病人的担忧，也可劝慰对方“着眼健康”“不彻底治愈反而会反复花费更多费用”有些病人只是厌烦医院枯燥的生活，可以多讲些有趣的事，多闲聊，也可帮对方带些书籍、刊物、织针毛线等对方喜欢的消遣时光的物品。

2. 真诚、坦率安慰别人

病中的人情绪会更加敏感，最好不要用怜悯、紧张、隐秘的方式谈话，否则，病人会以为自己的病情有什么“内情”，对病愈反而不利。诚恳地劝慰对方保重身体，技巧就在于交谈时的音量要恰当不要过低，语气要温和真挚而不怜悯嘲笑，用词婉转而不令人生疑。尽量让患者以为你探望之后，为他感到愉快，心情轻松，真心为他病情好转而高兴，这样更有利于减轻病人的心理压力。

3. 多谈一些开心的事情

患者单位的事情、家中的事情或者他关心的事情，挑选一些轻松愉悦的讲给对方听，或者征询患者的意见，都可以让对方感到自己受重视，感

到家庭、单位离不开自己，才能更有利于患者的恢复。很多同事在探望病人时往往会安慰对方“单位的事不用你担心，有我们呢，你好好养病”，反而让病人觉得自己无足轻重或者自己将因为疾病而被替代，加重患者的思想负担，于病情更加不利。

4. 尽量轻描淡写放轻松

谈论患者的病情时，要尽量轻描淡写，放轻松点，不要语气沉重，更忌窃窃耳语更不能与其谈论有可能增加忧虑和不安的消息与话题。可以说：“多幸运呀，我也想生点小病，好好地休息几天。”或者：“这点小病痛，有几天就又能活蹦乱跳了，我们还等着你给我们唱歌呢！”“你真幸运，最近我们忙得脚不沾地了。”让对方的心情不自觉地就轻松愉快起来。

总之，探望病人时一定要懂得什么话可以说什么话不可以说，应该怎样说，才能让对方感到更熨帖，这样有助于增强病人与病魔做斗争的信心，也才能让病人真正感激你。

贴心和煦的话语帮助他人洗脱悲伤

人生在世，命运神秘莫测，不如意事十之八九，面对痛失亲人爱侣、失恋、失业等不幸和痛苦，我们常常需要朋友的安慰帮我们洗脱悲伤，对方也一样。对着那些悲伤的面孔，我们常常会觉得手足无措、无能为力，似乎任何的安慰都难以平抚他们的内心悲伤。其实，技巧高超的安慰虽然不可能真正消灭痛苦，但可以给他们的内心带来温暖和希望，减轻悲伤。

心理学家也提醒我们：“安慰不等同于治疗，治疗是要使人改变，借改变来断绝苦恼；而安慰则是肯定其苦，不试图做出断其苦恼的尝试。”因此，在安慰痛苦的过程中，主要不是提供解决的方法，给对方明确的见解或者干预对方的情绪，而主要是用倾听等方式了解并认同对方的痛苦，用温和贴心的语言减轻悲伤的程度。具体策略与技巧如下：

1. 认同他们的痛苦

认真倾听他们的痛苦，不要轻易询问或做出指责、评判或安慰之言，你的倾听就是对对方最大的安慰。当朋友失恋，他们不希望你指责他们或已经分手的伴侣，过多的评判也许会引起对方不必要的反感。失业也同样如此，指责对方的上司或公司、质疑他们的能力或公司的公平是最不明智的一种行为。对于失去亲人的朋友，不要轻易提及死者，更不要轻易表示理解和怜悯，最好的办法是劝他们忘记那些无可挽回的不幸，询问对方对今后的生活有什么打算。

2. 允许他们发泄

无论是对方失去理智地谩骂、唠叨、哭泣，都是一种发泄的方式，无论他们的遭遇是不是公平的，遭受痛苦的初期，他们都可能态度偏激，这时候不要劝解，更不要批评，跟随他们一起指责对方更是不明智的。发泄也是一种疗伤的过程，这时候最好静静任由他们发泄，让他知道你支持她们的心意。

3. 少谈论自己

在安慰他们的时候，最好少谈论自己，无论你是否有过类似的经历，你的经验都不足以应付他人的情绪。你是去提供关心和帮助的，一定要多关注对方的感情，最好不要说类似于“我理解你的心情和处境”“我曾经也……”之类的话，有把自己的处事态度强加给朋友的嫌疑，最好改为“我很痛心你失去了……我能帮你做点什么吗？”更能体现你对对方的关怀。

4. 不要表现出你的怜悯

当一个人失去自己的亲人、恋情、事业的时候，往往是最软弱的时候，心灵也往往最敏感，特别是平时自尊心很强的人。要给人安慰，但一定不要表现出你的怜悯，诸如“可怜”“可叹”“不平”之类的话最好不要轻易说出来。

5. 陪对方走一程

面对对方的痛苦，不妨用陪在对方身边的方式来纾解对方心中的痛苦，邀对方一起吃个饭，三五亲密朋友聚一聚，时不时和朋友一起去散散心，都能帮助他们减轻内心的痛苦。

6. 实用的几句劝慰

亲人逝去时——“听到这个消息，我也很难过，能为你做些什么

吗？”“我很痛心你失去了亲人，我能帮到你吗？”“你一定很痛苦，有什么需要帮忙的，尽管开口。”

失恋时——“分手总是让人难过的，但是往事如烟，忘掉不开心的事情，开始新的生活吧！”“感情破裂总让人难以承受。有什么需要我帮忙的，随时找我。”

失业时——“塞翁失马，焉知非福。一定还有更好的机会等着你，不要气馁。好好为未来打算一下吧。”“这太突然了，我很遗憾，但我知道有更好的工作在等着你。咱们好好想想看有哪些合适的机会。”

多用夸赞来安慰，给对方以勇气

当一个人遇到挫折的时候，最好的安慰不是鼓励，而是夸赞，对他之前努力的确定、认同和赞扬会解开对方对自己能力的质疑，给对方以勇气和鼓励，比直接的鼓励更能深入对方的内心，坚定对方的信心。尤其是有远见、有智慧的女性的夸奖更能带给对方更多勇气，对于男人来说，女性在低谷时期的夸赞是坚持的源泉；对于女人来说，来自同性的夸赞更为难得，因此也更能给她们坚持下去的勇气。

怎样用夸赞来安慰一个人呢？仅仅是赞美是不够的，略带恭维的赞美如果用于取得成果时，怎样都不会有大错，如果用于遇挫，则可能被对方误会是一种讽刺，必须要谨慎运用，才能真正起到安慰的效果，给对方以勇气和力量。

1. 肯定对方先期的努力

这种肯定一定要理性，最好加上一些分析，类似于“我一直觉得你很棒”实际上没有什么效果。如果能够切中要害地做一些分析，比如：“我觉得你这个项目选得很好，很贴近客户，而且也做出了很多努力，现在虽然效果不彰，也许是时机还没有成熟，再等一段时间，或者加大宣传的力度，反馈也要时间的，不要丧气嘛！”或者：“你一直都很谨慎周密，我相信不会有大的纰漏，这只是一种缓冲。”“我觉得你很努力，很勤奋，大概还需要一点运气，不是说‘成事在天’嘛，等待时机，一定会成功的。”这种饱含信任和欣赏的赞赏，往往更能给对方鼓励。

2. 夸赞中含有鼓励和信任

在夸赞对方的同时表现出自己的鼓励和信任，往往能让对方信心大增，鼓起勇气。面对挫折的境遇，一个人往往容易对自己的能力或行事方法出现质疑和动摇，他们需要旁观者的认同、鼓励来确定自己的行为。如果对方的方法没有问题，只是时机或者努力不够，劝慰者最需要做的就是要帮对方确认他的能力和行事方法，告诉对方：“你的做法没有问题，我相信只要你能坚持到最后，就一定能够成功。”或者：“你的努力是大家有目共睹的，我们都很佩服你，至于结果如何，我相信一定是一次比一次更好，这些进步大家都看在眼里，不要灰心，你一定能达成所愿。”

3. 指出对方的不足

鼓励性质的话很多时候不能给对方多大的实惠，能坚定对方的信心，但不一定有所助益。如果能够分析出问题所在，和对方一起分析出挫折、失败的原因，找出症结所在，则更有助于对方理智思考存在的问题和缺陷，有助于对方完善自己的计划和行动，对走出困境往往更有助益。当然，这种安慰更需要讲究方法和技巧，否则更容易弄巧成拙，可以先赞扬，然后找出问题，比如：“我觉得这个计划做得很棒很完美，也很贴近现实，但实施人行动力不足，分工不够明确，导致整个项目太拖沓，太混乱，把大家都拖入了困境。现在更正还不算晚，相信一定会更顺利。”这种就事论事的安慰实用性很强，往往能“一语惊醒梦中人”。

总之，用夸赞的方式来安慰对方，对方往往很容易接受，更能从中获得坚持下去的勇气，还有助于对方将你引为知己，不失为一种好的劝慰方式。

第09章　谈判技巧：能言善辩的女人掌控主动

在日常工作中，谈判其实就是一个妥协的过程，通过双方的妥协使之达到平衡点，从而实现双赢。当然，要想在谈判中赢得头筹，我们应该有一定的心理策略以及掌握一定的谈判技巧，少说多听，字字珠玑，判断对方的底线在哪里，从而达到自己的谈判目标，实现利益最大化。

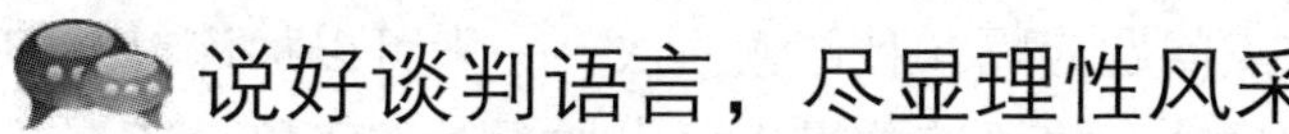

说好谈判语言，尽显理性风采

谈判的目的是就某些问题达成协调一致，因此谈判的语言必须清晰表达自己的观点和想法，又要能说服对方，或者找出对方说法中的突破口，使之接受自己的意见和观点，最终达成一致。谈判就是在心理上相互试探和压倒，彼此退让，最终达成一致的方法。其动力和主要需要调适的是利益和需求，只要在这方面达成共识，谈判基本上就成功了。作为女性谈判者来说，语言表述上的准确性和灵活机动性是非常重要的。好的谈判语言，既能让自己掌控主动地位，又能让谈判氛围更轻松活跃，还能展示出自己作为职业女性的理性风采，怎样说好谈判语言呢？主要应做到以下几点：

1. 准确性

把自己的立场、观点、要求准确无误地传达给对方，才能帮对方明了自己的态度。当表述自己的愿望和要求时，语言一定要准确、明晰、有的放矢，尽量不要使用模糊或啰唆的语言。如果发现自己向对方传递了错误的信息或者对方理解错误，要及时纠正，或者添加额外的条件使谈判更有利于己方，不能将错就错，否则会给自己带来巨大的损失。

2. 有针对性

事先研究谈判对手的谈判风格和性格特征，根据不同对手、不同场合、不同谈判阶段使用有针对性的语言，才能保证谈判成功。比如针对率直的谈判对手，最好用简短明快的语言，而避免迂回婉转；针对思路缜密、谨慎的谈判对手，多用数据和事例来进行具体详细的说明，才更有说服力；针对喜欢用计谋的谈判对手，则要言语谨慎，不给对方可乘之机，以“拙”对“巧”，后发制人；针对喜欢用气势压人的谈判对手，则要稳住阵脚有条不紊地对对方提出的疑问或条件逐条辩驳，则能够占据上风。总之，在谈判中，要充分考虑谈判对手的性格、情绪、习惯、文化以及需求状况的差异，恰当地使用针对性的语言。

3. 加强细节处理

谈判过程中的一些语言细节，如停顿、语音强调、语调高低、重复、语速调整等往往容易被忽视，这些小的细节往往会在不同程度影响说话效果。

一般来讲，如果说话者要强调某一重点，停顿一下说非常有效的。谈判时，遇到重点问题应隔30秒停顿一次，一来可以加深对方印象，二来可以等待对方的反馈。将语速放慢也可以加深对方印象，还有利于整理自己脑中未成形的思想。提高说话的声音可以表现自己的决心和信心，压低音调可以使自己显得更胸有成竹，从容稳定。这些非词句的语言表达形势可以增强自己的说服力，有助于谈判效果。

4. 不同谈判阶段表达方式有差异

比如在谈判的导入阶段，目的在于创造和谐的气氛，语言要尽量热情、友好、和气，可以用幽默轻松的表达方式。在概说阶段，是把各自的目的和想法概要介绍给对方的阶段，语言要简洁、明了、准确、原则性强，表述时更要清晰流畅，充满自信。在讨论阶段，是就不同想法进行协商的阶段，语言可以尽量委婉温和，兼顾双方利益。在交锋阶段，也就是就暂时不能达成一致的问题，进行各种方式说服的阶段，语言一定要严谨与巧智并存，运用严谨的逻辑判断或者巧问、智答的方式沉着应对才能绕过对方言语中的陷阱，才能达成较圆满的协议。尽量避免频繁的摩擦和冲突，切忌挖苦、讽刺性的语言。妥协阶段，经过一番唇枪舌战，谈判性的语言要转向温和，尽量使让步与要求同时进行，比如：“贵厂能开增值发票的话，我方可按每米18元进货多少米。”等等。最后达成一致，无论多不甘心，也要友好结束，语言要和谐融洽，一般有以下几种表述方式，如：“谢谢你们的支持”“请多多关照”“合作愉快”“希望今后进一步加强合作，同舟共济”，等等。

懂得这些之后，怎么样熟练运用是女性在上谈判桌前要想清楚的，只要谈判语言运用得好，就能够为自己的表现加分，让自己更有魅力。

巧妙问话，剖析出对方的真正意图

在谈判中适当巧妙的问话，可以发现对方的真正意图和需要，进而通过协商解决，巧妙的提问对谈判成功起着至关重要的作用。当然，谈判对手也会故意回避你的直接提问，以隐藏自己的真实底线，所以当问题可能涉及到对方的底线，或者不方便直接提问时，就必须要运用各种技巧和方法，以期获得多种信息，了解到对方真正在想什么，谋求什么，或者真正的底线在哪里。

在西安事变之前，张学良和杨虎城频繁见面，都有意对蒋介石发难，但都不敢轻易开口。在某次会面中，杨虎城假托共产党王炳南的口说：“王炳南是个激进分子，他主张扣留蒋介石！”张学良立即接口道：“我看这也不失为一个办法。”于是两个聪明的将军开始商谈行动计划。这种借助第三者之口提出方案进行协商和提问的方式，可以避免对方不同意引起的冲突，不失为巧妙的好方法，

谈判中还可以运用哪些巧妙的方式进行问话呢？

1. 投石问路法

当没有摸清对方虚实的情况下，为了避免因对方拒绝而产生的难堪尴尬，不妨先设一个较虚的问题，投一颗问路的石子，以探听对方的虚实。

某推销商想要把自己的产品销出去，但又怕对方直接拒绝，一般他不会轻易问：“你要不要？”而会婉转地问：“您看产品的性能还不错吧，能评价一下吗？”或者：“您对我们的产品有什么不满意的地方吗？”“您看价格怎样，您愿意付多少钱？”等等。

这一系列的问题往往能够引导对方回答问题，继而剖析出对方真正对产品的哪方面不满意，是否有购买意图，继而找出理由说服对方，促成谈判顺利进行。

2. 迂回探询

不直接对谈判所涉及的问题提问，而进行旁敲侧击的提问，继而得出对方的真实底线，再进行谈判，就能够掌握主动，让谈判更有利于自己。

某公司需要购进一批机械，当价格谈到每台32万美元时，美方代表示意已经到了自己的底线，否则就只好放弃这次机会了。这时，公司的谈判代表不再继续就价格进行谈判，而是拐弯抹角地提问零件的消耗状况，每个零部件和主机如果出现损坏，单独购买的价格，结果核算起来组装一部这样的机械，只需要26万美元。这时谈判代表掌握了他们的底线，对方也慌了神，最终以每台27万购进，节省了大量资金。

这种迂回间接的提问方式可以先让对方放松警惕，缓冲谈判中那种剑拔弩张的气氛，继而奋力一击，往往能够达到更好的效果。

3. 条件性提问

也可以称作“假设性提问”，即把谈判的问题作为假设条件，从对方的回答中确定对方更在意什么，和己方有哪些共同需求，获得对方的真实信息。

美国某些商业顾问机构的首席代表在购买产品时往往通过许多假设性提问，获得了很多颇有价值的资料，引导新的选择途径。如：假如我们订货的数量加倍呢？ 假如我们将保证金增加呢，可不可以更快供货？ 假如我们自己提供材料呢？ 假如我们要买几种产品，不只购买一种呢，价格可不可以再降一点？ 假如我们让你在淡季接下这份订单呢？假如我们一次性付清呢，可不可以比分期付款再优惠一点？

通过这些问题往往能够从中剖析出对方可能做出的让步，继而掌握主动权。

而有些问题，诸如：你们认为两年的合约怎样，还有其他想法吗？这种有重点和条件的问题，往往意味着试探对方在提出的条件方面是否关心，比如对方回答“如果改为合作三年就更好了”，说明对方更关心长期合作，如果对方没有反应，则对期限并不在意。

总之，在谈判中掌握提问的技巧可以让你获得大量有用的信息，掌握对方的真实意图，更有利于掌控谈判的主动权。

技巧答复，规避风险

谈判中的提问可以追踪对方的实力、动机、意向、需求策略，等等，从而让提问方知己知彼，掌握主动。如果不想暴露己方的实力，而又不能直接拒绝，答复这些问题就必须讲究策略和技巧，正确的答案未必是最好的答复，有问必答、和盘托出肯定有风险，胡乱应答则会影响自己的信誉和形象。

怎样答复对方才更正确呢？答复的技巧不在于回答的“对”与“错”，而在于应该说什么，不应该说什么。应根据对方的情况和谈判目的，判断是否应该答复，答复的时间，答复的范围，如何答复，等等。女人应学会在谈判中巧答提问，回避重点。巧答提问有如下几种技巧：

1. 含糊应答，以虚对实

借助一些宽泛模糊的语言，为自己留下余地，使己方策略具有某种弹性。笼统地回答对方“按照正常情况，我们是有信心高质量完成订单的”，这就不刨除有意外发生，给自己争取了一定的弹性，比如如果价格太低或时间过紧或意外发生，就可能无法完成。也可以抽象回答“你们的问题我完全理解，但某些方面，只有全盘考虑才能取得共识”，模棱两可，说了等于没说，对方也不好再追问。

2. 局部作答

应对对方投石问路策略的，如果对方提问出一系列的假设性问题，诸如：增加50%的订货量是否可以更优惠？签订合同期更长，可以有多少折让？对于这种测探虚实的问题，可以考虑有选择的局部应答，比如只回答第一个问题，对其他问题故意忽视或装聋作哑，不妨这样应答：“如果你们增加50%的供货量，可以在原本基础上，打九五折，不过如果你们所有的假设都兑现，会有更大的优惠。”对方当然不可能兑现所有的假设，也就搪塞过去了。

3. 以问代答

如果对方提出了不好回答的问题，如：“如果出现某种情况，你们怎样应付，或者你们怎样赔付我方？”这样的问题回答不好就会使已经达成共识的部分功亏一篑，如果过于确切，说不定会吃亏，不妨反问回去：

"贵方的意思呢？"

4. 有偿做答

就对方的提问因势利导，根据对方所提之问反过头试探对方的答复方式。比如对方提问："假如……，是否有优惠？"则可以这样回答："如果可以优惠，咱们就成交签合同如何？"比如对方提问："如果按我们的规格生产，价格能不能维持不变？"则可以回答："我们的成本会提高，价格如果不变，你们的订货量必须再提高50%，或者签订五年专供合同，才值得考虑。"

5. 拖延回答

如果明确回答对己方不利，或者准备不充分，而对方频频催问，不方便表示拒绝，则可以用"缓兵之计"："为了更圆满回答你们的问题，我们需要更充分的考虑时间，好吗？"或者："没有想到你们会问这个问题，所带资料不全，下次带齐资料在回答可以吗？"接下去可以准备好时再应答，或者来个"不了了之"，言而不答，一般对方也不会追究。

6. 沉默拒答

对于一些明显不值得回答或不便回答的问题，完全可以不予理会，简单的沉默不语或者"顾左右而言他"，或反问对方"你觉得呢？"或者表情动作表现出对问题的抗拒，可以暗示对方无法回答，另外还可以给对方造成一定的压力，主动暴露自己的底线。

欲擒故纵，制胜妙招

俗话说"心急吃不了热豆腐"，谈判时如果急于求成，咄咄逼人，强迫对方立刻就在谈判桌上做出决定，往往会适得其反。我们常常看到一些销售员在顾客上门时，就随侍在侧，让顾客觉得很不自在。大多数人都会对压力感到紧张，甚至反感，尤其是在对方急切逼迫的情况下，即使达成协议，也会心底不舒服。

这就需要在谈判时给对方留一条"退路"，也就是所谓的"欲擒故纵"，即使很想达成协议，也要轻松随意地让对方思考一下，让对方在没有压力的情况下，心悦诚服地达成协议。然而，如果技巧掌握不好，往往会让客户真正跑掉，那么怎样“纵”，又怎样“擒”呢？

1. 给对方留下考虑的时间

如果对方对签订协议或你提出的条件犹豫不决，这时候不要急于求成，逼迫对方答应，只要对方有心动的表现，不妨给他留下考虑的时间，对方充分思考之后，才会心悦诚服地答应。很多人谈判时都习惯给对方做结论：“你看我们的条件多优惠，为什么不答应呢？”这样的语言方式往往让对方反感，不妨改为：“您可以多方做一下对比，就能知道我的提议是不是对您有利。”给对方对比和考虑的余地，不要步步紧逼，更容易达成一致。

2. 让对方下结论

谈判时，最好不要替对方下结论，比如“我相信您一定会给我们合作”“我们的定价很合理”之类的武断性的结论，会让对方非常反感。你的提议是否合理，协议是否公平，不是站在自己的角度来看，而是站在对方的角度来看。所以，你只能做出逻辑性或者组织关系性强的推理，让对方自己得出结论，做出选择，他才会更心甘情愿。比如列出自己产品的优越性，而不强迫对方承认自己的产品一流；做出行业内对比，而不要明说选择自己合作才是最明智的。总之，“己方只做引导，让对方作出结论，永远让对方觉得自己赢了”，让客户觉得是他自己做出的选择，而不是被你说服了，对方才会更心甘情愿。

3. 创造“第三者”

如果让对方意识到你并非“非他不可”，你还有第三种选择，那么谈判就有了更充分的余地。比如，你对对方的服务或产品非常满意，如果想要议价，就不妨告诉对方：“我对你们产品很满意，但我还看中了某某公司的产品，要更实惠一点，请容我再考虑考虑。”对方往往更容易做出让步。

或者：“我们同时还在对比某某公司给出的报价，恐怕您还要等一段时间，我们才能做出最后结论。”往往能达到奇好的效果。

4. 表现出自己还需要考虑

如果想要对方让步，就要让对方意识到不合理的地方，这时候不妨委婉地告诉他“你可以拿回去跟贵公司领导商量一下，考虑一下这个价格是否可以，没有利润的项目，我想我们不会做。”或者：“我方刚刚已经把价格提高了10%，而贵方寸步不让，我想我没有办法回去交差，价格还是原来价格，不能提高了。”或者：“这个合作项目没有问题，但我手头还有两三个项目等我考虑，这个项目可有可无，还是再等一段时间吧。”为了能够成功，对方往往更容易做出让步。

欲擒故纵的策略就是要做出一种假象，即让对方感觉有没有对方都一样，无足轻重，不要让对方摸清你的底牌，则更容易达成利于自己的协议。

反客为主，巧言让对方顺着你的思路走

先讲一个小故事，某男与女孩要结婚了，女孩决定操办一个豪华婚礼，男人却持不同意见，但直接表达恐怕引起对方不满。于是，男孩给女孩算了一笔账：“完全按照女孩的意愿，酒席32万，新房装潢和家具等12万，蜜月旅行、喜车、喜糖、鞭炮、礼品等二十几万，加起来要六七十万。”然后告诉对方：“现在有12万的存款，每月结余大概一万多，一年大概存14万。”最后告诉女孩子：“你看咱们是不是5年后，35岁积攒下存款再结婚？”女孩沉默了。“要不先贷款，然后再用五年的时间还贷？”女孩子也不满意。这时男孩趁势说道：“35岁结婚太晚了，背着贷款也不舒服，你看咱们是不是实际一点，看看哪里可以节省点？”女孩很轻易就同意了。

反客为主的谈判法就是这样，首先顺着对方的想法做出一番分析，然后找出对方的漏洞，趁隙插足，就能够夺取谈判的主导地位，再抓住关键要害，才能循序渐进达到自己的目的。让对方顺着你的思路走，就要先顺着对方的思路去。运用反客为主的方法，首先要找到对方的荒谬之处，或者洞悉对方的漏洞。

1. 洞悉漏洞

在某次谈判中，为了自己手中多一张王牌，某芯片供应商A没有说出芯片对机械的要求，并告诉对方B，自己正在和另一位公司的老总C洽谈。B多方了解，知晓了这一秘密，于是告诉A自己无法按照对方的要求进行投资，决定放弃购买这种芯片；据自己了解，这种芯片对机械的要求颇高，必须用类似的进口设备，希望对方能介绍把自己公司的设备卖给C公司。这一

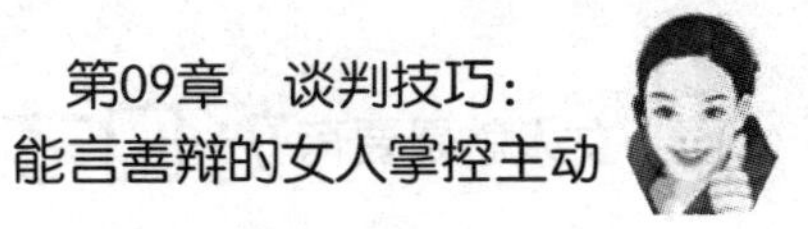

番暗示，告诉了A自己知道他和C的洽谈不过是个幌子，做到了反客为主，A听完之后大惊失色，主动找到B，降低了产品价格和对采购量的要求。

想要掌握主动权，让对方顺着你的思路走，就一定要找到对方的弱点，或漏洞或需求，然后再循序渐进地进行提出要求，就能顺利让对方顺着你的思路走。

2. 循序渐进

找到对方漏洞后，再抛出自己的想法，即有利于自己的筹码，对方就可能一步步按照你的计划达成协议。比如，在某次谈判中，谈判手了解到目前这种产品的市场竞争非常激烈，于是首先提出："我公司已经连续5年向贵公司采购产品了，当前市场竞争非常激烈，于情于理，贵公司最少应降价10%"。对方没有立即答应，于是淡判手立即详细分析了产品的成本，市场竞争状况，如果错失和自己的合约，将可能有多大的损失，严重的话，对方可能会被逼撤出该产品市场。

然后提出对方可能陷入的困境："若贵公司不顾交情，我公司将不得不向你的同行采购。"

最后提出有诱惑的条件并催促对方："您想继续合作，按照我们的建议执行吧，随着公司业务量增大，我们会增加采购量的。"

3. 抓住关键要害

想要让对方按照你的条件达成协议，就必须抓住对方的关键要害，比如"不想失去一位长期客户""希望延长合同的期限""希望增加采购量""不希望丢失高品级顾客""希望能做出产品宣传"，等等，只有抓住对方的要害，允诺对方最需要的利益，协议才可能更顺利达成。

商务谈判中的语言禁忌

谈判既是口才的角逐，也是智力的较量，它不同于朋友之间的聊天，也不同于任何一种半正式的商务活动（如商务宴会）。它非常注重效率，语言有战术上的时效性；它注重礼仪，言语之间必须相互尊重；它非常功利，语言更注重务实和严谨。那么在谈判中，哪些语言是最好慎重使用，哪些语言是禁止使用的呢？有些禁忌语，一旦不小心使用，会引起对方的反感，有些表达方式常常将谈判带入僵局，女性朋友如果不想因个人一语而让整个谈判陷入被动，就必须了解谈判桌上的语言禁忌。

1. 忌热衷于辩论

当自己和对方的观点格格不入时，不要和对方进行辩论，谈判的目的是达成一致，辩论会让你离这个目标越来越远，而无法改变对方的想法、看法。作为对手，观点肯定是对立的，你需要的是找到折中办法，或了解对方的想法，可以这样表达："有这样一种观点……好像跟你的看法有点出入，不知道你是如何看待这种观点的呢？"

2. 忌以自我为主

在商务谈判中，女性更容易以己方的利益为主，只站在自己的立场上洽谈，过分强调自己的需要而不为对方着想，极容易引起对方的反感。有的女性则更注意公平，而忘了衡量自身实力来决定结果，可能会增加冲突摩擦的系数。有些女性随意打断别人的话或者在别人说话时不够专注；有些女性往往自己说个滔滔不绝，而不考虑对方的反应和感受。

这样往往不能很好地了解对方，摸清对方的底细和意图，往往会使得双方都对结果不满意，自己也会显得缺乏修养。

3. 忌语言不留余地

在谈判中，即使认为对方的条件不合理，也应避免直接拒绝。不留情面的直接拒绝可能让自己永远失去一个生意伙伴，损失比一次谈判失败更大。所以应避免说"我不同意""我拒绝"之类的语言，而应换成较委婉的语言，如"希望你们的条件再合理一些"，这样就可以为将来合作留下余地。另外失去对别人尊重的不留情面的语言还会影响女性的职业生涯。

4. 忌过分谦虚的语言

过分自谦，对方可能认为你缺乏自信而失去对你应有的尊重，还可能让谈判对手觉得你过于世故，从而对你产生戒心，产生不信任感，使谈判进程更缓慢。不卑不亢的语言才能获得对手的尊重和信任。

5. 忌越权承诺

自己没有能力或没有权力做到的事情，最好不要做出承诺，一般谈判对手会耐心等待你向有权力作出答复的人请示后再答复。否则，则会被认为轻浮寡信，影响个人信誉，同时也影响代表企业的商誉。所以做出承诺时，一定要慎重，要有回旋余地。

6. 忌过于武断

武断固执的语言会使谈判陷入僵局，引起对手的不快和反感，因此应避免使用“必须”“应该”之类的词语或者命令式的句子，尽量使用“是否可以”“能不能”之类协商句式。即使己方有绝对优势，也要留下回旋的余地，己方的条件有伸缩性，才能避免把谈判引入死胡同。

总之，在商务谈判中，避免使用一些不当的语言是每个职业女性都必须知道的，因为它不仅仅关系到一次谈判，还关系到所代表企业的形象和个人的职业素养。

大方谈薪酬，获得上司尊重

在美国的一本畅销书《女人不提问题》中揭示了这样一种常见的现象：很多女性往往害怕和上司谈论薪水问题，有20%的女性甚至一生中从未尝试着去就自己的薪水谈判。而男人则把这种谈判当成一个刺激的游戏。因此到了临近退休时，男女虽然以同样的能力开始工作，平均工资却有几倍的差距。

这一切都提醒女士们更重视一个问题：如果想要更好实现和体现自己的价值，享受更优渥的薪水，就要学会大大方方地和上司谈论薪酬和职位提升。

1. 摆正心态

薪酬、职位、奖金等体现的是一个人的价值，往往与自己的能力、作用、表现、对公司的贡献息息相关。如果自己在以上这些方面表现都非常优秀，取得相应的薪酬就是你的权利，有什么值得羞于启齿的呢？相反，不注重自己的薪酬，反而让人怀疑你能力不足或者自信不足。既然女人能够在谈判中狠狠地向供货商杀价，那么就要学会自信地谈论自己的能力和使用价值。

2. 谨慎开口

在面试时，一般用人单位都会谈到薪资的问题，如果对方没有提起，最好不要轻易把自己对薪水的要求讲出来，一是避免给对方留下差劲的第一印象，二是可以给自己进一步洽谈薪水留下余地。

如果老板问你目前的薪水时，最好不要直接回答数目，最好这样回答："过去的工资并不重要，关键是我的工作能力。"尤其当你的薪水偏少时。这时向你的老板展示你的能力和你为公司做出的贡献才是最重要的。

3. 心中有数，控制比例

自己所做工作的行内薪水大概在哪个范围之内，一定要做到心中有数，对自己的能力既不要妄自菲薄，更不能妄自尊大。一般老板会先跟你说个数，他们通常会对薪水的上下限都有数，会在限度内自由调整，弄清楚老板心中大致的上下限，谈薪就能更主动。如果对方给出的数目，与你的心理价位一致，可以要求对方高出大约10%的薪水，如果对方开出的薪水过低，抬高10~20%则是有必要的，最好不要用具体的数字，否则很容易造成僵局。也可以让对方提出工资的幅度，这样就可以继续讨论下去。

4. 留有余地

如果对方要求你先开价，一定不要将自己的底线定得太低，弄清楚行价，然后就自己的工作经验、价值估出自己的心理价位。心理价位的底线最好不要定得过低，因为雇主往往会盯住你的心理底线，给出的余地大一点，更有利于自己洽谈薪酬。

总之，酬劳是很重要的，它在一定程度上决定着你的社会价值和生活水准，尤其第一份工作的薪酬，直接决定着你对自己个人价值的心理定位，更要慎重。至于加薪、升职、奖金等，如果能在自己对公司做出贡献时，及时提出，更是对自己的人生有很大裨益。掌握谈薪的技巧，不仅仅让自己更自信，更能获得上司的尊重和青睐，因为薪资的数量和增加就是对你价值的一种肯定，自信地肯定自己，才能获得上司的肯定和尊重。

第10章　拒绝技巧：难开口的话女人会巧说

在日常生活中，每个人都不可避免地遇到需要拒绝的人或事。面对他人提出的不合理、不合适的要求或者自己不愿意去做的事情，这时候要善于说“不”，这虽然是对他人意愿或行为的一种否定，但却很好地达到了巧妙拒绝的目的，又使对方不至于产生不快的情绪。

推拒有技巧，女人不必勉强自己

女人常常相信“赠人玫瑰，手有余香”，于是即使自己不喜欢、无奈也总是勉强自己来帮助别人，常常拉不下面子来拒绝。其实正如帮助别人是你的权利一样，拒绝一个人也是女人的正当权利，不必为此感到抱歉和不好意思，免得有些人得寸进尺甚至因为你的拒绝而产生怨恨。当然拒绝别人也有技巧，想要把拒绝的话也说得顺耳，就必须遵循以下原则：

1. 拒绝之前认真倾听

拒绝别人毕竟是一件伤感情的事情，因此在拒绝之前一定要认真倾听对方的诉求，因为你拒绝的不是一个人，而是他所求的事情。最好不要在对方开口之前对对方存在成见，否则你的表情会出卖你；即使存在成见，也不要让对方有所觉察。最好的方式就是注意倾听对方的话，让对方把自己的需要和处境都讲得更清楚一些，这是对对方的尊重，不但能避免对方被伤害的感觉，还能避免让对方以为你在应付他。

2. 平静、庄重地说“不”

当你仔细倾听了对方的要求，并认为自己应该拒绝的时候，尽量以一种平静而庄重的态度表明你的拒绝，对于客气而温和的拒绝，人们一般是不会非议的。态度一定要温和，但一定要坚决，最好不要用“我再想想看”“我看到时行不行”之类的语言来拖延，如果你真的需要慎重考虑一下，可以这样说；如果你已经决定了拒绝对方，就不要让对方抱有不切实际的希望，以此来脱身只能让对方更抱怨你。明确告诉对方“这是不可以的”“我不能答应”，方式尽可能婉转，但不要给人以侥幸。

3. 不要说“抱歉”

拒绝对方是你的正当权益，因此说“抱歉”，会让对方觉得他的要求是正当的，觉得你的拒绝亏欠了她什么，给以后留下更多麻烦。另外，如果你觉得没有必要，也不必每次都解释理由，所有的理由在对方眼里都可能变成借口，过多的解释还可能让对方认为你心虚。

4. 提出弥补建议

如果你确实想帮对方分担一下负担，而不能直接答应对方的要求，那么你可以提出一个可替代对方方案的建议。比如同事想要你帮他把一件急件做完，因为他要出去买午餐，如果你不方便直接拒绝，就可以用代替的方法：“我很愿意帮你的忙，我可以顺便帮你带一份饭，你觉得呢？想要吃什么？”对方一定明白你不想在工作上帮他，也许会接受你的建议。

5. 事后关心

不要以为拒绝了某件事就可以松口气，在事后给与对方一些关心或建议，往往能够缓和拒绝带来的伤害。让对方意识到你是关心他的，你的拒绝是有苦衷的，就可以减少拒绝的尴尬和影响。另外，适时的关心也可以避免对方的情绪陷入孤立无援的境地。

总之，拒绝人是一件伤害感情的事情，怎样把这种伤害降到最低，就需要讲求技巧。不想勉强自己，不想过度伤害对方，就要学会有讲究、有分寸地给自己和对方都留一个台阶，委婉地拒绝同样可以让人感到顺耳顺心。

拒绝他人常用的几种方式

既然拒绝不可避免，那么，让别人感觉不那么尴尬，让双方的感情不那么受伤，就是拒绝方法中最需要研究的技巧。对于女性来说，无论是对于异性还是同性的拒绝，都难免伤害对方的自尊，男性是因为性别差距，女性则是因为本身的敏感。考虑对方的感受，是拒绝技巧首先要顾虑到的。适合女性使用的拒绝技巧通常有以下几种：

1. 谢绝

谢谢你的邀请、谢谢你的欣赏和看重、感谢你能第一时间想到我，但是这样做真的不合适。别人请求你的帮助是对你能力、智慧的一种认同，认为你能够帮到对方，才可能提出请求；感谢对方的认同，会让对方内心感到舒服。

2. 推诿搪塞法

对于一些明显不合理的要求，触犯规定或者做人原则的要求，不妨用一些没有价值的东西去敷衍塞责，比如“我会考虑”“我们再研究一下”“恕我无能为力”，用一些没有实质作用的语言来拒绝对方，比直接拒绝能给对方留更多余地。既然对方的要求是明显不合理的，能理直气壮地要求帮助，此人最好不要直接得罪，不直接拒绝的搪塞更能避免自己受小人伤害。

3. 拖延法

暂时不要给予明确的答复，表示研究研究、考虑考虑，或者让对方也再仔细想想，过些天再决定。如果你对对方的建议和方法存在异议，感觉对方的做法是不切实际的，不妨用拖延法，让对方也仔细考虑一下，或者提出更适合的建议，也是对朋友的一种负责。

4. 回避法

转移话题可以让对方自己领会你的抗拒，比如：“今天咱们先不谈这个，还是说说你关心的另一件事吧……”“你觉得这样好吗？我不同意你的看法……”不着痕迹地将对方的请求转移到他的做法是否恰当，如果对方足够明智，就懂得自己被拒绝了。

5. 讲明难处

“我很想帮助你，但今天恐怕不行我太忙了。”“我倒想帮你，但我人微言轻，很难帮到你。”“我今天还有个聚会，真的很为难。”讲明你的原因和难处，更容易获得对方的谅解。

6. 补偿法

“这件事恕我爱莫能助，不过我可以帮你做另一件事，你看需不需要我的帮忙？”用另一种帮助替代原来的方案，更能体现你帮助对方的诚心和决心，对方也能更理解你。

7. 自我保护拒绝法

“请你为我想想，我怎么能做没有把握的事呢？”“你怎么可以把这样的事拜托给我呢，你也想想我的立场。”这样的话，往往能够让对方体谅你的立场和难处，让对方觉得是自己唐突了，太过分了，反而更有利于保护你们之间的感情。

8. 幽默地拒绝

最经典的幽默式拒绝无过于钱钟书拒绝某位女士的拜访：“假如你吃个鸡蛋觉得味道不错,又何必认识那个下蛋的母鸡呢？”其他诸如：“我只能当逃兵了”。“拒绝绅士的邀请是一种罪过，可今天只能谢罪了。”想一个幽默而不失分寸的拒绝方式，表明你的拒绝，使双方都不会失颜面。

9. 有出路的拒绝

如果对方的求助不现实，对事情本身也没有任何帮助，或者你帮不上忙，但知道谁能帮助对方，不妨提供给对方一个方法，或为对方指一条明路，实际上不仅不会伤害感情，还能帮助对方，是最有利的拒绝。

总之，女性的拒绝最好以含蓄委婉、巧妙的方式为主，直白的拒绝和严词拒绝对于女性来说，过于强硬，很容易伤害对方的自尊，最好不要使用，否则容易留下“后患”。

委婉拒绝，给双方都留下情面

拒绝一个人往往会使双方都感到尴尬和难堪，如果处理不好还会引起被拒绝者的怨恨情绪，怎样让对方听出语言中的拒绝之意而又不过于直白，给双方都留下一点面子呢？不要直接地说“不”，也不用解释原因，有时候模糊的态度、委婉的暗示或者适当的沉默就能够让对方明白你的意思而不再继续纠缠，同时又给双方都留下退路。尤其是爱面子的女人最适合这种拒绝技巧。

怎样委婉表示出自己的拒绝之意呢？以下几种方法是最常用的：

1. 用肢体语言来暗示自己的拒绝之意

可以通过一定的肢体语言把自己拒绝的意图传递给对方。比如你不耐烦敷衍一个客人的时候，通常不是直接赶人，而是频繁地看表，暗示自己时间到了，有事要忙。同样，某些肢体语言比如转动脖子、用手帕拭眼睛、按太阳穴以及按眉毛下部等漫不经心的小动作也可以传递我疲惫了、身体不适、心不在焉，希望早一点结束某个话题的意思，看到这些，对方自然会联想到你的拒绝。

2. 模糊拒绝

模糊拒绝的关键就在于不表明自己的态度，但让人感觉你就是在拒绝对方。某出版社编辑接到作者的目录和样张之后，看了看，表示“写得不够吸引人，不如您再改改？”因为“不吸引人”一词是不能量化的标准，想要修改也无从改起，自然就表示出了自己不想出版的态度。另一位编辑则对他的投稿者表示“这本书教科书味道太重了，恐怕市场很难接受”，表明写的内容过于理论化，无法出版。这两者都没有明确表示出自己的态度，表面看起来似乎编辑很为难，仔细一想就能明白对方的拒绝之意，同时又不伤面子，是很好的方法。同样，“计划书概念性太重，很难实施”“你的孩子太恋母，怕带不好”等等不表明自己明确态度的推诿之词，往往也可以清楚地让对方看到你的拒绝之意。

3. 沉默拒绝

很多公司收到应聘者的简历之后，往往不再回复，即使应聘者再三询问都很难问出确切意见，或者表示“稍后如果录用，会跟您联系”。这种不表态的方法，往往让应聘者清楚自己的处境。人力资源部常常抱着这样一种想法：“此候选人虽然不是特别合适，但是可作为备选，如果排在前面的几个候选人无法入职，再联系此人复试。”这时如果主动联系对方，也许还有希望，不过这种等待往往是有期限的，杂志社常常会有这样的通知：“一月内未接到录用通知，请另投他家。”一场招聘也是一样，如果能事先征询一下等待期限，就不会浪费时间。所以很多时候这种拒绝也不是绝对的，往往是给双方都留下余地的一种策略。

如果你不想直接拒绝，不妨用长时间的沉默来表明自己无能为力或不想应承，往往能给双方都留下一定的退路。

委婉的拒绝往往能给对方留下一个面子，在不违背自己意愿的同时，还能跟对方保持较良好的关系，往往也能给自己留下一个机会和余地。

巧借第三人表达拒绝之意

当不好直接拒绝别人的请求时，不妨借第三者之口或者以别人的身份表示拒绝，这种推卸责任的方法反而很容易被别人理解为爱莫能助，而不便勉强你。这种方法有两种运用方式，即借别人的口拒绝和借别人的身份拒绝。无论是哪种方式，都可以让拒绝变得委婉而留有余地，让双方都不至于太难堪。

借助谁的口谁的身份比较方便呢？

1. 借公司之名

某编辑对某作家表示他的作品不能出版，是这样表示的："我们分社最近审题很严，您的选题确实无法帮上忙了！抱歉啊！"借公司之名表明并非自己所愿，让别人也无法勉强你。集体的利益和规范，往往让对方无法进一步做出侵犯之举，是最恰当的拒绝借口。比如男朋友想要你介绍去你公司，"我们公司规定禁止公司员工恋爱"往往是最恰当的借口，比"人微言轻"更能保留你的自尊。

2. 借长辈、上司之名

很多事自己不方便推拒的，不妨借长辈或者上司的名义来拒绝。比如："这件任务可是张经理特意分配给你的，你确定要我帮你做吗？他对我们的行事方法都很熟，被看出来，我怕会不太妙啊！"或者："我爸妈不会同意我这么晚回家的，我会挨骂的，你们就忍心？"拿出上司、长辈的名头来压一压，对方即使原本想勉强你，也会迫于压力和权威而作罢。

3. 借朋友同事之口

朋友、同事只能作为证人出现，不好强人所难或施以威压，所以最妥当的方法是拒绝之后，再借朋友的口证明你确有难处或者确实做不来。比如："你问问他，他可以作证，我从来干不来这种事！"或者："今天某某约了我一起出去喝酒，不信你问问他！""某某刚打过电话约我吃午饭，不好意思你来晚一步。"这样借第三者的口来表明自己的拒绝，让对方也找不出不当之处，很难再勉强你，或对你不满。

4. 借伴侣之口

一些很难拒绝但又真不想做的事情，不妨借伴侣之口来拒绝对方，尤其当对方和你的伴侣在不同的社会圈子时，借伴侣之口更能避免矛盾冲突。某同事向女士电话表白，女士很为难，顺手把电话交给男朋友处理："我是她的男朋友，你要和我公平竞争吗？"对方一听就能明白这位女士的意思。有时同事借钱也是不好处理的事情，这时不妨和伴侣一起出马，一个唱白脸一个唱红脸，为了你们之间不起矛盾，同事也会打消念头。

人们通常都有"疏不间亲"的观念，而伴侣往往是一个人最亲密的人，为了尊重你们之间的感情，对于伴侣的拒绝，虽然无奈，但对方往往能理解并表示宽容。再者，因为伴侣和对方不在同一个社交圈，即使态度强硬一些，也不至于引起过度反感。

当你自己不好出面处理某些事情，拒绝某些人时，最好的方法就是借力打力，借别人的口、别人的观点来拒绝对方，出于对第三者的尊重，对方也往往会接受你的拒绝，不再强求。

女人拒绝上司有妙招

拒绝同事、朋友的请求虽然可能伤感情，但不会直接触及利益和权威，往往是比较轻松的。从来涉及利益和权力的事情最难做，很多女人往往摄于上司的权威和压力而不敢拒绝上司的要求，往往会下意识地马上应承下来。然而如果这件事不该你做或者超出了自己的负荷和能力之外，答应下来不但会额外给自己增加负担，还可能成为你的枷锁和危险，比如自己做不到的勉强应承下来往往会耽误了工作。

该答应的时候答应，该拒绝的时候拒绝，这也是一个职场女性的智慧和能力，当然拒绝上司也要有一定的技巧，否则会被对方误认为偷奸耍滑，不够勤快和忠厚，从而影响你在上司眼中的印象。怎样艺术性地、有选择地拒绝上司的要求呢？

1. 请教对方工作的次序

如果你手边还有不少工作，而上司又一次性地布置给你大量的超出负荷的工作，在规定时间内无法完成，你就可以主动请求上司帮你定出工作项目的先后次序。比如："我现在有5个大型计划，10个小项目，我应该最先处理哪个呢？"明智的上司自然会听懂你的言外之意，减轻你的工作量，不会再勉强你。

2. 解释理由

我们常常会遇到这种情形：上司赏识你，给你一个新的职务，你却觉得不合适；或者上司给你一项任务，在你的能力之外。这时如果当面拒绝上司的任命，往往会使对方难堪，尤其是在当众的场合更是如此。最好能够先委婉表示需要考虑，然后单独找到上司，解释你不是适合的人选，有可能会耽误公司的事情。这样上司一定会觉得你对公司负责，才会得到更多的支持和赏识。一定要注意和上司正面沟通，诚恳说出你的理由，而不要随便找借口或逃避，对于精英来说，任何的借口都可能变成"侮辱对方的智商""不识抬举"之举。

3. 隐性拒绝

上司要你加班或者给你额外的工作，比如周末完成一份策划或者下班后帮某同事完成一项本属于他的任务，而恰巧你已经约好了朋友一起聚会或另有其他安排，该怎样拒绝这些额定外的任务呢？如果可能，尽量完成，如果真安排了其他事，也不必勉强自己答应下来，耽误自己的私事。直接告诉上司你已经另有安排，然后保证会尽力完成正常的事务，但正常时间以外的任务，则不能应付了。然后，一定在上班时间表现出高效率，时间到了和老板打声招呼"我和朋友约定的时间已经到了"，再去忙自己的事，老板也会觉得你很敬业，同时会很理解你。

对于上司来说，并不是任劳任怨的下属就是优秀的，相反，懂得拒

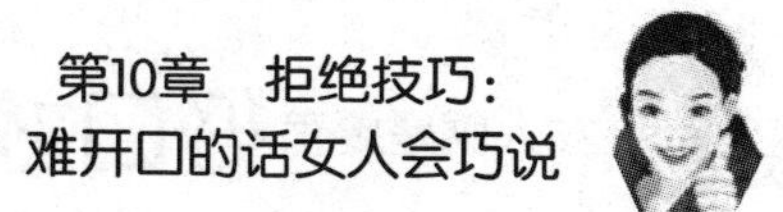

绝，懂得适当应承，努力把能力之内的事做到最完美的下属才是最优秀的，才会获得上司的赏识和尊重。职场女性一定要弄懂这一点，才不会有辛劳、有苦劳而没有功劳。

聪明女人巧妙拒绝异性的追求

拒绝一个异性的追求，是需要勇气和智慧的，如果过于直接强硬，不讲求艺术，往往会令人难堪，甚至使对方恼羞成怒，因爱生恨，是最划不来的一件事情。拒爱是伤人的，怎样才能拒绝一个异性的追求，而不使对方心生怨恨呢？

拒绝他人要视对方的行为方式、性格特征等区别对待：

1. 表示感谢

无论对方是直白地向你表明爱慕之意，还是含蓄地邀你共进晚餐、一起去看电影等，无论你决定接受还是拒绝，一定不要忘了对他表示感谢。真诚的感谢，可以使对方放松紧绷的神经，让对方的自尊不过于受挫，这样就算被拒绝了，对方也很少会死缠烂打或者心生怨恨。“谢谢你邀请我，但是……”或者：“很感激你这么欣赏我，但我……”

2. 用推托表示拒绝

当一个人用比较含蓄的方式表示追求之意，比如邀你晚上一起看电影、吃饭、喝咖啡、听歌剧等，这不过是一种试探的手段，如果你接受了，在对方心里就意味着接受进一步的追求。这时候直接拒绝未免显得自作多情，对方也过于难堪。最好的方式是推托：“这段时间太忙了。”或者：“这部电影是新影片，我也很想看，但明天的工作很重要，我要提前做好准备。”或者：“朋友邀请我一起去跳舞。”等等。用其他的事推掉对方的邀请，对方一定能明白你的用心。如果你想答应对方，但真的走不开，不妨直接另外约个时间：“我今天真的没时间，但周六有空，不知你方不方便？”

3. 通过暗示行为或语言来打消对方追求的念头

比如态度冷漠、丢掉追求者送的花或者借口礼物太贵重而退还、退还对方精心写就的情书等，相信所有的绅士都能接受这种暗示，而不会心存怨恨，也许会为你的留颜面而心存感激。

4. 不做普通朋友

用“普通朋友”或者“小弟弟”这样的借口来拒绝一个人会给你带来无数的纠缠。如果你和他只算得上“认识”，变成“普通朋友”关系已经进了一步，怎么能奢望对方不祈求更进一步呢？如果对方和你已经是“朋友”，告诉对方“我没有其他的想法”就足够了。否则，在对方的眼里，你可能想把他发展成你的“后备”，对方也想伺机行动。

5. 不同人用不同理由拒绝

很多人不会认同某种拒绝方式，想要对方不再纠缠，就要用对方认可的方式来解决。比如，对于那种成功人士，可以把他捧得很高，然后表示自己害怕高处不胜寒；对于喜欢自作多情死缠烂打的男人，最好不要给对方一点机会，即使是对方帮你倒杯水的机会；对于处处关照你而不善表达的“好男人”，最好的拒绝方式就是告诉他“帮我参考一下我的新男友吧”。

6. 口风要紧

拒绝了别人之后千万不要四处宣扬或炫耀，尤其在你们共同的社会圈子里。很多女人出于虚荣会忍不住向周围人炫耀：“这种男人傻不傻，我早就跟他说过不可能的，他却还是缠着我。”“某某昨天跟我告白了，你不知道有多好笑……”这种炫耀之言往往会让对方在难过的同时丢了面子。同样，别的异性也可能会因害怕伤自尊而不敢追求你。在大庭广众之下拒绝一个人，和炫耀一样让人丢面子，私下悄悄拒绝往往会有更好的效果。

第11章　批评技巧：女人表达不满也能悦耳动听

古人说："人非圣贤，孰能无过？"如果他人有了过错，而不加以批评，他就只能在错误的道路上越走越远。因此，适当地批评和否定他人，是很有必要的。但是好的批评需要技巧性，不仅仅是纠正错误，更需要被批评者不断地进步。

言曲意明，委婉地指出他人的错误

批评往往具有否定性，极易造成对方心理上的排斥，激发对方的逆反心理，从而影响批评的效果，甚至比不作为更坏。女性可以试着用委婉的方式批评他人，虽然不能完全抵消这种心理上的抵触，却因为给对方留了面子，而更容易被被批评者认可和接受。

女人懂得了委婉批评的艺术，会显得更加温厚大度，不仅让被批评的人感到容易接受，还能提升个人魅力，是必学的语言艺术之一。怎样措辞才能言曲而意明，委婉而更容易被人接受呢？

1. 暗示有道

暗示即不直接指出对方的错误，而是用委婉的语言让对方明白自己的荒谬之处。莱曼·阿伯特曾为美国最富口才的牧师亨利·华德·比切尔做葬礼演讲。在这前一天，他曾把演讲稿改了又改，细心润饰，并读给自己的妻子听，以征求她的意见。那篇演讲稿真的糟透了，他的妻子却只是不动声色地说："亲爱的，如果这篇演讲词寄给《北美评论》，一定是一篇极好的文章。"丈夫一听立刻明白自己的演讲不够自然真挚，马上改正并取得了很好的效果。

2. 旁敲侧击

不要急于说出自己的目的，而用旁敲侧击的方式，告诉对方其实是他自己的做法出了问题，在哪方面没有考虑周到，对方一旦惊醒过来，就很容易接受这种委婉的批评。比如在《晏子谏杀烛邹》的故事中，烛邹养鸟不小心放走了，齐景公大怒之下想杀掉他，晏子却说烛邹有三大罪状：弄丢鸟；让国君因鸟杀人；致使诸侯才士误会国君重鸟轻人。委婉提醒并批评景公杀烛邹会影响自己的声誉，既避过了国君的盛怒，又达到了让君主明辨的目的。

3. 用反问代替肯定的斥责

如果常常用肯定的语气斥责他人，诸如"你不应该这样做""你不要做这件事""这样做真是一团混乱"，极可能使对方恼羞成怒并将错就错。如果能用委婉一些的方式，比如："你是否可以考虑这样做？""你认为这样做可以吗？""你认为这样怎么样？""也许我们这样做，会比较好一点？""我听某某说，你觉得这样做很好，我也觉得很高明"并把"这样"修改成自己的建议。让对方觉得这个高明的方法出自他自己的意愿，当然更容易接受。这样委婉含蓄的批评、建议方式维护了他人的自尊，自然更容易被接受。

4. 可先用赞美暖身

在批评别人之前，不妨先说一些赞美的话给对方暖暖身，比如："我很欣赏你这次的工作表现，尤其是这次特别的促销方式，是一大亮点。"然后再进行建议改正："如果能稍微控制一下局面，货物摆放有条理一些，效果会更好一点。"用赞美欣赏暖身的禁忌是"但是"一词，不要用"但是"，否则会让对方的激情一下冷下来，泼冷水是最忌讳的批评之策。说出你的欣赏之后，给对方吸收的时间，再用建议的方式提出批评，会好很多。

5. 用影射的方式批评

某些具有批评意义的寓言、小故事，都能够委婉地批评、劝谏他人，而不引起对方的反感。当然也可以现编一些类似的小故事或其他人的事来委婉告诫对方他的荒谬之处，也能给对方留点面子。

良药未必苦口，忠言也不一定要“逆耳”，只有方式得当，听意见的人才容易接受，还可以避免不必要的冲突，使人际关系更加融洽。

为对方留面子，巧用幽默批评人

幽默有着独特的魅力，作为一种语言艺术，运用在女性的批评当中，常常会显得委婉含蓄，给被批评者留有余地，使旁听者也能心领神会、回味无穷。幽默的批评当然不应该成为尖刻的讽刺，因此运用时还需注意分寸，不要让幽默批评变成了取笑、讽刺、嘲笑，否则可能起到相反的效果。怎样掌握其中的尺度，怎样用好幽默这把利剑，又不至于伤人伤己呢?

1. 点到为止，耐人寻味

对于自尊心强烈的人，最好不要直截了当地批评，即使对方是你的下属。伤害对方的自尊，往往引起强烈的反驳或者找一些理由为自己辩护，或者以沉默对抗，口服心不服，产生积怨。如果能够点到为止幽默风趣地调侃对方两句，让对方羞愧，反而更能引起对方的重视。周总理曾到西双版纳视察，看到路况失修，想要点醒当地领导，却没有疾言厉色，只是轻描淡写地玩笑道：“这条路下雨天是‘水泥路’，晴天是‘扬灰路’。”没有使下级领导感到丝毫难堪地提出了批评，更使对方折服。

2. 以褒代贬，反话正说

人人都希望得到他人的肯定与认同，即使出现错误，也希望得到人们的同情和理解，因此所有人犯错之后，几乎第一反应都是狡辩和解释，很少有人自觉、及时地自我批评和反省。尤其来自女人的批评，更让人难堪，基于这种心理特征，女人批评他人时不妨换一种方式，以褒代贬，反话正说，通过表面幽默风趣的肯定，以达到实质上的否定，往往更乐于被人接受，能收到比训斥更好的效果。有位教师，在课堂上突然停止了讲课，面对一片混乱的课堂，缓缓地对大家说：“如果坐在中间谈天的同学，能够像坐在后排玩牌的同学那样安静的话，那么就不会干扰坐在前排的同学睡觉了！”让同学们在一阵轻松而愧疚的笑声中恢复了正常的课堂秩序。

3. 绵里藏针，柔中寓刚

用绵里藏针的幽默让被批评者在轻松愉悦的笑声中接受教育，意识到自己的缺点和错误，也是巧批评的有效方法。可以用双关、比喻等缓解批评时的紧张情绪，还能增进相互间的情感交流，制造愉悦的气氛。

毛泽东曾教育干部应该虚怀若谷，多听别人意见，就用风趣的语言比拟道：“我们现在有些第一书记，连封建时代的刘邦都不如，倒有点像项羽。……如果总是不改，难免有一天要‘别姬’就是了。”讲话引经据典，诙谐风趣，却不引人反感。

对于一些善意的提醒，用句玩笑话讲出来，才不会让听者感觉生硬。他们不但会欣然接受你的提醒，还会增强彼此的亲密感。

批评时，给别人留一份面子，就让对方对你多一分好感，多一分接受批评、改正错误的可能，也使自己多一个朋友，而幽默风趣的言谈更会增加女性的魅力，使善言辞的女人不过于刻薄。

批评有道更能鼓励他人改进

相比夸奖来说，批评更能推进人类文明的进步，但因为批评与生俱来的属性，使得它总是没有夸奖受欢迎。不如把批评穿上夸奖的外衣——“鼓励”，它既能够引导一个人认识到自己的错误，又能引导对方努力的方向，委婉含蓄而有力度、有期望，更能引起人们的热情，不失为批评的艺术性方式。

怎样化批评为鼓励呢？

1. 正话反说

在批评时，故意正话反说，有时能更好地达到目的，反语反而更有妙处。有位中学生偷偷抽烟被老师发现，老师笑咪咪地对他说：“据我所知，吸烟有三大好处：第一，狗害怕吸烟的人，因为吸烟者驼背多，狗看了以为正要拾砖头打它；第二，小偷害怕吸烟者，因为吸烟多了夜里咳嗽，小偷以为他没睡，不敢偷；第三，吸烟者永远年轻，吸烟多了会短命，当然永远年轻。”说完笑眯眯地看着那个男生，男孩手足无措地表示以后不会再吸烟，后来果然没有再吸过。这种正话反说的暗示和微笑的态度就是一种鼓励，能让犯错误者反省错误及时改正。

2. 赞赏后期望

对一个人的某项优点进行欣赏、赞扬以后，再针对其缺点提出期望，自然能把这种期望变成一种鼓励。

一天早上，美国总统约翰·卡尔文·柯立芝走进办公室，对他漂亮但马虎的女秘书说：“今天你穿的这身衣服真漂亮，正适合你这样年轻漂亮的小姐。”在女秘书受宠若惊之际，他补充道：“但你不要骄傲，我相信你处理的公文也能和你一样漂亮。”果然从此以后，女秘书就很少出错。

热切的期望，更胜于激烈的批评，能化腐朽为神奇，恰当运用这项“点金术”，能让普通人变成天才。

3. 给对方一个良好的“定位”

丘吉尔说：“要让一个人有某种优点，你就要说得好像他已经具备了这种优点。”先给对方戴上应该具备的优点的帽子，予以鼓励，他就会为此而努力奋斗，从而改变目前的不好做法。

大教育家陶行知曾这样教育过一个小男孩：当他看到男孩用泥块砸自己班上的男生时，马上制止他，并要求其放学后去办公室。陶老先生却没有大发雷霆，而是笑着掏出一块糖送给他，“这是奖给你的，因为你按时来到这里，而我却迟到了。”学生惊疑地接过糖，陶行知又掏出第二块糖果放到他的手里，说：“这是奖励你的，因为我不让你打人时，你立即住手了，这说明你很尊重我，我应该奖你。”随后掏出第三块糖：“我调查过了，你用泥块砸那些男生，是因为他们不守游戏规则，欺负女生，你砸他们，说明你正直善良，且有跟坏人作斗争的勇气，应该奖励你啊！”男孩子感动极了，哭着说：“校长，我错了，我不应该砸自己的同学。”这时，他掏出第四块糖果递过来，说：“为你正确地认识自己的错误，我再奖给你一块糖……”

给对方一个良好的“定位”，他自然就会照着这个定位去努力，就像我们常常对孩子说：“看我们宝多乖啊！”正在翻跟头的孩子也会静下来乖乖坐到小椅子上。“我觉得你以前是个很有决断力的人啊，这样前怕狼后怕虎的不像是你的表现。”“你做事一向谨慎稳重，很少这样大意啊！”多告诉对方一些这样的话，对方也会感到自己一时出了错误，以后自然按照“定位”去改进，更有利于人们的进步。

忠言不逆耳，批评上司有技巧

不管上司的职位高低，不管他声称自己如何“闻过则喜”，如果你的批评太过于直接或尖刻，就算是真正的金玉良言，能暂时帮对方，也会引起上司的恼怒。如果你有一些话如骨鲠在喉不吐不快；如果你想自己的工作变得更顺畅一点，更符合自己的心意；如果你希望上司接受来自你的“建议”，而不会伤害到你们之间的感情，就要让自己的表述更有技巧一点。讲究批评的技巧，把握批评的时间、地点和方式，将会使你的“劝谏”之路更顺畅一点。

1. 私下批评

背地里不要和其他人议论批评上司的过失，否则一定有一天这话会传到上司耳朵里。批评一定要面对对方，而且最好在只有两个人的场合下说，可以照顾到对方的面子。“私下当面和上司讨论他的不足之处，即使对方不忿，也很少可能给你难堪。

2. 以关心代替批评

在某些事上，比如迟到、明知道错误的决定还要执行等，极可能因为上司有不可对人言的苦衷。无论是上司还是公司的最高领导，都不可能真正按照作的意愿行事。在批评上司之前，不妨先从对方的角度想想，为什么他要那样做，有没有什么难言的苦衷或者不能向大家透露的隐情。在此种情况下，即领导明知道某行为是错的，其后果如何，就没有必要批评他，关心反而更容易被对方接受。

3. 旁敲侧击

把批评变成一种提醒或建议，更容易被上司接纳。提醒或“建议”的方式，因为从上司的角度出发并且方式比较温和，更能照顾对方的自尊，往往容易被上司接受。李女士是经理助理，她的上司王经理是搞技术出身，对管理一知半解，他总喜欢直接插手技术部门的事，却对其他问题视而不见，搞得公司怨声载道。

李女士决定向王总提一些建议，于是她侧面提醒道："领导权威包含着技术权威和管理权威两个层面，王总的技术权威牢固树立，而管理权威则有些薄弱，有待加强。"王总听后，果然把更多精力用在管理上，公司氛围也协调了起来。

这种不直接批评，而是侧面提醒对方的方式，往往因其温和而引人思考，更能引起对方的重视。

4. 维护上司的自尊和利益

批评最终一定要为了对方好，对方才更乐意接受，从对方的角度出发提出批评，维护上司的权威和利益，上司才更容易接受。但批评语中最好不要出现"我是为了你好"之类，而是暗示对方"这样更能节省时间""更明智的做法是""这样大家都会更佩服您的"然后征求上司的看法"您看呢？"让上司决定是否接受批评或建议，把决定权放在他手中，更容易被接纳。

批评上司，不仅仅需要勇气，更需要技巧，尤其来自女性的批评，更不容易被接纳，只有在融洽友好的氛围中，从真诚帮助和支持领导的角度出发，才更容易保持感情融洽的沟通。

因人而异，批评下属讲手段

不同人因为生活经历、文化程度、性格特征、年龄性别的差别等，对于批评的承受力和接受的方式有很大的不同。对于同样的批评，不同人有不同的心理和行为反应方式，比如有些人可能会对直白批评难过但接受，有些人则怨恨，更有甚者产生逆反心理，反而一定要逆着做事。针对不同的批评对象，不同人的性格及修养，应采用不同的批评方式。

根据对批评的不同反应，可以分为迟钝型反应者、敏感型反应者、理智型反应者和强个性反应者。应对不同的类型，应有区别采用不同的方式，或直接严厉，或委婉含蓄，或模糊带过，不一而足，才能被人接纳，有助于其成长。

1. 迟钝反映者

这种人思想比较麻痹，即使受到批评了也满不在乎。可采取警示批评法，即警告对方可能出现的后果和因此而受到的惩罚。对错误的严重性认识越明确，越能触动到对方在乎的东西如自己的面子、利益等，对方越容易接受和改正错误，找准对方的触动点是关键。

2. 理智型反应者

其受到批评时会感到有很大的震动，能坦率认错，从中吸取教训，属于“闻过则喜”型。对于这种人，可以采取直接批评法，开门见山，一针见血地指出对方的缺点错误，他往往不会感受到言辞激烈或者过于难堪突然，只会认为上司直率有诚意，反而愿意为之效劳。委婉一点效果也好，过于晦暗或含沙射影往往被对方反感。

3. 敏感性反应者

这种人感情脆弱，脸皮薄，爱面子，难以承受批评斥责，批评会让他们神志恍惚，甚至意志消沉，一蹶不振。对于这种下属，可以采用委婉、暗示或鼓励的方式，考虑到对方的承受能力，可采取渐进式批评即分几次一步一步指出被批评者的缺点和错误，让其由浅入深地提高认识，才能避免对方陷入消沉。

4. 强个性反应者

其自尊心强，个性突出，“老虎屁股摸不得”，好冲动，心胸狭窄，自我保护意识强，明知有错，也死要面子；受不了当面批评，不会轻易改正其缺点；逆反心强，受到批评会反其道而行。

对于这类下属，最好采用模糊警告的方式点出问题，比如在会上“点事不点名”地进行批评，如：“最近一段时间，我们单位的纪律总体是好的，但也有个别同志表现较差。有的迟到早退，也有的上班的时间玩游戏……”用“有些人”“个别人”“有的”既能指出问题，又维护了对方的面子，可以使对方受到震动，更有利于其改正。

或者用商讨的方式让其自己认识到错误，即用商量、讨论的方式平心静气地将正确信息传递给被批评者，让其认识自己的错误，使其感受到平等、商讨的气氛，更能满足对方的“自尊心”，消除抵触情绪，有利于虚心接受意见。

另外，对于经历浅薄、自我意识较差的刚入职者宜采用参照式批评，借助别人的经验，婉转指出对方的缺点错误，更有利于提高；对于性格内向，善于思考，较成熟的下属，可以通过提问的方式将批评的内容传递给对方，让他通过自己的思考，进一步认识到错误，自觉更正。

除此以外，女性管理者面对较强势或自尊心强的下属，对方的自尊要首先顾虑到，采用沉默式批评或委婉地旁敲侧击会有更好的效果。

批评而不数落，教育孩子有风度

曾经我们很多人都是在家长中的数落声中长大的：“只会搞得一团乱糟糟！”“怎么那么笨，脑袋转不动啊！”“贪玩成性，以后有什么出息！”我们那时候心情怎样呢？很多女性做了母亲之后都会变得有点“唠叨”，爱数落孩子和丈夫，不够整洁，不够聪明，不够乖。我们的数落真的能教育好孩子吗？

批评孩子更要讲究技巧和方法，否则可能给孩子的心灵造成严重的伤害，横加指责，不分青红皂白的数落，都不利于孩子的内心健康成长，掌握批评孩子的技巧，做个严慈有度的母亲是做女人的必修课程之一。

1. 批评孩子的禁忌场合

在公共场所比如游乐场、餐厅等即使没有认识的人在，也不宜批评孩子；当着孩子同学、朋友、老师的面，或当着众亲友的面不宜批评孩子，否则会让孩子感觉没面子，伤害他的自尊心和自信心，使孩子对你心生怨恨，影响你们之间的感情。而且孩子越大越注重这一点。

2. 给孩子申诉的机会

批评的过程中，如果孩子插嘴，最好给他们一个解释的机会。孩子犯错的原因有可能是客观原因造成的，即使是主观，也有可能是无心所致的失误，或者孩子本身的能力不足等，不能全部归结于对方。

批评时给孩子申辩的机会，让孩子把自己想说的话和盘托出，批评则会更有针对性，孩子也能更心悦诚服地接受。

3. 不要指责孩子的人格

批评孩子要对事对行为，而不要扩大范围，指责孩子的人格特质。告诉孩子他哪些地方做错了应该进行怎样的改进就足够了。不要质疑孩子的能力或特质，对孩子说“你怎么那笨”“你这个不争气的”,孩子会认为你对他有成见，伤害彼此间的感情。

4. 用有建设性的批评方法

有建设性的批评方法是先说犯错事件，再讲出自己的感觉、情绪或自我批评，然后说出自己的期望，最后讲出怎样改正或改正后的好处。

例如：“你昨晚上网，没完成作业，我很担心。你这样做不但伤身体，还会影响学习。我很生气，你答应妈妈不再沉迷网络的，结果却没做到。也是妈妈疏忽了你，但希望从今天开始，能每天先写完作业再玩好吗？我相信这样一来，你能成为又会玩又会学习的好孩子。”

5. 不忘自我批评

孩子犯错，或多或少有家长的责任，先做一番自我批评。例如：“这事也不全怪你，妈妈也有责任”“只怪妈妈平时工作太忙，对你不够关心”等等，会拉近自己和孩子的心理距离，让孩子更乐意接受批评，还能为孩子勇于承担责任树立榜样。

6. 批评不忘安慰

孩子犯错后，情绪往往会比较低落，应及时给孩子一些心理安慰，如说些“没关系，知错就改就好”“我知道你是个聪明的孩子，自己会知道怎么做”“妈妈小时候也犯过这样的错，重新再来”之类，或者用拥抱、拍肩膀、拉手等小动作安慰一下，让他感觉到你还是爱着他的，也会让孩子对你充满感激和自信。

不要随意数落孩子，做个有风度有魅力的好妈妈，好女人！

第12章 谨慎言谈：避开禁忌女人温润开口

作为女性，需做到谨慎言谈，以避免言多有失，祸从口出。在生活中，说话要有分寸，要知道哪些话可以说，哪些话不能随便乱说。而会说话的女人即便是善于言谈，也要懂得适合而止，该保持沉默的时候就要保持沉默，更应该小心避开那些禁忌的敏感话题。

温润开口，做有涵养的女人

涵养一词在字典中的意思是有宽阔的胸怀，且明事理知进退。做一个有涵养的女人就要学会理性而谨慎、聪慧而贤达，无论说话还是做事，首先想到的是会不会对别人造成伤害。别人认识你，更多的是通过你的嘴巴，过于刻薄、伤人、八卦，都会让别人对你的人格产生质疑，即使你是有口无心的。一个温婉的女人，首先要学会嘴巴乖巧，学会用自己的嘴巴过滤文字甚于最好的化妆品装饰容颜。

怎样用语言表现自己的涵养和魅力呢?

1. 不要热衷于八卦

揭人隐私、搬弄是非、传递小道消息、到处饶舌，都会让你成为不受欢迎的女人。很多女人都习惯于在工作前或午饭的空闲时间里聊一下八卦，如果仅仅是娱乐也无可厚非，但如果涉及公司职员、公司内部消息、捕风捉影的传闻就要特别小心了。这些议论最容易被人利用，也最容易把你变成一个说是道非的“八婆”，足以引起周围同事的戒心和侧目。不但影响个人形象，还会影响到女人的人际关系。向来喜欢八卦的女人，是很难交到高品质的好朋友的。好奇心每个女人都有，听别人说就可以，但最好不要通过自己的嘴巴讲出来。

2. 说话不要太伤人

人们认识一个女人，更多的是通过女人的嘴巴。恶语伤人，严厉、刻薄的话会让女人变得恶毒而可怖。女人要学会用嘴巴过滤文字，让自己说出的每一句话都很含蓄温婉，即使批评、讽刺也要幽默而有风度。学着让自己的嘴巴乖巧一点，温柔一点，才会惹人爱。你可以生气，但绝不可以骂人，用自己的智慧去回击对方，比用脏字更锐利；你可以愤怒，却不能叫嚣，所有的叫嚣、谩骂，都会让你的魅力和人格受损，即使道理在你的那一边，有条有理，一字一句地逐条反驳绝对比叫嚣更让对方难堪。

3. 减少无关紧要的辩论

很多女人喜欢“争辩”，语言上的争辩很多时候对工作和事情都是无益的，越喜欢“争强好胜”在口头上取得胜利，越容易在实际中“失利”，没有人会通过“争辩”说服别人，达到自己的目的。如果你是上司，不妨“命令”；如果你是同级，用请求更能达到目的；如果对面是你的客户，争辩只能让他走得更远。微笑认同对方的观点，再想法设法让对方也认同你，才能拉近距离。少一点争辩，多一点温润的倾听，会让女人更迷人。

4. 学会控制自己的情绪

所有的厉言常常是因为过激的情绪引起的，冲动、愤怒、情绪过激之下自然“言无好言”，想要“温润开口”，就必须要保持理智，学会控制自己的情绪。生活中难免出现让人愤怒的状况，这时用理智控制情绪是最重要的，如果你不能保证自己冲口而出的话不会伤害到他人，就请先镇静几分钟，闭一下眼睛再开口。

另外，有品位的服装也会时刻提醒你注意自己的身份和仪表，让你无论遇到什么突发情况，都比别人更能保持冷静。在非私人场合，不妨穿得更加端庄得体一点，这样就算生气，也会为了保持仪态而控制一点。

女人，不能因为自己的性别优势就得寸进尺，信口开河，应随时保持应有的涵养，开口温润有礼，才能赢得更多的尊重。

点到为止，女人切记不要唠叨

曾有位男士说：“女人闭上嘴，就美丽了一倍。”苏格底拉则深有同感地说：“女人可能拥有全天下最美丽的容貌，但如果她同时脾气暴躁、唠叨、挑剔、个性孤僻，那么最美丽的容貌就等于零。”女士尤其是中年女性，说话一定要做到“点到为止”，简洁而有力，会让你更有风韵。

女人为什么爱唠叨呢？其理由不过是压力大，情绪焦躁；事情不顺心，爱埋怨；苦恼得不到别人的重视和理解，只好以唠叨引起别人的关注；缺乏有效交流，孩子、丈夫、下属不听从自己的建议，只好多遍提醒。针对这些原因，可以使用以下几种方法，治愈女人的“唠叨症”：

1. 用其他方式宣泄掉自己的不良情绪

有些中年女性因为工作、生活压力太大，年龄因素等引起焦躁情绪，只好用神经质的唠唠叨叨来缓解。对于这类神经质，不断围绕自身生活和工作，喋喋不休，一刻不停，不管别人反应和感受的“唠叨女”，可以用其他方式宣泄掉自己的不良情绪。她们之所以“唠叨”，来自于“焦躁”情绪，常常对着树丛大喊大叫，或者大声朗诵一些作品，或用运动出汗让自己“畅快”一些，或多洗洗衣服，整理房间，发泄掉不良的情绪，往往能缓解焦躁；如果不能，就需要看看心理医生，不要被“强迫症”扰乱了生活和工作。

2. 学会取悦自己，不埋怨

有些女人总爱抱怨男人挣钱不多，回家什么事都不做；脏衣服乱掉，拱的沙发乱哄哄；孩子学习不用功，做事成绩不如谁谁家的孩子好；说亲戚朋友如何如何，自己如何不顺心。高兴的事总被抛在脑后，不顺心的事总挂在嘴边，好像时时刻刻没有顺心的事情。对于这样的女人来说，学会取悦自己是最重要的：多些兴趣爱好如读读书、唱唱歌，精神充实一点，心态平和，知足常乐。善待自己，做做美容，逛逛街，买件好衣服满足自我，也许就能排解自己的不顺心、不如意，唠叨自然戒掉了。

3. 让自己的话再短一点

有些女性说话啰唆重复，认为话太短，别人不能理解，为了得到更多关注和理解，就多遍重复，或说出长长的句子，引起别人的注目。其实越是这样，越没有重点，反而越容易被人轻视。让自己的话短一点，再短一点，会更有力度和分量，“沉默”是金。成吉思汗面对敌人长长的挑战书也不过六个字“你要战，我便战”，却没有任何人敢于忽视和轻敌，这既是实力的力量，也是语言的力量，越少的语言，越有威慑力，容易被人记住和重视。

4. 用行动代替语言

对于缺乏有效交流，而被迫不得不唠叨的女人来说，既然丈夫、下属和孩子不能听从自己的语言命令做事，那就换一种方式——用行动代替语言。

某女士每天喋喋不休孩子书桌文具摆放紊乱，不利于写作业，孩子却不当回事。后来，她改掉了自己的方法：先帮助孩子收拾一遍，然后神情严肃注视她一小会儿，用眼神告知她：我已经给你示范了，请你按照这样收拾，自己的事自己做，不必劳我躬亲，文具摆放合理，做作业效率才高。孩子迫于眼神压力果然改掉了坏习惯。

既然唠叨无效，那就用不同方式的语言，惩罚、发发脾气或用语言、神态、眼神表现出自己的不悦，或直接无视对方，也不帮助对方改正，当他体会到不便时，自己就会改掉。

女人说话一定要适可而止，点到为止，三思而后言，话说清晰明确而有重点，自然就能戒掉唠叨。

心正口严，学会替人保守秘密

有调查指出，女人保守秘密的时间很难超过48小时，可见真正能够保守秘密的女人少之又少。可现代社会，信息是最宝贵的资源之一，如果小事都不能做到保密，又有多少管理者敢于把真正重要的事情教给你去做呢?

某单位一位领导告诉下属“近期做好工作，准备提拔他”，这名下级兴冲冲地把这个消息告诉了同事。不久，竞争对手就把这句话传到了领导耳中：“某某已在公开场合大肆吹嘘自己的成绩，说领导都已充分肯定他了，提拔非他莫属了。”领导听后认为他取得一点成绩就忘乎所以，轻浮狂妄，不能保守秘密，不可重用，便放弃了对其提拔的打算。这可算是自食其果了。那么女人怎样做到心正口严，只是“耳入”，不可“口出”呢？

1. 多思慎言，少说是非

“祸从口出”，生活中很多矛盾、纠纷和误会往往是因为说话不慎或过于冲动或一时激愤或随声附和被别人利用等引起的。话一旦出口，就无法收回，尤其作为女人，“嚼舌根”往往为自己的工作和生活带来诸多烦恼。做人低调一点，少一些评头论足，少一些说是道非，在每句话出口之前仔细思考一番，多思慎言，多听少说，才是真正智者的处世良方。

2. 不要听他人的秘密

如果有人神神秘秘地要告诉你一件事，就算是自己的朋友，也最好不要听。今天他是你最好的朋友，明天又是什么关系，谁敢保证？即使你自信不会泄密，对方又会不会放心呢？

王女士曾和顾小姐同租一室，王女士因为不忿泄露公司机密给竞争对手被解雇才来到某市和顾小姐同室，因为压力，王女士把自己的这段经历告诉了顾小姐并嘱咐她保密。不久后，王女士去面试，公司老板恰好正在追求顾小姐，王女士害怕自己的秘密被泄露，出于对工作的珍惜，让老板看到了顾小姐抱着小侄子的照片，有了猜忌，好好的一段恋情无疾而终。

3. 用其他方式宣泄保守秘密的压力

为他人保守秘密是有压力的，很多人因为长时间严守一个秘密而在精神上精疲力竭。他们努力压抑自己不说出秘密，反而不幸导致一种反弹效应，使得他们对心中秘密的顾虑竟然会淹没自己正常的意识。这不是病态，是正常反应，如果你也感受到了这种压力，最好的方式是通过别的方式宣泄出去。比如写到日记本里，或纸片上，然后把纸片烧掉。或者像童话中的人对着树洞喊“国王有双驴耳朵”那样，对着镜子、橱柜、很小的小孩子、自己的宠物、手机等道具说出对方的秘密，既能宣泄，也不用担心泄露。

4. 有保留地替别人保守秘密

一个秘密的重点是什么，是涉及地人还是事件本身还是财产金额或技术数据？知道底线在哪里，哪些可以告诉别人，哪些不可以，可不可以把秘密告诉什么人，告诉多少，如果你心里有清晰的底线，就可以有选择地泄露秘密。比如告诉自己的老公“单位小王最近神神秘秘，好像在接私活”，老公不知道小王具体是哪个，交集不多，泄密也就谈不上。

心正口严并不是要求你沉默，而是要求你清楚哪些话可以说，哪些话不可以说，话要怎样说，说多少，这才是慎言的最高境界。

说话委婉点，过于直率得罪对方

“委婉”的“婉”字是以女字为部首的，意思是和顺，曲折含蓄之意。是不是要求女人说话做事时应尽量和顺、委婉一些呢？交谈是一种复杂的心理交往，人的微妙心理在其中往往起着重要的控制作用，比如自尊心或虚荣心，因此赞美往往使人愉悦，相反的，过于直率的批评或言辞，往往伤及自尊，令人产生不愉快。

因此对于那些人们回避忌讳的事情、可能引起对方不快的事、只可意会不可言传的事、直白讲出来过于粗俗冒犯的而不可不说事情，都不应直言陈述，只能用委婉含蓄的方式去说。怎样把自己想说的话尽量说得委婉一点呢？以下几种方式是比较好用的：

1. 用不明说的含糊说法，代替具有令人不悦的含义不够尊重的表达方法

在政治生活中，人们往往会遇到不便直言的情况，就可以用隐约闪烁之词来暗示。如1972年美国总统尼克松访华，周恩来在一次酒会上说：“由于大家都知道的原因，中美两国隔绝了二十多年。”这种暗示的语言，既让人知道美国干涉的具体原因，又回避了这个伤人面子的事实说法，听者皆发出会心的微笑。在社交中我们也可以运用这种说法，比如用“昨晚的事怎样？”代替那场闹剧是如何收场的，不会伤及到朋友的自尊。

2. 用迂回暗示的方法

即故意采用一些表面上与谈话主题无关的语句，间接、迂回地回答涉及的话题，同时让对方也明白你的主张和意见。

如王某很喜欢李女士，于是向对方表白：“愿不愿与我交往？”李女士低头想了想，微笑着回答：“我更希望有个你这样的哥哥。”这样的回答不伤及对方的自尊，又让他明了自己的态度。

3. 用婉转或温和的方式来表达某些事实或思想，以减轻其粗俗的程度

有些人长得相貌丑陋，谈及他时，人们往往风趣地说“长得困难点”；谈到某人对某些事有不满情绪时，往往说他有点“感冒”；谈及有生理缺陷的人时，往往会缩小其缺陷，比如对聋哑人称“听力不好”“说话不方便”等等，均曲折地表示了事情的本意，而不至于伤害到对方。

另外，夸大的方式也可以用来做委婉说法，比如称呼“理发师”“服装设计师”代替剪头发的、裁缝，可以抬高对方的实际的现状和地位，满足对方受承认与尊重的心理。

4. 回避冒犯别人的话

对于某些人身上的缺点，如果不想冒犯，可以加以回避。比如，向顾客介绍衣服时，如果直陈“您的脸盘比较大，适合穿V型领”“您的臀部过肥，适合穿宽大的下装”“您脸色晦暗，亮色能让您更有光彩”，对方很可能恼羞成怒。如果回避对方的缺点，只说对方适合某种款式，就会让对方更轻松自在，如：“你是不是觉得你穿上这种领型的衬衫会更漂亮？因为它更能修饰脸型。”“这种强调颈部和夸张肩部的设计对平衡上下身的围度比例将会起到更好的调节作用，使整体匀称又不失成熟美。”这种建议的话显得委婉而又礼貌，使人听起来也心情舒畅，更容易接受。

5. 避免使用主观武断的词语

如：“我认为采取这种办法似乎更好，但这只是我个人看法。不知你是怎么看的？”避免采用“只有”“一定”“唯一”“就要”等不带余地的词语，采用与人商量的口气可以缓和气氛，人们更乐意接受。

在与人交谈中，总有一些让人不便、不忍或语境不允许的话题，这时候不妨将“词锋”隐遁，让语境软化一些，维护听者的尊严。女孩子学会委婉含蓄的表达也是对人的一种尊重。

温和开口，女人如玉让人如沐春风

言语温和的女人常常让人感觉到温暖、祥和与沉静，这种特质能吸引更多的朋友围绕在她的周围，享受和她说话闲聊的乐趣，和这样的女人说话像听音乐会一样是一种享受。世间没有一个人喜欢说话生硬、粗暴无礼的人，也没有一个人喜欢言语尖酸刻薄的人。但更多的人日日在争吵、抱怨中度过，很难享受一下安静、祥和的氛围。温和却不是天生的特质，可以通过后天的磨砺和培养，像珍珠一样，通过历练散发柔和的光芒。

女人要怎样培养自己的温和气质，开口就能让人如沐春风呢？

1. 态度温和

是指开口说话的时候，以温和、安详、委婉的语调和语气来说。声音要低而平和，态度理性、平静，温柔，神态安详、温暖、慈和，语速缓慢有致；可以言笑晏晏，可以温和问候，但一定是微笑而色温的；语气和悦，声音愉悦，让人一见就感受到温暖和安宁。

2. 表达方式温和

是指说话方式委婉而含蓄，曲折而巧妙，即使是批评和指责，也是温婉的，不疾言厉色，也不直接斥责，而是通过委婉的劝导、循循善诱的诱导、有理有据的分析、幽默风趣的笑谈而让人明白其中的道理，让人折服。不说谎言，只是技术性地让人误会或说出她想让你知道的而已；说话不刺耳，只是在真正意思的外面包裹柔顺温和的外衣而已，细思起来往往令人汗颜；不屑于争吵和埋怨，不暴躁不刻薄，而用自己的肢体语言和眼光让你自惭形秽。说起话来充满趣味和勃勃生机，即使一件平淡的小事，也要说得妙趣横生，谈话说笑都让人如沐春风。

3. 内容温和

说出的话本身内容真实可靠、实事求是，不会添油加醋，更不会造谣生事，说三道四，能够使人的心情趋于温和、愉悦。很多人聊天都会聊到家务事，老公怎样、孩子怎样、婆婆怎样、妈妈怎样，等等，温和的女人说出的话绝不会夸大其词，添油加醋。即使和闺蜜抱怨生活中的不和谐，也是有节制，有分寸的，而且肯定认为这是生活中的常态，“碗勺哪有不碰锅沿的，虽然生气，过去也就算了。”大多数时间，闲聊的内容都是生活中愉悦的事情，旅游中遇到的趣事，孩子的糗事，同事间的笑谈，小时候的温馨时光，生动有趣的电视节目和书籍等。而且所谈话题一定是对方所感兴趣的，正在关注的，观点一定要新鲜有趣，有不同的视角和理解。

4. 引发的结果积极温暖

所说的话一定要使人的思想积极向上，引发别人善良、温柔、厚道的一面，而不是引发贪婪、嗔恨、不满和抱怨等痛苦的情绪。聊天令人愉悦，但只有积极光明的思想，温柔善良的心，才能引发别人的自省和快乐，醒悟和思考。无论是语言艰涩还是思想晦暗，刻薄粗暴，都只能引发痛苦、埋怨、争吵，一定要尽力避免。

一个女人要具备“言语温和”的禀性，必须首先培养“温和”与“谨慎”的心灵，心灵的温和是一种境界，是内心快乐的代名词，也是内心宽容和善良的结果。只有把自己的记忆和生活都偏重在快乐、祥和的事情上时，女人才能真正做到“美人如玉”，安宁祥和。

女人学会适时沉默，说话要适度

美国加州大学的心理学教授古德曼曾经说过：“沉默可以调节说话和听讲的节奏。没有沉默，一切交流都无法进行。”在某大型现场直播的大型招聘会上，一个应聘的女孩，无视招聘方的问话“您对我们公司了解多少?”急吼吼地打断对方，并说了一通类似“我来应聘,就是有足够的信心,能够把这份工作做好”这样牛马不相及的话。然后在整个沟通过程中,她呈现的,是根本无视对方的打断,不停的抢话,不停的自我强调。在她与主席台嘉宾沟通过程中,有三位愤然离席，甚至观众发短信请求筛选应聘人选。她为什么会失败?

适时的沉默也是对别人的一种尊重，如果只是唯我独尊的自说自话，怎么能达到沟通的效果？沉默是理性的开始，引导双方冷静思考；沉默倾听是对别人的尊重，有助于双方相互理解；沉默是一种威压，经过沉默后说出的话，更容易被人重视。什么时候要保持沉默呢？怎样才能做到言默适度呢？

1. 争吵辩论到不可开交时

如果争吵辩论的双方谁也不能说服谁，而且双方都不肯让步，这时再继续争论，最终的结果必是不欢而散，这时如果一方能够适时沉默，既是对对方的尊重，又能够给对方考虑的时间和余地，还能让对方的咄咄逼人、锐利词锋没有发挥的余地，岂不是一举三得?

2. 对于背后的说三道四保持沉默

与人交往时，不可避免会遇到有些人说三道四，论人是非。这个时候，你千万不要轻信别人的话，更不要随声附和。正确的做法是保持沉默，并以微笑示之。不要以为背后论人当事人不知道，心理学家调查研究后发现，只有1%的人能够严守秘密。你所说的坏话可能不久便会传到对方的耳朵里，为了避免言多必失、祸从口出，适时保持沉默是必要的。

3. 受到批评、挫败不忙申辩

在受到打击、挫败、质疑的时候，不要急于申辩。别人的指责并不一定是恶意,往往是成就我们成长的善意指引。把别人的批评指正，当做爱护，心怀感激，才可能在适时沉默中，自省，提升，成长。

4. 用沉默来辩解

当别人在潜意识中误会、冤枉了你，而不好解释时，不妨用沉默和行动来证明你的清白，这时候的辩解不但尴尬，而且苍白无力。

小黄新晋职，发现同事们喜欢对别人说三道四，但也不便当面制止他们，只好安静地坐在一边。不久，同事们议论说老总是个吃软饭的家伙，一切都是依靠家族的支持。正在这个时候，老总突然出现了，一脸怒气地走进了办公室。此后，老总看到他们当时在场的几个人时，都是一副冷漠的表情，给小黄也增加了不少烦恼。不过，他没有急于向老总解释，而是在闲暇时刻意和爱说是非的同事保持距离，渐渐地，老总知道冤枉了小黄，不再对他冷眼相对。而那些同事却因再一次无中生有，被老总解聘了。

清者自清，有时候辩白反而太过矫情，不如适时沉默，日久见人心。

5. 给别人考虑的时间

有些人想法过于偏激而固执，直截了当的驳回或者殷勤劝导总起不到好的效果，这时不妨平淡地表示沉默。等他说够了、说完了、激烈的情绪平静下来了，再用不带任何观点的中性词比如“好吧”“你再想想”等回应对方。对方往往却能平静下来考虑：“我谈的对不对？对方为什么不表态？错在哪里？”更有利于对方自己悟出真谛。

第13章　开口求人：女人妙口一开轻松获得帮助

许多人认为求人办事实在是一件苦差事，一方面难以开口，另一方面担心被拒绝，最终只能失败而归。实际上，同样是求人办事，如果你不懂得对方的心理，不知道将心比心，事情本来很简单，却没有办成；如果你了解对方的心理，进而以心攻心，让那些几乎不可能办成的事情也办成了。

女人善用“软话”激起对方保护欲

同情弱者、保护弱者是人尤其是强大的男人的天性，想要把强大的对手说服，获得对方的帮助，不妨争取对方的同情，激起对方的保护欲，这样就可以以弱胜强，以情乞怜，获得帮助。所有的女性在男人眼中都有柔弱、脆弱的一面，关键时刻不妨用展示自己的柔弱来博取对方的帮助。

怎样用女人特有的“柔弱”求助呢？

1. 示之以强，而求之以弱

同情弱者是人的天性，想要获得他人的帮助，如果没有其他办法，不妨试试“示弱”。“软话求人”，首先要学会低头。平时越是强势、倔强的人，在关键时刻“服软”，往往越能引起人们的怜悯和同情；轻易不会开口求助的人，“软语相求”更容易打动人。所以这招不能轻易用，否则平时就喜欢没脸赖皮求人的人，到了关键时刻，这招反而失灵。记住善于妥协示弱的女人很宝贵，惯于妥协示弱的女人很廉价。

2. 以泪赚怜

女人的眼泪是最有效的武器，当女人有苦衷或者暂时遭遇麻烦的时候，眼中的泪水可以迅速引起对方的重视，以最快速度软化对方的心，迅速求得帮助。人们往往不会在外人面前流泪，所以泪水可以使彼此在感情上靠近，产生共鸣，让对方认为你把他当做可以亲近，软弱时可以依偎可以求助的人，对方自然更愿意帮你。再者，在别人面前流泪了，你一定遇到了很急的事情，很多时候眼泪是难以伪装的，对方更容易信任你。第三，女人的眼泪往往能使被求助者获得一种心理上的满足，从而更愿意帮你。

3. 以情乞悯

在大萧条时期，一个落魄的男人走进了某家首饰店，本来想要找份工作，但经过一番交谈，经理表明首饰店不再需要员工。这时，一个女服务生不小心打翻了珍珠盒子，珍珠滚落了一地，她捡起后数了数，发现少了一颗，而那个男人刚好站在她的柜台前。女孩觉得珍珠一定被这个男人藏起来了，可苦于没有证据，不好发难。于是，这个聪慧的女孩略委屈地轻轻问了一句："先生，现在工作很难找，是吗？"男人狼狈地红了脸，捡起踩在脚下的珍珠还给了那个女孩子。

现实生活中，我们常常会遇到各种事情，在不得已求助的时候，不妨做个"可怜"人，这会促使对方站在你的角度想一想，从而"心有所感"，则更容易获得帮助。比如："我想您知道，像我这种境遇有多无奈。"谁都可能遭遇过类似境遇，也就有可能产生"感同身受"的同情，这样的求助则更容易打动对方，所以更高明。

抬高对方，令对方不忍拒绝你

曾看过马克·吐温的《羊皮手套》，主人公跟着船上的"权贵"们去购物，漂亮的售货员小姐上来就给他拿了一副蓝色的小码手套，并抬高他的身份："哟！我瞧您肯定是戴惯了羊皮手套!"她微笑着说，"不像有些先生戴这手套就是笨手笨脚的。”并不断夸奖：“像您这样的戴蓝色手套更好看。”尺寸太小了，小姐告诉他：“啊，正好！”“这双手套就像为您量身定做的一样——您的手真细巧。”十七八顶高帽子戴上去，主人公觉得自己不能不识抬举，不忍心拒绝漂亮的女职员，只得为那双破掉的手套付了钱。

当有事求助于对方的时候，如果能够抬高对方的身份、有意夸大对方的能力，他们往往为了自己的“面子”，而不忍心拒绝你，当然抬高对方也有一定的技巧，必须要触及对方的优越感才可能事半功倍，否则被人看破就不好收场了。怎样抬高对方呢？

1. 戴高帽子，触及对方优越感

当一个人的优越感被触及的时候，他就会不断想和对方亲近。当和对方谈论某件事情，或者求别人帮忙办某件事的时候，不妨先给对方戴一顶高帽子。“我想这件事情，只有您才能够办得成”“听说您交游广阔，和某某是极好的老交情，那他一定会给您面子，您帮帮我吧”，等等，这些首先把对方抬高的恭维性语言，会把对方的虚荣心提到最高点，此时再说出你的要求，对方不答应就会觉得有失面子，往往很轻易就能够答应你的要求。

2. 在自己需要的方面抬高对方

如果需要人脉方面的帮助，不妨抬高对方“交游广阔”“人脉极广”“您人面宽，顺手帮忙打听下吧”等。在能力方面需要帮助，不妨抬高对方的能力：“听说在这个领域，您是最权威的，能不能帮帮忙……”如果需要经验方面的帮助，不妨这样说：“我知道您是个经验丰富的人，不知道您有什么经验可以传授给我，请您教给我应该怎样做吧！”如果需要技术方面的支持，可以这样说：“我听说您在这方面是个高手，还没有哪方面的情况您不了解，没有您解决不了的问题，我想请教一下……”有的放矢的抬高，才更好表达出自己求助的事情。

3. 抬高的同时不妨顺便激将

抬高对方的同时，再“激”一下，往往能达到更好的效果。比如《羊皮手套》中女职员就用了“不像有些人笨手笨脚的”“万一崩坏，您可以不必付钱”这样的话来挤兑主人公，使他为了面子也要“活受罪”。

怎样激将呢？可以在恭维后，来个转折，比如：“前您这气派，该不会差这点钱吧？”“听说您对局里的人都很熟，不会帮不了这点小忙吧？”“我觉得只有您才能做到，是吧？”这种半信半疑的语气，更能激起对方的自尊心，对方为了面子，更容易答应你。

4. 使用不同的方式和技巧

无论是用谦虚请教的方式，用吹捧的技巧，还是用半信半疑的“激将”技巧，一定要为对方“量身定做”，才能让他在不知不觉中“入瓮”，否则极可能弄巧成拙，让对方对你更反感。

登门槛效应：求人言辞步步深入

向人求助如果急于求成，直接提出一个过分的要求，或请求大的帮助，往往引起别人的反感或让别人觉得很难接受、办不到，而直接拒绝。得到了拒绝之后，再说服别人同意，就很难了，所以一开始就不能让对方说出“不”来。既然求人成事不会一帆风顺、一求即成，不妨先引诱对方同意一个很小的要求，然后再循序渐进，步步深入地达到自己的目的。

怎样循序渐进地球的对方的帮助呢？可以采取以下几种办法：

1. 拐弯抹角

求人办事或送别人礼物有时候不好直来直去，否则容易碰钉子，这时候不妨先拐弯抹角，人为制造机会，让别人感到高兴，然后再把自己的目的表达出来，让对方在高兴之余爽快答应你的要求就很容易了。

某年轻人想成为一位艺术大家的弟子，但该艺术家很少收徒，且门槛颇高。这个年轻人事先打听到这位艺术家热爱美食美酒，喜欢收集印章砚台书画之类，于是先找到与之相熟的朋友，邀请对方和艺术家一起吃饭，趁对方酒酣饭饱、心满意足之际，拿出自己淘换来的一枚印章请对方鉴赏。对方一看，双眼放光，提出购买，他趁机提出请求：“这块印章是长辈送的，我很心爱，不能换成俗物，您要看我还有一二分可堪琢磨，这个小东西就当成弟子孝敬您的。”最后自然皆大欢喜。

2. 投石问路，触类旁通

不清楚对方的态度之时，不妨先投石问路，摸清对方有没有可能答应自己的要求，然后再顺便提出，往往能得到更好的效果。某人想要别人答应帮忙调进对方公司，他先询问对方：“我最近有件烦心事，我的一个同事求我调换到我们部门，有点小麻烦，但应该能成。”对方回答；“既然是同事，尽力而为嘛。”这个人暗自高兴，半年以后，他向对方提出想到对方公司供职，顺利得到了对方帮助。因为有前面的“预防针”，对方不好拒绝。

3. 旁敲侧击，再提正事

有时候不知道对方能不能帮上你的忙，愿不愿意帮忙，不妨先旁敲侧击一番，先让对方帮个小忙，再提出大的要求，往往很顺利就能获得帮忙。有个记者，想采访某个资深财务专家，知道一个父亲的朋友和对方交情很好，于是先问对方：“我想采访某某，听说叔叔认识，能不能给我一个他的联系方式？”这么简单的要求对方很容易就答应了。几天后，他又找到对方：“叔叔，我联系上某某了，今天一起吃饭，我听说他架子挺大的，心里直打鼓，您看能不能陪我去赴宴，帮我敲敲边鼓？”然后要赖地又吹嘘对方面子大，又吹嘘对方爱提携晚辈，软磨硬泡让对方答应了。碍于熟人情面，这位财务专家给了记者一个独家采访的机会。

向人有所请托，如果没有把握对方会答应，就应该由小到大，由微至著，由浅及深，由轻加重，循序渐进，一点一点引人接受你的要求，往往能收到显著的效果。

表达互惠互利，求人的话好开口

人际交往一般都会自觉遵循“互惠互利原则”，或者叫“对等原则”。如果让对方认为帮助你不仅仅有利于你，同时也有利于对方，是一个双赢的局面，对方就更容易答应你的要求。

当你需要别人帮助的时候，不妨先想一想这样做对对方有什么好处，或者即将带给他什么好处，再来寻求帮助，不但你自己好开口，对方也更容易相信你，答应你。怎样表达出愿意和对方合作共赢，而不是在寻求对方的施舍呢?

1. 分析形势利弊

在求人之前，不妨自己先分析一下利弊，对你有利的事情，还对谁有利？对方能在合作中得到些什么？这样就把单一的“求助”“求支援”“求施舍”变成了“合作”，互惠互利的合作很少有人会拒绝。

2. 给对方的利益是他最想要的

晋公子重耳，因为继母陷害，曾远逃到楚国寻求收留，酒宴上，楚王问道：“如果公子返国，你拿什么报答我呢？”重耳回答道：“男女仆人、宝玉丝绸，您都有了；鸟羽、兽毛、象牙和皮革，都是贵国的特产。那些遍及到晋国的，都是您剩下的。如果托您的福，我能返回晋国，一旦晋国和楚国交战，双方军队在中原碰上了，我就让晋军退避九十里地。如果得不到您退兵的命令，我就只好左手拿着马鞭和弓，右边挂着箭袋和弓套，奉陪您较量一番。”像楚王这样的权贵霸主，根本不可能在乎财物，他在乎的是君主的名声和政治上的利益，重耳正是看到了这一点，许诺了他最需要的，才换来了对方的帮助。

有些人在乎“义”的名声，有些人宁愿“赔本赚吆喝”，有人重“信誉”，有些人重“利”，有些人重“大局”，只有你给的“实惠”搔到对方的痒处，才更容易得到帮助。

3. 不能马上回报对方，也要有某种“回报”的承诺

在求人时如果不能让对方马上得到“回报”，也不要忘了表示愿意在以后适当的时机给以某种回报，或表示将牢记对方的好处，在对方用得着的时候愿意“鼎力相助”，这样更能取得求助者的好感，让对方觉得你值得帮助，才更容易答应你。

4. 表达互惠也要有技巧

如果以一副“施恩”的嘴脸去求人，即使对对方的利益再大，对方也可能拒绝；用“求别人施舍”的口气去求人，即使对方认识到了利益所在，也会另找他人合作，因为请求“怜悯”的人通常不是好的合作者。

想要对方看在“互惠”的面子上帮助你，就要既“平等地请求”又要“感激对方出手相助”，把更多的“利”让给对方，同时不要忘记“留后手”，以免“争利”的情况出现，更不利于自己求援。

暗示利用价值，对方更愿意帮助你

心理学家霍斯曼认为人与人之间的交往本质上就是一种社会交换。而这种交换跟市场上的商品交换所遵循的那些交换原则是一样的，也就是说，人们都希望在交往中，自己所得到的多于自己所付出的，但通常付出的与得到的只有对等，这种关系才能维持下去。让对方明白自己的利用价值，对方为了自己也会更愿意帮助你。

求人帮助，奢望对方的同情就落了下乘，因为你把主动权寄托于别人的情感，自己就被动了；再者无利的事，对方也不一定甘愿相帮。想要让别人主动相帮，不妨亮出自己的“优势”和“利用价值”，让对方看到因为帮助你可能得到的好处，而这种好处并不只有他一个人想得到，对方才会更加心甘情愿地帮你，这种把主动权掌握在自己手里的做法才是真正高明的。怎样让别人意识到你的利用价值呢？

1. 分析共同面临的局势

求助于他人时，如果能够分析清楚共同面临的局面，你在此种局面中能够帮助对方得到的好处，让对方看到你的“潜在价值”，他则更容易帮助你，尤其在多方合作与竞争的情况下更是如此。

卡耐基曾借助某旅馆举办培训班，后来旅馆经理要求增加300%的租金，卡耐基找到这位经理，告诉对方：“我接到你们的通知时，有点震惊。假如你坚持要增加租金，那么让我们来合计一下，这样对你有利还是不利。如果你把我撵跑了，我势必再找别的地方举办训练班。这个训练班将吸引成千上万的有文化、受过教育的中上层管理来听课，对房主来说，这难道不是起了不花钱的活广告作用了吗？事实上，假如你花5000元钱在报纸上登广告，你是不可能邀请到这么多人亲自来你的旅馆参观的，可我的训练班给你邀请来了。这难道不合算吗？请仔细考虑后再答复我。”

结果第二天就接到旅馆经理的回复，房租只涨50%。

2. 让对方看到你的“潜力”

刚刚进入职场的女性想要获得“老将”的帮助，不妨展现出自己独特的才能，或者自己的一技之长，或者广阔的人脉、雄厚的资源，或可能帮对方一起对抗竞争对手的意愿。让对方意识到，即使没有他的帮助，你迟早也会被赏识、被接受，这样即使做“顺水人情”对方也会帮你。总之，一个人不能够赤手空拳而求得别人相助，必有所持，才能被别人重视，才能让别人心甘情愿帮助你，被动等别人的同情、施舍，只是下下策。

3. 向对方展示你的“实力”

公司向银行借贷，往往要出示自己往年的业绩、利润，以确保对方有偿贷能力，一个人想要获得别人的帮助，展现自己的实力也是不可缺少的一种方法。告诉对方，你有独立做好的实力，只是暂时不凑手。很多人都更愿意帮助暂时遇到困难的但很强大的人，因为这预示着他有可能从此搭上更强大的列车，获得更多实惠。以强者的姿态求助往往能获得更心甘情愿的帮助，所以不要忘了展示自己的实力，这样更容易获得帮助。

下篇

女人口才情景实践

会说话，仅仅是纸上谈兵，这是不行的，最关键还在于能灵活运用于实际生活中。在下篇中，我们将按照不同的实际场景，对女人口才技巧性进行一一剖析，教你做一个口舌如花能说会道的女人。

第14章　当众发言：从容自信处处口绽莲花

在生活中，我们整天是用语言与人打交道，最重要的就是要练就当众讲话的基本功。良好的口才是女人活跃交际场合的招牌，它可能会影响你的职位晋升、影响你的客户拓展，甚至影响你一生的成功。

女人各种场合的精彩自我介绍

在社会交往中，如果能够当众从容得体地介绍自己，往往可以让更多人了解自己，扩大自己的交际范围，广交朋友。再者，简洁得体的自我介绍还有助于宣传、展示自我，让人们直观了解到你的性情气质，更容易接受你。

然而，自我介绍并不是说出自己名字那么简单，对于不同的场合，应该做出不同的自我介绍，才能让场中的人群更容易接受你。自我介绍首先要做到的就是“得体”“合宜”四个字，现在就例举几种场合最合适精彩的自我介绍。

1. 应聘、面试场合

一般用被动式自我介绍，即对方发问，问什么答什么，有问必答。切不可滔滔不绝地介绍自己的兴趣爱好和在学校担任的职务，以及取得的成就，这些都是不合宜的。善于自我表现是好的，但不一定要用于应聘场合，尽量简短介绍为“我是某某学校某某系的学生，我叫什么，这是我的简历”，然后用名片、简历、介绍信这些辅助手段让招聘单位详细了解你，才更合事宜。如果想让对方留下深刻印象，不妨解释一下自己的名字，比如："我叫张业霆，兢兢业业，如霆如雷的意思，希望在以后的工作中也能兢兢业业，雷厉风行"。如果能把自己的名字和工作状态、气质性情联系起来，则有助于激起对方进一步了解你的兴趣。

2. 工作、商务场合

自我介绍一定要首先涉及自己的公司，然后是自己的职务，自己的名字，负责的具体工作。比如："我是某某公司的业务经理某某某，我主要负责新型产品的销售工作。"一定要注意顺序，因为工作场合你代表的是企业形象，而不是个人，一定把公司和部门摆在前面，才合适。

3. 一般性应酬场合

在某些自己并不重要的公众场合和一般性的社交场合，只需要介绍自己的名字就足够了，比如："大家好，我是某某。"

4. 重大场合

作报告、讲座、演出、庆典等一些正规而隆重的场合，一定要用礼仪性的自我介绍，包括姓名、单位、职务，同时有必要加入一些谦辞、敬辞和雅词。比如："各位来宾，各位朋友，大家好！我是新郎的朋友和同事某某，被邀请来做婚礼的主持，我首先代表新郎新娘欢迎和感谢各位亲朋好友的到来……"

5. 私人酒会、朋友聚会等场合

首次被引入某个社交圈，或者被酒会的主办者要求做自我介绍时，除了介绍自己的名字，最好补充上和主办者的关系，除此之外，还可以介绍一下自己的爱好和平时活动的地方。比如："我是某某的朋友某某某，我们两家是世交，我最近刚回国，现供职于某公司，一般喜欢在哪健身，周末在哪喝一杯，希望以后有幸邀请大家一起聚聚。"

6. 希望和某人进一步交流的场合

如果在某些社交场合，希望和某个特定的人有进一步的交流，不妨找一个私下的机会，进行一些自我介绍，内容包括自己的姓名、工作、籍贯、学历、兴趣及与交往对象的某些熟人的关系等，最后不要忘了表达希望进一步结交的愿望。比如："……我是某某的同学，很高兴认识你，不知道有没有荣幸和您谈一谈？"如果对方表示疲惫了，就要退一步给对方休息的自由，另邀时间。

即兴发言从容不迫，尽显女人风度

即兴发言是临场有感而发的小型演讲，最考验女人的观察、分析和推理能力，如能随机应变，灵活自如地运用自己的口才和平时积累的素材与智慧，则更能体现女人的深厚修养和从容风度。被邀请做即兴发言的时候，一定要保持镇定，才能更加从容。紧张是即兴发言的大敌，心理淡然、坦然，才能侃侃而谈。

即兴发言一般要注意以下几点：

1. 贴合语境

是报告会上一针见血的辩论还是朋友间滔滔不绝的谈吐？是酒席上要言不烦的祝词还是谈判中有条不紊的应对？即席讲话是因时而发、因事而发、因景而发、因情而发的语言表达方式，离开语境而东拉西扯或说出不符合语境的话，比如在婚礼贺词上讲话过于沉重、严肃都是不适宜的。

2. 主题鲜明、新鲜

主题是即席讲话最重要、最关键的内容，是整场发言的依据。讲话时，应该在每一个词、每一句话、每一个段落、每一个层次都反映同一个意思，这些意思都要统一在主题之下。比如在婚礼上的讲话，如果你的讲话侧重于两个人经历了多少风风雨雨，好不容易才走在一起，就应侧重于回忆往事和珍惜感情。如果主题是恭贺，讲话就应侧重于两个人如何情投意合，爱情美满，祝贺他们在未来的日子中彼此体贴，和和美美。如果把这两个主题综合起来，而没有侧重，就会显得杂乱无章。所以主题一定要鲜明，情感一定要真挚，才显得更从容不迫。

3. 开头要有技巧

即兴讲话讲究的是随行就市、临场发挥，一般开头就要和眼前的情境联系起来，才会更加轻松巧妙。美国著名口才大师洛克伍德说过：“在整个讲话过程中做到轻松地、巧妙地和大家交流思想是困难的。然而，做到

这一点的关键是讲话开头的用字表达。”

某次为战争中的将军们祝酒时，有人为马克·吐温出难题，主题为《为婴儿祝酒》，他的开头是这样的：“为婴儿祝酒，真是妙不可言！我们并非都能有幸做过女人，我们也并非都做过将军、诗人或政治家，但是，轮到为婴儿祝酒，我们就有了共同点——因为我们都做过婴儿。先生们，如果各位静思片刻——如果各位回到几十年前，回到婚后不久的岁月，并再度凝视你们的第一个小宝贝——各位就会记起他非常重要，而且岂止是重要(笑声)。”一下就把人们拉回了自己第一个宝贝的回忆中。无论是直接进入，还是制造悬念引入，自我介绍后进入主题，最重要的是点明主题而且引人入胜，如果不是过于严肃的场合，幽默的方式可以首选。

4. 注意积累和学习

即席讲话考验的还是平时的积累和临场发挥的能力，平时一定要注重积累知识，提高文化素养，才能“有的可谈”，讲话才能镇定自如，侃侃而谈。平时不妨多看一些好的演讲稿，学习他人的讲话技巧，尤其是他人即席发言的技巧，从不同阶层的人那里汲取口才营养，讲话才会更丰富，更贴合他人内心感受。凡是有发言的机会，一定要调节好心理，要敢于说话，不要怕，不要躲躲闪闪，更不要哼哼唧唧、唯唯诺诺，大方坦然地讲，即使说不好也没关系。即席演讲毕竟是口语表达，不用过于严谨和才华横溢。

总之，即席讲话一定要掌握以下几点：厌繁杂、喜精短，厌粗俗、喜新颖，厌空洞、喜形象。

现场主持难不住女人巧嘴一张

婚礼、会议、晚会，女人总难免有被要求临场主持的场合和机会，临场退让或无措失语，只能让人们认为你难当大任，或上不得台面。女人也要有一张难不住的“巧嘴”，能够“语惊四座”，亦能把现场渲染地热烈、精彩，别开生面，才能让人刮目相看。

1. 调动现场气氛

主持的最大目的就是为了将大家带动起来，让人们沿着一个共同的思路思考问题。缺乏渲染气氛的能力，主持就会冷场。女性朋友怎样调动现场气氛，让大家都专注起来呢？一定要用富有感染力的语言，比如：“让我们大家……一起来吧！”“大家想象一下……”这些认同性的词语往往让众人一同陷入你语言描绘的场景。首先要确定你个人此时是张扬的，能够把那些陌生人都当成熟悉的朋友，这样才能让大家都感受到你的感染力，想要感动别人，首先要感动自己。

2. 学会让现场观众开口

主持台不是一个人的舞台，主持为的不是表现自我，不能只靠说话唱独角戏，还要懂得让别人开口说话。在适当的渲染之后，问场下观众一个问题，比如：“你们怎么看？”“大家认同这个观点吗？”然后就此展开讨论，才能让一场主持更加精彩绝伦。时刻要记牢：主持的目的是让人们展示自己的风采，主持人起到的不过是牵线搭桥的作用，如果喧宾夺主，话语再精彩也是失败的。学会让别人开口说话，了解别人的需要，才能把现场观众的情绪都调动起来。

3. 引导众人的话语按照自己的思路走

无论现场主持决定地多么仓促，都不要忘了拟一下大纲。以婚礼主题为例，先介绍双方和彼此的亲朋，再回忆双方的恋爱过程，然后起哄笑闹一下新人。整个的程序应该按照事先设定好的程序去进行，否则，因为某些人偏离话题或者不知不觉中超过时间，往往导致大家都意犹未尽，就失败了。

主持的过程中，一定要注意场下的观众是否“拐带”自己跑题了，如果有，不妨趁着对方话语告一段落的时候，提醒一下：“好了，言归正传……”或者：“前面我们说道，关于这个话题大家的议论都很精彩，但是我们怎样去解决呢？哪些方式比较有效？”这样往往能让大家的思路跟上你，就能得体引导场面和进程。

4. 随机应变的主持语言

临场主持，难免会遇到一些突发状况，能够随时根据当时情景，调整自己的语言，才能灵活驾驭现场。主持语言没有一定之规，也不可能照本宣科，只有依靠平时丰厚的积累，临场镇静灵活反应，才能做到随机应变。

现场主持并不难，先想到场下人在想什么，希望看到什么，再想自我表现，往往让你能受到更热烈的欢迎。主持人一定要先顾忌别人的感受，别人的论调，再实施总结，才能让场面更精彩，让人们更佩服。

工作总结发言，巧妙虚心“表功”

每次的工作总结发言是职业女性展现自己成长、努力与风采的好机会。如果能够用清晰、明确、谦逊的方式表达出自己的努力和业绩，自己对公司所作的贡献，往往更能获得领导层更深的赏识。

工作总结发言要注意什么呢？怎样发言才能既表现自我又不过分炫耀，既让人眼前一亮又不会太出风头呢？

1. 言之有物有重点

工作总结不是流水账，没有必要面面俱到，但一定要，层次分明，重点突出。可以以这段时间内具有代表性的核心事件为基础，将其展开，并附上相关数据和分析结果，或者取得的成就，往往更能获得领导赞赏。一些华而不实的陈词滥调，诸如“收获良多”“努力付出”“积极投身”等，最好少讲。

可以用个案、数据、量化数字、图示、作类比之类的辅助手段做支持论据，容易给人留下深刻印象。可以这样发言：“这次公司下达了200万的销售任务，目前已经完成220万，超额20万，市场占有率达到了同行业的33%，与去年同期相比增长了5%，有以下几条原因……”清晰扼要，往往能给对方更直观准确的印象。如果条件允许，不妨用多媒体加以演示，更能体现自己的工作总结认真、专业，为自己树立职业化的形象。

2. 尊重事实不浮夸

在总结自己的工作时，应实事求是，尽量用数据和事实说话，不夸大自己的功劳，也不遮掩自己的过失，这样的态度往往能获得上司最大的好感。发言时，不妨进行一下换位思考，了解一下上司的考评思维，对于自

己的发言会更有帮助。上司更注重你做出来的业绩，还是你的个人价值？更注重成果还是工作态度？更注重才能还是团体合作？揣测正确，把重点放在对方关注的地方，才能引起上司的注意。

3. 不忘公司提供的平台和同事的协助

为自己“表功”的时候，也不要忘了感谢公司提供的平台，上司的赏识和共同完成任务的同事，不独贪功，所有协助者不忘提及，才显得更加谦逊、虚心。在发言中对于自己的失误不要狡辩、掩饰，承认并承担错误，也能表现职业女性谦逊、踏实的作风。

4. 收获与反思并行

对工作的反省，对工作中失误的反思是工作总结的重要部分，这代表着一个人的成长和获得的经验。找出问题所在，拿出解决方案，总结出教训，也是一种“功劳”，这种清醒的姿态更容易获得上司的关注。

工作总结发言，尤其是某项目成功结束后的工作总结，往往充满浮夸和争功，表现自己的出色没有错，但功利心太重，太心浮气躁，反而有损女性的魅力。巧妙而谦虚的“表功”才能让自己的前途更加光明。

女人善辩，几句话令人折服于你

“道理越辩越明，思路越辨越清。”精明善辩的女人在工作和社交中往往更被人们所重视。女人的温柔和女人的巧言善辩并不相悖，沉默显示女人的温柔和宽容，善辩展示女人的灵气和主见，当默时默，当辩时辩，女人才能温厚而不软弱可欺，巧辩而不刻薄伤人。

当然辩论并不只是唇枪舌战的较量，而是通过辩论让自己对话题有更深刻的认知，改变自己片面、不正确的认识。另外，通过辩论还可以提高自己分析问题的能力，锻炼敏捷的才思，并积累一定的语言能力。女人怎样才能做到善辩而不狡辩，善言而不刻薄，令人信服而受欢迎呢？

1. 就事论事不攻击，不狡辩

令人折服的辩论不是胡搅蛮缠的狡辩和诡辩，一定要就事论事，针对某个观点、某个论题，而不是某个人，对争辩人的攻击是最不明智的事情。善辩的女人即使反驳别人时，语气也一定是平和的，坚持自己的原则和观点，并不一定要咄咄逼人，针锋相对。气定神闲地让别人说不出话来才是上乘的辩术。

令人折服的最好方式是以子之矛攻子之盾，用对方的谬误之处，引导出更荒谬的结论，自相矛盾，自然让对方张口结舌。

汉武帝得到不死药后，东方朔故意在旁好奇询问："这东西可以吃吗？"汉武帝随口回答"可以。"东方朔顺口把"不死药"吞了下去，皇帝大发雷霆要处斩他。东方朔自辩道："我明明刚才吃了'不死药'。现在却马上要去死，可见那是死药了。刚才那人拿死药当不死药来奉献陛下，明明是在骗您，犯了'欺君之罪'！我是先问了陛下可不可吃，陛下说'可以'我才吃的，可见我是不该死的。今天处死我，让人们对您的话怎么敢认真呢？"

2. 有条有理，针对漏洞逐条击破

想要折服他人，就要寻找到对方语言中的漏洞，针对漏洞有条有理地逐条击破，对方观点无法立足，自然折服。雍正皇帝在位时，皇子贪玩不背书，被太傅李钟峨罚跪读书。正巧皇帝巡视东宫，心疼儿子被罚，于是拉起儿子，怒气冲冲地说："读也是君，不读也是君，何必在此受辱！"李太傅据理力争道："读者是尧舜之君，不读者是桀纣之君。这里有先辱后荣和先荣后辱之分也。"他一语抓到了雍正帝话中的两个漏洞"君分昏明，辱分自辱、它辱"，让两个上位者规规矩矩地自己接受惩罚。

很多似是而非的理论观点，其实是经不起推敲的，只要对方的话模棱两可，摇摆不定，就一定可以寻到漏洞，针对观点中的漏洞，逐条反驳，就能让对方无法再辩。

3. 观点鲜明，论据确凿

让对方折服的最好方式，不仅仅是使之无法自足，还要提供自己的观点或解决方式，无论对错，有了恰当的方法，才能让别人信服。"实践是检验真理的唯一标准"，反驳别人的同时，如果拿不出自己的一套方法，即使对方被辩倒，也不会折服于你；拿出比对方高明的办法，才是让别人折服的最好办法。

 凝练绝妙，当众说话感染听者

妙语生香是女人魅力的另一种表现，在众人面前发言，使众人信服、受到吸引、受到感染和震撼，继而理解和信服你，是一种深沉的智慧。女人们会发现私下闲聊是一件轻松的事，而当众讲话很难引起所有人的共鸣，繁冗、拖沓的语言，关于细枝末节的详细赘述，往往使你的语言失去感染力和影响力。

当众发言还需要语言的另一种特质——即凝练的语言，握起的拳头比张开的手掌更有力量，凝练的语言也能带来更多的凝聚力，有时一句话往往比一篇文章更有震撼力，更能感染听众，使之心头震动。怎样让自己的语言更有感染力和凝聚力呢？

1. 语气语调要积极自信

讲话最能感染别人的不是话语本身，而是讲话人的态度，语气语调就是态度的一种外在表现。如果发言虽然无误，但语调平白无味，寡淡如水，即使再优美的词句，也会显得说话人无精打采，听众也很难提得起精神，继而产生疲惫厌烦心理。留意自己的语调，明白什么样的语调会给别人造成什么样的印象，并加以改正和锻炼，能让自己说话时更有感染力。发现自己犹豫不太肯定时，不妨试着用积极的语气来纠正；发现话题被转变，不妨加重语气说一句“等一等，我还有一点意见”；发现话题被打断，不妨压低音调说“对不起，我还没讲完”，既能表现自己的不悦，又能获得他人重视，而且不至于咄咄逼人。

是轻松愉悦还是激情四射，是舒缓自然还是慷慨愤然，说话时语调一定与自己的态度、词句相符合，才能加重语言的感染力。

2. 语言要准确而严谨

凝练的语言要点就是准确而严谨，正如福楼拜所说“写一个动作，就要找到唯一的动词，写一件物体，要找到唯一的名词。”找到唯一恰当的

那个词，那个句子，才能称得上语言凝练。口语虽然可以随意一些，但也要讲究准确，不蔓不枝，不拖泥带水，一语把自己最想说的，听众最想听，最能达到效果的话准确讲出来，在这方面多使用成语、谚语和典故是一种捷径。

3. 情感真挚自然

当众发言不仅仅是展示个人的修养，因此过于华丽、生动的语言，过分追求修辞，反而显得矫揉造作，有时会削弱语言的感染力量。女人更容易因为崇拜华丽的辞藻，而忽略了自然真挚的表达方式。讲话时感受一下听众的情绪和心理需要，让自己的情感和观点和听众一致，更容易吸引他们。比如在自己的生日宴会上，风度翩翩、神态依然地对朋友说“热烈欢迎朋友们来看我，大家都能来，我非常荣幸。”到不如简单热烈的一句“你们今天能来陪我，我特别高兴，大家今天都要尽兴啊！”更朴实自然，也显得更加诚挚，才更容易打动他人。

发言的过程往往也是总结、概括、升华的过程，言简义丰是讲话永恒的标准，只有准确而富有感染力的语言才能激起听众的共鸣。

第15章　社交言辞：左右逢源的女人交际口才

现代社会，女人不仅仅只窝在厨房里，还需要走出家门，投入到社会中去，不少女性还积极创造出属于自己的一片职场天地。这时女人需要谙熟一些社交言辞，这样才能令自己在社交场上如鱼得水，左右逢源。

善于寒暄，迅速拉近与他人的距离

寒暄即应酬的客套话，是人际交往中主动地打破僵局，缩短人际距离，向交谈对象表示敬意、释放善意，或向对方表示自己乐于结交之意的一种主动交际性语言。如果在与他人见面之时，能说上几句适当的寒暄语，主动示好一下，往往会为双方的进一步交谈打下良好的基础，否则，一言不发则是非常无礼的，尤其在正式的社交场合。

在社交场合中，面对初次见面的人或者只有几面之缘的人怎样寒暄才能迅速拉近对他人的距离而不让人感觉唐突呢？通常有以下几种方式：

1. 问候型寒暄

跟初次见面的人寒暄，最标准的说法是“您好”“很高兴能认识您”“见到您非常荣幸”；也可以选择比较文雅一些的语句，例如“久仰”，或者“幸会”等，一般用于正式的社交场合；假如想要随便一些，也可以说“早听说过您的大名”“某某经常跟我谈起您”，或是“曾拜读过您的大作”，“我最近听过您作的报告”，等等。跟熟人寒暄，用语则不妨显得亲切熟络一些，具体一些，可以说“好久没见了”，或者“你气色不错”“您的发型真棒”“您的小孙女好可爱呀”“今天的风真大”“天气不错”，等等。

2. 攀关系型寒暄

即通过抓住双方的共同亲近点，进行发挥性寒暄，以达到顺利与对方接近的目的。比如，在某些事业性机构，陌生人之间往往用“您也来办事？”进行寒暄，然后交谈下去。空中客车公司的销售代表贝尔纳·拉迪埃，曾向印度销售飞机，面对接待他的谈判对手——印度航空公司的主席拉尔少将，他的第一句话就是：“因为您，使我有机会在我生日这一天又回到了我的出生地，谢谢你！”这句得体的寒暄语，既表达了对他慷慨赐予回出生地机会的感谢，又传递出自己出生于印度的信息，拉近了与少将的距离，使接下来的交谈更为顺利。

3. 关照型寒暄

即表示对对方的关照、照顾之类的寒暄，一般用于主人如“随便一点，像在自己家一样。”“换季了，注意身体啊！”“玩好啊！”或者比较熟的朋友之间如“今天气色不错，有什么喜事啊？”“心情不好吗，怎么有点憔悴？”等表示对对方的关心和照顾的话语。

寒暄也要注意一些事项，否则反而可能引起对方的反感或让对方误会不想交谈。

首先，寒暄的时机要恰当。不是什么时候开始寒暄都可以，至少要保证对方有空闲，双方目光能否交汇，是否会打扰到对方。如果两个人聊得正投机，显然不适合打断对方；如果对方在打电话、发短信、抽烟或坐着想静一下，也不是寒暄的好时机。保证对方注意到你的时候，也要问一下自己是否做好了准备，张开嘴却忘了要说什么才好，是最失礼的。

再者，寒暄要适度。在寒暄的过程中，你要观察对方的表现，看对方是否感兴趣，如果对方很明显不认可你的寒暄或是另有要事，那么就要适可而止，切忌没完没了，时间过长，让对方不耐烦。

学会说符合对方身份的话

塞万提斯有句名言："说话不考虑对象，等于射击没有瞄准。"交谈也一样，一定要了解对方的个性、身份、地位、能力、人缘等，然后投其所好、避其所忌，才能进行良好的沟通。而在社交中，如果不知道对方的详细信息，就要学会按对方身份地位说话。

1. 称呼对方有讲究

有些人更喜欢别人称呼他的职位如"王经理""李总"等，往往是因为他们刚升上职位时间不长，对于职位称呼还比较"虚荣"。有些人喜欢初次见面者称呼他们"先生"，如果记得他们的姓氏，叫一声"章先生""赵小姐"他们会更高兴，往往是因为他们地位较高，已经不在乎职位为他们带来的荣耀。称呼文艺界的前辈不妨用"某老"，显得更加尊敬对方。社交场合，除了非常熟悉的朋友外，最好不要称呼名字。

2. 注意自己和对方的地位

虽然身份不同不会妨碍人际交流，如果不分对象，不看身份，都用一样的口气说话，无疑是幼稚无知的。对于地位比自己高的尊者，如上司、某行业的前辈、比自己更有名气者、德高望重的长辈、为人师者等，虽然不必逢迎谄媚，但在言谈举止方面一定要表现得更尊重对方一些，多用一些谦辞、敬辞和雅语。

对于地位比自己低者，说话越随和风趣亲切越好。在一次座谈会上，某著名语言学家，学会负责人首先讲话。他说："先让我这个老猴来耍一耍，然后你们中猴、小猴再耍。我这个老猴肯定耍不过你们中小猴，不过总要带个头吧!"这位报告人是个德高望重的语言学家，到会的中青年同志对他都很敬仰，但比较拘束。他以自嘲的方式来个"庄谐杂出，四座皆春"，一下子解除了对方的拘束感，会场的气氛被调节得很好。

3. 注意对方的职业

对方是商人还是艺术家？是中层管理者还是高层决策人？对方的职业

和社会角色不仅影响他对语言的接受能力，还直接决定你对话题和表达方式的选择是拉家常还是请教专业问题，是聊社会热点还是品评热门作品，应根据对象不同的职业选不同的方式，说不同的话题。

在社交中说话时，我们说的话应当符合特定身份的要求，从称谓到措词组句，从语气到表达方式，都要不失身份，愉悦得体。此外，与人说话时还要分得清什么时候适宜多说，什么时候少说为宜。如果不分主次，谈笑风生，海阔天空，则会招致对方的厌恶。

 轻松自然地介绍和引见他人

向第三者介绍引见你的朋友是一项最基本的社交技能，我们都有为不相识者彼此引见的义务，为他人作介绍要注意以下几点：

1. 注意被介绍者的先后顺序

社交礼仪认为尊者有权先了解情况。因此应先向女士介绍男士、向长辈介绍晚辈、向上级介绍下级、向主人介绍客人、向迟到者介绍早到者。另外根据约定俗成的惯例，应先把熟悉的人介绍给不熟悉的人，把未婚者介绍给已婚者，把家人介绍给同事、朋友。然后，再颠倒过来介绍对方。

2. 介绍内容

应包括对方的名字、供职的单位、具体部门、职务所从事的具体工作等，如果希望双方建立比较密切的关系，还可以详细介绍一番，如被介绍人和你的关系，被介绍人的籍贯、大学、兴趣和对方相同等等，为双方创造可以引起共鸣的“话题”。如：“这是某公司的业务经理王某某，说来他还是你的同乡呢，都是河北人，要不要‘两眼泪汪汪’的拥抱一下？”或者：“这位是……，他和你一样，平时也特喜欢摄影，还经常出去采景呢，交换一下名片吧。”

3. 介绍的形式

在不同的场合，为达到不同的目的，介绍他人认识，也有不同的形式，一般分为以下几种：

（1）简介式

一般场合，只介绍双方姓名甚至只提到双方姓氏，接下来，就由被介绍者见机行事。如："我来介绍一下，这位是张教授，这位是刘教授，你们认识一下吧。"

（2）标准式

适用于正式社交场合，内容完备详细。如："我来为两位引见一下。这是位天时音像公司公关部刘玲小姐，这位是华夏文化传播有限公司总经理林大力先生。"

（3）强调式

除介绍内容外，有时还要刻意强调被介绍者与介绍者的特殊关系，以引起对方的重视。如："这位是我的大学同学兼好朋友刘洋，请您多关照一下。"

（4）引见式

在普通的社交场合，如果有多位被介绍者需要引见时，不方便一一介绍，只要把双方引见到一起即可。如在一次商务会谈上，主人只要这样说就足够了："这是华文文具公司的朋友们，是我们最近的合作伙伴，大家相互认识一下吧。"

（5）推荐式

适用于比较正规的场合，介绍者应经过精心准备，目的是将某人举荐给某人，介绍时通常会对前者的优点加以重点介绍。如："这位是肖飞先生，他是一位出色的外观设计人才，对企业管理很有研究，还是经济学博士。杜总，你们细谈吧！"

4. 介绍时应注意的问题

为他人介绍时，一定要先打声招呼，比如"我为你们引见一下""我介绍一下啊——"，让对方做好准备再开始；一定要将被介绍者双方的姓名说清楚，必要时解释一下，"这位是章琳小姐，立早章……"；多介绍一些相关资料，一定要介绍对方的职务或头衔，因为用名字称呼人在社交场合是不适宜的；向一群人介绍一个人时，最好能说明他和介绍人的关系。

引见他人没有固定的形式，不要过于担心，只要保持轻松自然，并尊重双方就可以了。

挖掘共同话题，加深彼此好感

与人交往就像听收音机，只有进入和对方相应的频段，才能得到他们的认可和喜欢，才能进入对方的“范围”即“人脉网”，交流和沟通时才会更加顺畅。

怎样进入对方的“频段”呢？关键是要和对方“同步”，找到你们共同感兴趣的话题，和对方达到一种情感上的“共鸣”，让对方愿意听你的话，才能加深彼此间的好感。这就要求首先话题选得好，话题好可使人有一见如故，相见恨晚之感；处理得不好，便会导致四目相对，局促无言。怎样挖掘共同的话题呢？

1. 首先话题要自己了解

对于自己不太熟悉的话题，比如书法，即使看出对方非常感兴趣，很精通，最好也不要聊，否则一直听对方在旁边向一个一窍不通的人夸夸其谈，而一言不发，也是一件累人的事。有来有往才叫沟通，沟通得好，关系才能更进一步。如果对方向你提出一些问题，而无法回答或应对，对方则很可能识破你的“讨好谄媚”，是一件非常尴尬的事。对方可能从此后再不和你深交，或从内心鄙视你，这样就更得不偿失了。

2. 对方对话题感兴趣

寻找对方感兴趣话题的最大困难就在于不了解对方，同他人交谈时，最好先尽快熟悉对方，消除陌生。在短时间里，通过敏锐观察初步了解对方：他的发型，他的服饰，他的领带，他的烟盒、打火机，他随身带的提包，他说话时的声调及他的眼神等，都可以给你提供了解的线索。如果在对方的屋子里，就会有更多了解的依据：墙上挂的画，橱子里放的摆设，台板下的照片，书橱里的书等。这一切都会自然地向你袒露关于主人的情趣、爱好和修养等。

怎样通过观察找到能够让人相见恨晚的话题呢？要从如下几个方面着手：

1. 首先选择众人关心的事件为话题

这类话题是每个人想谈、爱谈又能谈的，人人有话，自然就能说个不停了，以至引起许多人的议论和发言。在这些发言中，悄悄关注对方的表现和思想理念。

2. 巧妙地借用此时此地某人的某些材料为题，借此引发交谈

有人善于借助对方的姓名、籍贯、年龄、服饰、居室等，即兴引出话题，关键要灵活自然，就地取材，思维一定要敏捷，能达到由此及彼的联想，进一步试探对方感兴趣而自己熟知领域的话题。

3. 问对方的兴趣，循趣发问，更能顺利地进入话题

每个人都有几种平时喜欢的娱乐方式或兴趣爱好，寻找和自己有交集的兴趣话题，切磋一番或者谈谈其中的情绪，适时问问对方平时怎样消遣，怎样提高，就可以在交流中加深感情。也可以先谈谈你自己的兴趣爱好，来个抛砖引玉，然后在彼此的兴趣爱好里寻求共鸣点，以此增加了解和深化感情。

4. 在缩短距离上下工夫，力求在短时间内了解得多些，缩短彼此的距离，力求在感情上融洽起来

尽量了解对方的想法，所谓“志同道合”才能谈的投机，最终才能结交为好友。从这方面考虑，最好围绕对方的事业或者对某些现象的看法来谈论，抓取这种话题，最容易反映出一个人的思想观念、品德智慧、为人处世等方面的水平和品位。比如问对方你做什么工作的？我很难理解你的工作，和我说说好吗？从对方的谈论中就可以看出对方是否热爱他的本职工作，是否热爱生活，对生活、工作的见解是浅薄的还是深刻的，这样更有利于自己决定是否和对方继续交往。

说点自己的小缺点，让人感到更亲切

社会心理学家埃利奥特·阿伦森发现：人们更容易喜欢才能出众而有自己小缺点的人。所以，美国总统奥巴马常常在电视上被太太和女儿嘲笑不精通家务，常犯些小错误，并没有影响他的总统形象，反而被更多的选民喜爱；爱因斯坦在自己寿宴上的“鬼脸”，却让人感到他平凡顽皮而亲切的一面，让人感觉这位伟大的科学家也是容易让人亲近的。

究其原因大概有二：一是没有任何人会喜欢强到足以使自己感到卑微无能和价值受损的对象，也没有人会喜欢时时刻刻衬托出自己无能和低劣的对象；二是一个超凡的人给人感觉总是不安全不真实的，人们对这样的形象不是真正的接纳和喜欢，而是有距离地敬而远之。

综上所述，如果你是一个近乎完美的“女强人”或“成功女性”，你在社交场合应该表现得更加亲切一点，或者换句话说“有缺点”一点。这就是为什么那些张扬的或者任性的或者有点小轻浮、小傲慢的明星更容易被人们喜欢，更容易红。怎样表现自己的“白璧微瑕”式的亲切呢？

1. 说点自己曾经做过的糗事，犯过的傻

再优秀的人，年轻时也犯过错误，甚至做过各种出糗的事，如果你是一个被人崇拜的“一姐”，把自己的糗事拿出来晒一晒，往往显得更平易近人。不过，这种糗事要筛选一下，不要真正影响到你的形象。某“女强人”曾经在一次同学聚会上说：“你不要看我现在精明能干，我刚入职那会儿可傻了。记得一次我犯了错误，在那狡辩，领导气急了，说我：‘这么说我不应该罚你，还应该奖励你？’当时我顺杆就爬上去了：‘我本来想请两天假，您也别奖我了，能不能带薪啊？’当时把老板气得都乐了，哭笑不得地把我们都赶出去了。”这些话使她身上“成功女性”的光芒淡了，同学们待她也亲近起来。

2. 自己的各种犹豫为难

人们常常看到成功的荣耀，看不到成功背后的为难和犹豫，有时候，不妨把这种为难揭出来，也许会得到人们的理解和喜爱。“其实我当时也挺犹豫的，继续吧，遇到了‘瓶颈’，改变思路吧，也许形势会更糟糕，当时也是左右为难，恨不得把头发都拔光，幸好妈妈打电话过来支持我：‘犯什么愁，最坏回家跟妈妈种菜，妈妈养你。’后来才撑过来，其实这一路不知有多少风雨，我也很难的。”

这种诉苦式的话，也能迅速拉近人与人之间的距离，让人产生亲切感。

3. 生活中的各种烦恼，或自己的小缺点

向对方诉说生活中自己的各种“小烦恼”，烦心事，更能把你降格为一个“邻家姐姐”式的普通女人，消除作为优秀女人与别人间的距离感和

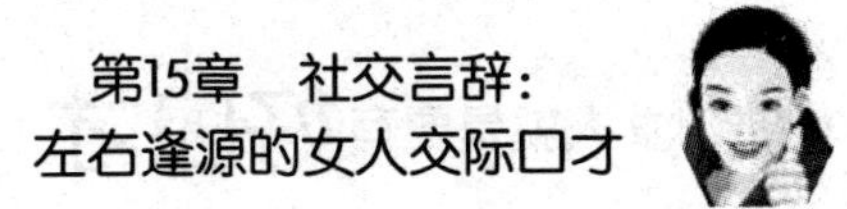

生疏感。

总之，多说一些自己的小缺点，能降低普通人的心理压力，缩小了和平庸者的心理距离，保护了他人的自尊，反而能得到更多人的喜爱。当然前提是你一定是一个优秀出众的女人，否则越说自己的小缺陷，越容易得到嘲笑和轻视。

提高女人社交能力的小技巧

与人交往中，如果能够运用一些语言、行为上的小“窍门”，结交的过程就能顺利得多，也能给别人留下深刻的良好印象，对于提高社交能力，丰富女人的人脉关系，有很大的好处。与人交往的技巧有哪些呢？怎样运用才能不着痕迹而引人好感呢？

1. 投其所好，多说对方感兴趣的话题

和人交谈时，注意观察对方的反应，就能知道对方在哪方面见识远大，知识渊博，对哪方面的话题更感兴趣，聊得更自然顺畅。有些人好为人师，有些人喜欢炫耀自己擅长的东西，有些人只对熟悉的东西感兴趣。学会投其所好地选择对方喜欢谈论的话题，然后细心地倾听，更能让对方聊尽兴，也会对你有良好的印象。

2. 赞美他人的“得意”之处

每个人都有他们自以为的“闪光点”，有的人说话能令四座惊艳，有些人做的菜非常美味，有些人在昆虫方面的知识非常广博，有些人有非常争气的孩子。这些“优点”可能连他们自己都没有发现，如果能赞美一下他们的“得意之处”，无疑能满足对方的虚荣心，对你产生很深的好感。如：“上次听张小姐介绍了很多不为人知的保养方法，真专业，真让我大开眼界。”

3. 留意他人的“随意”之话

不是人人说的每句话都能成为“金科玉律”，但每个人都说过一些富含哲理的或意味深长的话，如果能记得一些别人的随意之语，再无意地说出来，如“你上次对我说……让我受益匪浅”，对方肯定会因为受到你的重视而兴奋万分。

4. 为对方“照顾细节”

如果能够记住对方的一些细节“好恶”，在社交场合给一些照顾，无疑会给对方留下良好的印象。比如在对方向某人敬酒时，插一句“李小姐对酒精过敏，您就别为难她了”；或者在转动餐桌时，问对方一句“王先生不喜欢吃茄子吧，上次听您说过”，然后在转到他喜欢的菜时停留一下，肯定会让对方非常感激你。

5. 关注对方的“细微变化”

每次见面时，观察一下对方的变化，并及时表达出来，往往能赢得别人的好感，没有人会对关心自己的人产生反感。当你发现对方穿戴、容颜等方面的细微变化，最好能马上指出。如发现对方换了新领带，说声：“这条领带你第一次戴，在哪儿买的？”或者：“你最近的穿衣打扮风格向‘熟女’迈进了，更适合你了。”“比上次瘦了，减肥成功了？”对方一定会愉快地接受你的关心，而且会非常开心，你们之间的距离也会随之缩短。

6. 制造惺惺相惜感

如果在对方对自己的做法犹豫时，表示支持他的看法和决定，往往会让对方产生惺惺相惜的感觉，觉得只有你是理解支持他的。能够为对方的观点、观念作注解，或者说出事件发生时对方的感觉，也会让对方产生这种惺惺相惜的感受。

7. 掌握社交的一些小规则

一些社交中的小规则，比如忘记对方名字的时候，先报上自己的大名，再拿出名片，往往能帮你走出叫不出对方姓名的窘境。

在听完别人的谈话回答之前，先停顿1秒钟，表示你刚才仔细聆听了；若是随即回话，则表示不够重视对方，很敷衍，很不礼貌。

在倾听某人说话时，还要“观察”他的行为举止如何，从事什么工作，如何分配时间与金钱，这会让你对对方的理解更深入。

掌握这些小规则，会让你在社交中更有某种圆滑性，而不致失礼。

社交场合交谈的禁忌

女性在社交场合谈话、闲聊时，可以尽量轻松愉悦一点，但同时也要懂得一些问题是不可以随意提出来的，否则容易引得大家都很尴尬、难堪，或许觉得你不够成熟稳重，影响以后与重要朋友的来往。有些人极可能因为一个不合宜的问题或者不愉快的一面，就决定不和你深交，损失就惨重了。在社交场合中，哪些话是不可轻易说的呢？

1. 不熟悉的人不轻易问对方做什么

在一场活动遇到某人，他自我介绍时说在某家公司工作，这时千万不要轻易问对方："你的公司做什么?"也许这项活动正是他们公司举办的，你要是不知道就尴尬了。如果不熟知，最好也不要说："听说你们做得很好!"也许对方这季度的业绩掉了三成呢！不如问问对方："你在公司担任什么职务？"能够参加活动的人，职务一定不会太低，这一问也许正是不着痕迹的讨好。

2. 少问"为什么"

如果和对方交情不够，就问对方"你为什么那样做?""你为什么做这个决定?"会有责问对方，探人隐私的意味。如果你真的好奇或者想知道原因，不妨请教一番，问："我能知道您当初是考虑到哪些因素，才做出这样明智的决定吗？""您当初是出于怎样的考虑，才这样做的？""我想请教一下您的思路是怎样的。"更有技巧。

3. 遇到有一面之缘的人，不过于兴奋

碰到曾经见过面，但认识不深的人时，绝不要说："你还记得我吗?"不是每个人都认识你，记得你，万一对方想不起来，就尴尬了。最好的方法还是先自我介绍："你好，我是某某，真高兴又见面了。"这样说既不会让别人觉得尴尬，还很感谢你的考虑周到。

4. 拒绝时有技巧

用餐时，如果主人推荐你吃某样你不想吃的菜，可以说："对不起，我没办法吃这道菜，不过我会多吃一点其他的。"让对方感到你真心喜欢他们准备的食物。如果吃饱了，可以说：“这些菜真好吃，要不是吃饱了，真想再多吃一点。”有些场合喝酒无法避免，如果拒绝，最好不要直接说：“我不喝酒。”扫大家的兴，不如幽默地说：“我比较擅长为大家倒酒。”

5. 少争执，少攀比

不要表现出自己比对方高明，在社交场合交谈时，如果有人说其他语言，不要过于鸡婆地纠正别人的发音、文法或事实，不仅会让对方觉得不好意思，同时也显得你很爱表现。如果有人说他刚刚去了纽约一星期，就不要说上次你去了一个月，这样会破坏对方谈话的兴致。还不如顺着对方的话，分享你对纽约的感觉和喜爱。

6. 不要不懂装懂

大家谈论某些话题时，如果你对谈话的主题不了解，不如保持沉默，如果对方询问，就坦白地说：“这问题我不清楚。”别人也不会继续为难你。如果不懂还要装懂，更容易说错话或引来嘲笑。

第16章　职场谈吐：女人拥有令人折服的口才

现代社会，女人简直可以撑起半边天，她们巾帼不让须眉，活跃于职场，成为一个个靓丽无比的职场丽人。殊不知，要想在职场站稳脚步，不仅仅在于自己的工作能力，更在于自己的口才技巧。如果你想长久地保持在职场中的地位，那就必须拥有令人折服的口才。

巾帼不让须眉，职场女人善于沟通

越来越多的女性走进职场时，说话沟通的方式成为体现女性特有的魅力的有力工具。怎样说话让人听起来舒服、轻松，让人信服而又能达到自己的目的？怎样说话更得体，能增加自己的威信，体现自己的修养？善于沟通不仅是现代职场女性社交的一种手段，也是职业女性在社会中站稳脚跟的重要环节。

职场中的沟通不同于其他，注重效率和条理，一般要注意以下几点：

1. 照顾别人的面子

无论是拒绝还是批评，甚至是评论下属的工作时，都要给对方留下一点面子。给足别人面子，不仅是对对方的尊重，也是表达礼节、理解和敬意的一种方式。

沟通时，一定要尊重对方，给别人一个台阶，最好用别人比较容易接受的说法。比如：“关于……我有些想法，或许你可以听听看。”或者：“我是这样想的……您觉得呢？要不要考虑考虑？”

另外，批评或者拒绝时，最好不要当众表达，私下沟通不同意见，更容易被对方接受。如果当众表达意见，最好用不点名方式，或者暗示，对方会听懂的，这样沟通会让别人心理上也容易接受一点。

2. 沟通要及时，不要因沟通不足耽误工作

交接工作时，或者宣布新的规则、奖惩制度时，或者方案、决策需要做出某些变更时，一定要和大家进行及时、有效的沟通，使大家明白目前面对的形势、变更的必要和实施的可能性。只有沟通足够充分，才能引起重视，被大家接受，也更有利于工作。

小静在公司新楼盘包装宣传的重要时期，因病告假了，上司临时把工作交给了同事小刘。因为休病假前，没有和小刘进行有关工作的交接，而告假后，小静又直接关掉了手机，小刘是新手，同媒体打交道，很多报社电视台的记者们他都不熟悉，因此影响了工作效率和质量，两人都遭到了上司的批评。

工作上有任何转变或改换，当事人都应该主动寻求沟通，这既有利于双方相互理解，也会使工作更加顺畅，不耽误工作进展。

3. 尊重群体的意见

作为上司，尊重群体的意见很重要，有时候因为自己独断专行或者不了解下属工作的详细环节等，往往使自己的命令给下属带来不便，甚至障碍，或者使下属完全不可能完成目标。这样往往引起下属的抵触心理，甚至逆反心理，更不利于工作。

王女士刚刚调至某部门，就拟定了一份新的奖惩条款，下属议论纷纷，王女士却因为想立威没有让大家发表意见和想法，就结束了会议。可是一个月后王女士发现，工作业绩不但没有提高，反而下降了三成。公司高层领导让她查找业绩下滑原因。开始，王女士认为是下属给新上司的下马威，很忿忿不平，后来通过会议明白原来自己制定具体的奖惩规定时，全凭个人的主观愿望，不切实际，而且事先和事后都没有征求这些业务员的意见，导致了下属的畏难情绪，产生抱怨，甚至消极怠工，业绩自然下滑。

中层领导在制定比较大的策略之前，最好广纳民意，执行期间应充分和下属沟通，向下属说明政策的意义和目的，尊重他们的意见，争取他们的理解和支持，才能更深入人心。

4. 恰到好处的客套

“礼多人不怪”，职场女性不要因为厌烦，就忽略一些没有实际意义的“客套话”，感谢别人的帮助，对给别人造成的不便表达适当的歉意，给别人一定的恭敬和感激，这些细节都不可缺少，职场做事，有了这些小细节的润滑，人际关系才会更好，工作才能更顺利。

自尊而谦逊，职场女人说话不卑不亢

“人不可有傲气，但不可无傲骨。”职场女性更是如此，同事之间的沟通与交流应“以和为贵”，谦恭自持，但也绝不可时时处处软弱退让，不与人争执反而容易被一些小人看轻。在与同事的相处中，有些女人虽然态度谦恭，但说话随意、不考虑对方的反应，常常在不经意间以言语冒犯人，伤及别人的面子，引起同事间不合；有些女人则太过软弱，只会一味忍让，致使同事咄咄逼人，处处受欺压，反而对自己在职场中的地位更不利。

在职场中，怎样对同事说话才恰如其分，不过分讨好别人，又足够尊重同事和自己呢?

1. 称赞、问候愉悦而真诚

赞美他人一定要自己心中高兴，表现得愉悦。尤其在星期一时，大多数人有“星期一综合征”，懒惰、烦躁，这时送上一句真诚、愉悦的赞美，如“今天的发型真适合您”“您今天气色真不错，有什么好消息分享一下啊！”“昨天看到您一家人去玩，您孩子真争气”，对方一定会因此而高兴精神起来。

这时，送上一句热切、愉悦的问候也是受欢迎的，如：“周末过得好吗？”“今天阳光真好，心情都轻松起来了，是吗？”“今天的工作安排真令人振奋，不是吗？”

2. 面对别人的称赞要坦然

很多人被称赞时，一般会回答“还好”或者“哪里啊，都是大家抬举”或者以笑容带过。自信的女人不妨坦率地接受别人的称赞，并直接跟对方说声谢谢。坦然接受别人真诚的称赞会让自己的心情更好，而且显得更大方自信真诚。当然，虚伪的恭维除外，面对阿谀奉承之言，倒不妨高深莫测地一笑而过。

3. 拒绝回答不尴尬

如果同事问到你不想回答的私人问题，或让你感觉尴尬不舒服的话题，不妨微笑着对对方说“这个问题我没办法回答”或“这是个秘密”，完全不必别扭、不好意思或感到愤怒。而且这种回答不会让对方感到难堪，又能坚持自己的底线。

如果对方故意戳到你的痛处，比如问你：“听说你离婚了，手续办好了吗？”你完全可以回击他：“这不是你应该管的！”“这是我的隐私！”“你好奇心太重了！”“你唐突了！”或更严重一点：“我想我还没有跟你熟到讨论这个问题的程度！”

4. 欣赏你的对手，展现好风度

当你的竞争对手或讨厌的人被称赞时，不要急着说可是或质疑的话，就算你不认同，表面上还是要说：“是啊，他很努力。”或者：“我也很欣赏他的工作态度。”或者：“他这次表现不错，虽然我不赞同他的主意。”这样更能显示自己的雅量。

5. 尊重能帮你的人

如果向前辈请教问题，一定要让别人觉得他很重要，可以这样说：“我很信任你，所以想找你商量。”或者：“这个报告没有你不行啦！”“有件棘手的工作，我无法独立完成，听说您对这方面工作最拿手，帮帮我吧。”可以让对方感到自己备受尊敬。即使是上司要求某人协助你完成工作，也不要理所当然地说“经理让你帮我”或“经理让我来找你”，而应委婉地说：“经理告诉我你非常有经验，我来请教一下。”

6. 拒当八卦传声筒

当一群人聊起某人的八卦时，不要随声附和，否则出口的话，说不定会传到当事人耳中，最好不表明自己的立场：“我不太清楚”“你说的部分我没见到”。

总之，女人在职场说话就要做到实事求是，真诚自然，谦逊而有傲骨，才能展现职业女性的自信魅力和风度。

职场说话高手备忘录

说话是一门艺术，职场女性尤其要掌握这门技巧，才能让听者听起来既轻松愉悦，又条理清晰，重点分明。在上司、同事面前怎样回话，怎样回避，怎样不着痕迹地讨巧，这些都是职业女性在职场上站稳脚跟的重要环节。

1. 回话小心谨慎

回话时一定要注意对方的身份、问题，学会察言观色，避免不应该出现的回答方式。例如："不对吧，应该是……"这种话显得你故意在找碴；或者"听说……"，感觉就像是你道听途说来的，有失得体；"好的""果然没错"，这是很糟的说法，当对方听到这种响应时，心中难免会想："你是不是明知故问啊?""好坏谁要你评价？"所以只要附和说："是的!"

2. 好消息现场直播，坏消息先讲结果

如果你要向别人转述一个好消息，不妨用直播的方式，"刚一上场，气氛就很激烈；后来还有人说真没想到他的演讲这么棒，有些人天生适合演讲；结束时大家还意犹未尽，半天才反应过来，后来真是掌声如雷！"可以让对方充分感染好消息带来的兴奋感。

如果要讲一个坏消息，要先讲结果。比如某分公司货运到外地，丢失了货物，销售代表小王向经理做汇报，就可以先说："经理，今天丢失了一批货物，货物价值5万元左右，客户货物进行了保价，我们已经报了警，和客户也进行了充分的沟通，还要尽量再协商一下，争取把损失减小到最低。"先讲结果，把最坏的消息告诉对方，就有了沟通的底线，如果接下来再能提出解决建议或减小损失转变结果的方法，则更能迅速平息对方的怒气。如果啰啰唆唆，把经过都说一遍，无论处理结果怎样，上司都会对下属留下不好的印象，觉得他办事能力不强，不牢靠。

如果你有一个大的好消息和一个小的坏消息，先说坏消息然后马上再传达好消息，这样坏消息带来的痛苦会被好消息带来的快乐所冲淡，负面效应小得多。你有一个大的坏消息和一个小的好消息，应该分开说，这样好消息带来的快乐不至于被坏消息带来的痛苦所淹没，人还可以享受好消息带来的快乐。

3. 回答上司要决断

“我马上处理！”“五分钟后就到！”冷静、迅速的回答，会令上司从直觉上认为你是名有效率、听话的好部属，而犹豫不决的态度只能惹得上司不快。

4. 巧妙闪避你不知道的事

当上司问了你某个与业务有关的问题，而你不知该如何做答，千万不可以说“不知道”。不妨以“我要认真想一想，三点以前给您答复好吗？”这一类回答代替，可以为你解除危机，还能让上司认为你做事用心。事后要做足功课，按时交出你的答复。

5. 不着痕迹地减轻工作量

当你的工作已经很繁多，上司给你继续安排工作时，可以告诉他：“我了解这件事很重要；我要先查一查手头上的工作，把最重要的排出个优先顺序。”或者：“这件事很重要，但如果不是很急，我可以加班时再做。”首先，强调你明白这件任务的重要性，然后请求上司的指示，为新任务与原有工作排出优先顺序，不着痕迹地让上司知道你的工作量其实很重，若非你不可的话，有些事就得延后处理或转交他人。

恩威并举，女性领导巧用言辞管理

作为女性领导，即使能力、才华再好，也难免被男下属轻视甚至故意为难。女领导没有权威，就很难让下属服从你的管理；如果威严太过，则很容易伤到对方的自尊。怎样用权力赋予的权威更好管理下属呢？巧用言辞，恩威并施，往往能给你的管理带来更好的效果。

怎样“恩威并施”呢？“恩”就是温和、奖励、赞美，“威”就是严格、批评、期望；下属做得有失妥当的地方就应当批评，而对其表现优秀之处，更不可抹煞，要给予适当奖励，这样下属的内心才能平衡，你也才能服众。怎样用语言“施恩”又怎样“施威”呢？

1. 事先讲明

《红楼梦》中有一段王熙凤协理宁国府，在上任的第一天，王熙凤就言明：“来升家的每日揽总查看，或有偷懒的，赌钱吃酒的，打架拌嘴的，立刻来回我。你有徇情，经我查出，三四辈子的老脸就顾不成了……说不得咱们大家辛苦这几日罢，事完了你们家大爷自然赏你们。”

女性领导往往失之威严，上任第一课最好不要让下属认为你是“好好小姐”。当然不能像王熙凤那样严惩立威，但一定要讲明奖励和处罚方式引起下属的警惕。下达命令或指示下属时，应预先告知如果不遵从指示做事，会有的后果，“希望大家能好好合作，互相协助，有些人喜欢玩小把戏，我希望咱们部门没有这种自毁前程的人。希望大家都能开开心心地努力工作，业绩好咱们一起争取更好的待遇。”这样陈明利弊，很少有人会再故意轻视，引起工作上的不便。

2. 施恩也要恰当

赞扬、鼓励、主动征求下属意见、帮助下属，都属于“恩”的一种，这种“恩”却不能滥施，一定要恰到好处，才能让下属感激之余不误会上司“无能”。但也不要以高高在上施恩的语气施舍对方，这样可能冒犯下属的尊严。如果和下属有不同意见，不要一律否定，可以向对方说明不同在哪，哪个更有效，尊重对方，工作才更顺利；可以主动帮助下属解决问题，告诉他“我知道谁可以帮忙”；可以用平等的语气告诉对方：“这方法我用过，而且很有效，你要不要试试看？”当部属有意见时，要弹性接纳，比如：“关于这个问题，我已有了腹案，不过仍想听听你的看法。”

征求下属的意见时，最好不要在没有腹案时就开口，容易引起下属的轻视。征求下属的意见，是对对方的一种赞赏，这表示你重视他的见解和经验，会让下属体会到他存在的重要性。但如果频频请教，求助，或者没有主见，没有自己的想法，就让下属群策群力，则会让下属质疑你的能力，对于管理下属非常不利。

3. 评价下属工作要有技巧

评价下属工作最好能以“夹心饼干”式进行，即先肯定下属的工作成绩，然后具体指出工作中的不足，最后再提出对他的期望。这样将批评夹在称赞和期望中间，更容易被下属接受。另外，指出错误一定要尽量力求精确，而不要泛泛而谈，比如告诉对方："你的报告中的数据不够准确，市场分析也不够精确，与当前真实的市场情况尚有一定差距……"这样的批评能让下属明白自己的不足在哪里，能有针对性地改正，也能使他心服口服，无话可说。

4. 不过分迁就不服管的男下属

对于年轻漂亮的女上司，一些男下属会不服从管理，如果对他们用"软功"，苦口婆心，更容易被看轻。对于这类"欺软怕硬"的下属，应拿出上级的威严和胆量，树立起干练果敢的强者形象，更容易得到他们的信服。

巧提建议，博得领导器重

提建议是一门学问，因为这意味着你和领导上司的意见、观点不一致，甚至比对方高明，如果不能巧妙地表达，往往会引起反感。而如果能不着痕迹地把自己的想法表述出来，传达给领导，不仅可以将自己的想法付诸实施，还可以得到领导的赏识和器重，有机会自然升职上位可以一展所长。

怎样巧妙地提出自己的意见呢？

1. 把决定权交给上司

合理、得当的建议可以使你的工作变得更顺利，但需要注意的是，把决定的权力交给你的上司。不要在公众场合表达不同意见，最好先接受上司吩咐下来的任务，然后再私下找领导讨论。或者用请教的口吻提出建议："我有个想法，不知是否可行……""……您觉得这样做还有什么不妥吗？""我们是不是这样……"通过这种方式，往往可以不着痕迹地把自己的思想灌入到上司的大脑中，使对方从自己的角度考虑这些建议。而且它是站在上司的立场上，为了维护对方的权威和自尊，更容易被上司接受。

2. 提"建议"而非"意见"

无论上司的决策有多么"偏颇"，最好不要和他"对着干"提出相反的意见，最好能把自己的想法用“建议”的方式补充进去。

曾听过一个小故事，行军中，某参谋问“要不要把行军的痕迹擦掉”，毛泽东玩笑地说：“怕什么，就是在这里竖块牌子，写上‘毛泽东由此上山’，那些蠢货也追不上。”周恩来笑笑，建议道：“还是擦掉吧，有备无患，让敌人多找一会儿嘛！”

周恩来没有直接否定“对方能不能追上”的问题，只是补充“有备无患，让对方多找一会儿”，这就是一种语言上的技巧。事实上，在后来的很多工作中，周恩来也很少直接提出反对意见，往往用补充建议减少因错误产生的损失。这样往往能够维护对方的权威，尤其对于刚愎自用的上司，采用这种方式更有效。

3. 事先渗透自己的想法

如果知道最近一段时间内的工作计划，最好能在方案决定之前，事先向上司渗透一下自己的想法，并让他接受这种暗示，把你的意见当成自己的想法，这样就能让方案更利于你执行。事前向上司提几点“建议”提出可能遇到的问题，并指出解决问题的方案，然后问问上司的意见，你的工作将更顺利。

威尔逊做总统时，霍士最得其信任，他屡屡进言得以被采纳，最后做了副总统，他自述说：“我认识总统之后，发现了一个让他接受我的建议的最好办法，我先把计划偶然地透露给他，使他自己感兴趣。”后来，他还牺牲了自己许多伟大的计划，让给威尔逊来获得民众的拥戴，并让威尔逊相信那些想法是总统先生自己的。

此外，向领导提建议，一定要看好时机，在以下几种情况下，最好不要提出建议或给出评价，否则极容易引起对方反感，反而对自己的职场生涯不利：

1. 成事不说

即公司领导已经作出的决策，就不要再对决策做出建议，可以修改细节，可以提出补充意见，但大方向上不要违逆。因为决定事情是领导的事，可以在决定作出之前说出你的想法，这是你的职责，但之后不要给出超越职权的建议和想法。

2. 遂事不谏

即正在做的事情，不要提建议。老板每天都要做很多决策，最优秀的决策者也只能做出七成正确的决策，正在施行中的事情，没有人可以知道结果。有时候，即使知道结果可能不如人意，错误的决策也比没有决策更明智，如果他是错的，就让他错到底，最后再来总结和检讨，也比影响上司的权威要好。

3. 既往不咎

即不要在事情结束时追究责任，尤其是上司的决策错误时，最好不要说“我早就说过行不通的”之类的话，这种马后炮只能影响你的前途。不是什么事请都要追究到最后的责任人，既然事情已了，不追究上司也知道自己错了，这时候如果能提出一些转变局势的建议，不妨试试，否则就不用提建议或追究了。

工作时间，少谈无关话题

在办公室中，同事们每天见面的时间比家人都长，谈话可能涉及各方面的事情，尤其是正式工作外的时间，比如午餐时间、短暂的休息时间、喝水时间等，这些闲暇时间内同事间的“闲聊”，如果不注意“说错话”，往往会给你带来不必要的麻烦。

哪些话题应该成为工作时间内的禁忌，最好不要交流呢？

1. 诉苦

喜欢向同事诉说私事的人，富有人情味，能使同事间变得友善。但研究调查指出，只有不到1%的女人能保守秘密；而且喜欢向同事大吐口水，会削弱一个人的权威感，不利于自己的职业形象。所以最好不要把“友善”和“友情”混为一谈，为了博得同事的好感，而出卖自己的隐私。尤其是关于自己的个人危机、婚恋、婚外情、婆媳关系等话题，最好回避，否则极容易给人“家庭关系都搞不定，工作的事情怎么放心教给她？”的印象，从而对你的能力或品格产生质疑。职场上风云变幻，人心难测，最好把自己的私域圈起来当成办公室话题的禁区，轻易不让公域场上的人涉足，才是明智的。

2. 炫耀

有些人喜欢与人分享快乐，比如利用假期去国外玩了一趟、新买了名牌包化妆品、即将争取到一位重要的客户、老板暗地里给你发了奖金、自己今年有望升到某个职位等，最好不要拿出来向别人炫耀，否则极可能在你的得意忘形中，被嫉妒甚至招人算计。炫耀自己的财富或才华都是一种不成熟的行为，不但惹人嫌，还有藏不住话不够沉稳的嫌疑，容易引起领导的轻视。

3. 谣言议论

人人都会在背后议论他人，人人都会被别人议论，这些闲言碎语最好不要在工作场合谈论。有些言论，比如领导喜欢谁，谁最吃得开，谁又有绯闻，公司福利不好，公司老让加班不给加班费不公平，某人不够沉稳成事不足等，极可能被同事传播开来甚至添油加醋，不小心就会得罪人。

有些人喜欢和同事讨论一下怎样整治老板、如何偷懒、如何整治不喜欢的同事之类的小伎俩，这类关于工作的晦暗情绪往往会引起尴尬，影响大家的工作情绪，往往引起上司不满，甚至给自己的前程设置阻力。

4. 无聊的笑话

常在办公室说无聊的笑话，不但效果不好，还会有无话找话之嫌。常说无聊笑话的人会被主管认为是缺乏自信与能力的人，只有用这种方式才能吸引别人的注意力。

5. 野心

在办公室谈理想谈人生往往是很滑稽的，尤其是职场新秀，最好不要在办公室谈论“迟早要有自己的事业，自己做老板”“在公司我的水平至少够副总”“我一定要拿下这个项目”之类的话题，否则很容易把自己放在同事的对立面上。有理想是好事，但不是所有人都欣赏你的野心，低调做人才是自我保护的最好方法，一个人的价值是体现在为公司做多少事上，而不是有多大理想上。

办公室里是闲话的滋生地，工作间歇最好谈论一些比较轻松的话题，比如新闻、热点、影视作品，尽量避开个人问题，这样放得开而且无害。

第17章　爱恋蜜语：女人用妙语滋养婚姻爱情

在爱情的世界里，有时候往往是因为我们没有用恰当的方法，所以才会无法敲开对方的心门。而相爱的两个人，最重要的是来自心灵的交流。作为女人，要善于发挥自己的爱恋蜜语，巧用自己的妙语滋养婚姻爱情。

女人说话要懂得给男人留面子

男人向来都是视面子如生命，想要赢得他们真正的爱恋和欣赏，就要懂得顾及他们作为男人的尊严。很多女人却为了自己的虚荣心，喜欢在男人面前显得不可一世，恨不得让人人都知道男人怕自己，唯老婆是从。结果往往驳了男人的面子，也毁坏了两个人之间的感情。要知道给男人面子不是灭自己威风，而恰恰是一个女人尊重和爱自己的男人，是女人涵养的最好体现。

女人怎样说话才能给男人留面子呢？在哪些场合说话最好考虑一二再出口呢？

1. 朋友面前不揭短

男人对自己周围的人很重视，想得到他们的认可和赞誉。尤其和朋友、同学、哥们在一起，不由自主地会吹嘘一番。而且越在朋友面前，男人对于面子看得越重。这时候，不要揭男人的短是很重要的。

某男正在兴致勃勃地向朋友讲述他怎样从池塘里钓上两条大鱼，他的女朋友却在一旁插话道："听他的！他钓了两天，一条小鱼儿的影子都没见着！那鱼是花钱买的！”男人尴尬得不知说什么好。在女人看来，这只是一句玩笑话，在熟悉的人面前你会不自主地放松，说话有时候也无所顾忌，对于男人来说，却是在自己的朋友面前丢了脸。

2. 父母面前不违拗

在公婆面前不给男人面子，就会使他像一个小孩子在老师面前挨了家长的批评一样抬不起头来。尤其是刚成熟起来的男人，急于得到父母的承认和赞许，急于在父母面前表现自我，女人在这时给予当头一棒，相信没有人会受得了。同时，在你的父母面前，你也不能接受男人批评你、违逆你。

在公婆面前，最好多称赞他们的儿子，既能讨好丈夫，又能讨好公婆，是件一举两得的事情。

3. 同事面前不批评

同事到小莫家做客，恭贺她的男朋友：“听说那个项目两个月就被你搞定了，真厉害，这次升职肯定有你！”“你小子，发展得真不错啊！”这时小莫在一旁不以为然地反驳道：“升职？你们都升了看会不会轮到他。要不是我有关系，那个项目他根本拿不到。”

同事之间可以说有友谊也有怨气，尤其是男同事之间，竞争是非常激烈的。这时候不给他留面子，当面质疑他的能力，就是在给他的身边埋“炸弹”，男人很容易突然“变脸”。

4. 孩子和异性面前保持男人的威信

某女在家与朋友聊天，听到丈夫批评孩子说：“你怎么回事？洗个脸都不会?”她便插嘴说：“还说孩子呢，你小时候还不如他！鼻涕流这么长也不知道擦。”说完和朋友哈哈一笑了之，却不知这样把丈夫的面子丢尽了。

在孩子和异性面前，男人最希望保持自己威严的一面，如果此时被女人嘲笑，往往脸上下不来。

保住男人的面子，不仅仅是为对方着想，也是为了维持你们感情的稳固。一个不断伤害男人自尊的女人，也是在不断伤害彼此间的感情，伤害男人对自己的信任和尊重，你们之间很可能会出问题。

恋爱中男人最爱听的蜜语甜言

恋爱中，无论男女，都喜欢听甜言蜜语，给彼此间的感情升温。但男人和女人最想听到的甜言蜜语却是不一样的，女人往往喜欢听对方表示感情多深、男人会对自己有多好或者幻想未来的虚幻式甜言蜜语。而男人更现实，他们更在乎女人对他的崇拜、欣赏、依赖和自己本身的吸引力。多说这些甜言蜜语，才能让男人更加受用，增加恋爱的甜蜜度。那男人最喜欢听到哪几句话呢？

1. 对他形象的赞美

男人对外貌的在意绝不亚于女人，对外表的赞美最好具体点，类似于“你真帅”之类的模糊称赞，不一定能引起对方的兴趣，能这么说的女孩太多了，你可以表现得更亲密一点，“我喜欢你的头发，很柔软，很干净，闻起来味道很好。”或者：“你的声音真好听！”“你肩膀真宽！”“你的鼻子真挺！”后面三项，除了赞美之外，还是男女性差异比较强烈的地方，带着某种暧昧的暗示，作为经久不衰的甜言蜜语，应该被女性牢牢记住。

2. 对男人的崇拜

男人对于女人的崇拜，往往不能抗拒，即使不那么亲密的女人表示一下好感和崇拜，也能把双方的距离拉得很近，何况是女朋友的崇拜呢？

多说类似于“你真幽默！”“你这人真逗！”“你怎么什么都懂啊！”“你真能干！”之类对于对方性情、能力的肯定和欣赏。男人或多或少都具备点骑士精神，喜欢在女人面前出其不意地一展“绝学”，喜欢在异性面前展现自己最有魅力的一面，这类甜言蜜语，正是对男人魅力的正面夸赞，往往成为男人的一剂兴奋剂，直接变成他上进的动力，以及对你的爱意。

会欣赏和崇拜自己男朋友的女人，才是真正温柔的女朋友，才能赢得甜蜜的爱情。

3. 表示依赖的话

“我想你了！”“没有你怎么办？”这类话具有轻柔漫入人心的力

量，无论你内心有多么鄙视这类的甜言蜜语，多么不以为然地认为“谁离开谁，还不能活”，都不妨甜腻腻地来上一句。男人并不喜欢把“爱”挂在嘴边，但不刻意做作而又淳朴简洁的“想你了”，他们不仅不会拒绝，还会非常得意，因为表达了女人对自己的依赖和依恋，这种依赖，满足了大男人的虚荣心，没有男人会不喜欢。

4. 对对方判断和能力的肯定

“你是对的。”“这个想法很新鲜，也很实际。”这种语调客观的评论，更能表现出你对对方的认可。赞美和崇拜，满足的是男人的虚荣心，客观的肯定则是满足男人对于“知音”的渴望。

不管他是在抱怨办公室的不公还是在发表自己对于政治、技术的高见，只要你附和一声，往往意味着你肯定和承认了他的努力，你是站在他那边的，而且深信他是最精明最有远见的，永远是你最响当当的男子汉。如果能在说出这句话之前，沉默几秒钟，思考一下，更能表现出自己的慎重，往往很容易被男人“引为知音”。

5. 肯定对方的吸引力

“和你在一起真开心！”“我们离开这吧，我想和你单独在一起！”两句话同样动人，前一句表示你喜欢和他在一起，他的行为或思想很有吸引力，和他在一起，你是快乐的。后一句表示他本身的吸引力不可抗拒，尤其当你们一起参加一些无聊的派对或者看一部非常枯燥的电影时，这句温柔的提醒，往往使他心情激动。

男人对女人缠绵的“爱你想你”总是嗤之以鼻不太珍惜，但是对直接给他打的分却鼓掌欢迎照单全收，多说他们喜欢听的甜言蜜语，才能让他们更兴奋。

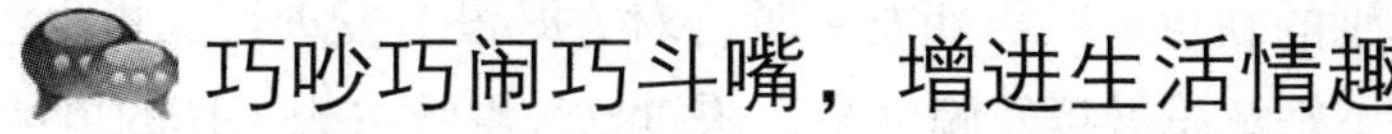

巧吵巧闹巧斗嘴，增进生活情趣

长久生活在一起的小两口难免磕磕碰碰，产生一些小摩擦、小矛盾。怎样把可能发展成争吵的小吵小闹变成巧吵巧闹和能增进夫妻情趣的斗嘴皮子呢？这就需要其中的一方有一颗宽容的心和幽默的情趣，才能化戾气为祥和，使双方的感情在小吵小闹中升温。

怎样运用语言技巧，化解对方的埋怨、怨气、不平呢？

1. 用称赞应对批评

任何人都难免做错事，恋人之间也往往因为对方做错事给自己造成的损失而批评、抱怨对方，如果听不进批评，甚至针锋相对，就很容易产生争吵。这时候，不妨用称赞对方的方式来应对，使得对方不好意思再抱怨，也避免了一场吵闹，不伤害彼此间的感情，是很好的处理方式。

某男孩批评女朋友："你怎么那么笨，配合都不会，这游戏多好打呀，我攻得多好，如果你守得稍微好一点，咱们肯定就赢了，看你！"

女朋友接过话茬："人家不都说了吗，月老给牵红线的时候，都是搭配着来的，一个勤的拉着一个懒的，一个聪明的拖着一个笨的。月老看我这么笨，所以才派了一个这么聪明的老公给我嘛，咱俩才能在一起。我要是精得冒光，你也得敢要！"

一句话使男朋友一肚子的怨气都散光了，捧一下对方，也就为自己的错误找了个借口，更可以增进双方情感。

2. 用幽默应对牢骚

两个人在一起时间长了，难免牢骚，生活中的一些小习惯的差异，工作中的压力，常常会变成牢骚发出来。女人如果能用智慧的语言，和对方幽上一默，既能避免争吵，又能消除对方心中的压力和焦虑，使对方的心情变好，何乐而不为呢？

小丽的男朋友因为工作压力大，一段时间常常借故发火，开始吵了几次，后来小丽明白了，对方并不是冲她，于是改变了策略，在一次男朋友发脾气说她"又懒又笨，嘴馋还没有上进心，我当初怎么看上你的啊!"时，她非但没有顶回去，反而笑嘻嘻地说："您当时就摸黑摸了一个呗！看我就是打着灯笼找的，看咱找的这老公，又聪明又勤快，嘴皮子还挺利索，除了爱迁怒人，没别的缺点。"男朋友一听，对方既没有发火，又指出了自己在借故迁怒，也不好意思继续发脾气了，偃旗息鼓继续去想工作的事情。

3. 用特别的解释应对抱怨

某女孩和男朋友出外旅游，很不顺利，不是走错路线，就是耽误了食宿，这时候男友抱怨道："哎呀，怎么和你在一块老是碰到倒霉的事呢？”这时候不妨斗斗嘴：“对啦，我们就是夫妻命嘛！”“什么叫夫妻命？夫妻就该倒霉吗？”“夫妻就是要共患难呀！想想看，要不是有你在身边，我一个人哪里应付得了这些？”把一场本来可能演变成吵架的小别扭，变成了情趣的斗嘴。斗嘴是一种有趣的语言游戏，它往往把某些不合理的东西结合在一起，有些小不讲理，但充满浓郁的小恋人情趣。

女人不想把一些小争吵变成真正的大动干戈，就要保持适度的小吵闹，或用女人的智慧，将它化为一种能够增进夫妻情趣的巧斗嘴，才能既不影响感情，又能增进生活情致。

小使撒娇，女人让男人更心动

撒娇是女人的杀手锏，用女性特有娇柔嗓音和态度，娇嗲嗲地说出自己的要求，没有哪个男人会不买账。有人说：“女孩子撒娇的时候最具有女人味，无论是委屈，含泪欲啼的样子，还是嗔怒的样子，都别有一番风情。”对恋人有不满，埋怨，与其吵闹，不如学着撒娇，使小性子。女人不能够总是宽容或者总是强硬地对待男人，撒娇，会把本来可以酿成一场大战的争吵，变成一个轻轻的委屈，一份含嗔带怒的埋怨，会让男人心甘情愿地做起他本来讨厌的家务，主动帮你扛起笨重的东西。娇憨的请求，往往是任何一个男人都无法拒绝的。

1. 换个称呼

女孩子喜欢给恋人起外号，也是撒娇的一种，比如，娇嗲嗲地说一声“死木头，过来”，对方一定会暗中兴奋。绰号要有创意，“大叔”“大灰狼”“呆瓜”“小野兽”等都是男人比较喜欢的外号，私下不妨多用用，男人更容易心动。

2. 争吵后撒撒娇

撒娇是处理恋人间矛盾和尴尬的最好方式。争吵过后，一边委屈地嘤嘤哭泣，一边娇滴滴地抱怨：“人家是女孩子嘛，你就不会让一下……”“你欺负我，我再也不理你了……”男人多冷硬的心都会融化掉了，哪还回想得起来什么火气，什么脾气，只能认命地一边承认错误，一边哄女人。这时候，可以哭得更厉害了，更委屈，让男人心都碎了，然后哭着哭着，哭够了，脸上还带着泪水，却扑哧一声笑了，仿佛雨后的桃花突然遇到了万丈光芒，既清纯又娇艳无比，男人哪还想得起来刚才受过的老鼠怨。

3. 用撒娇代替颐指气使

与其横眉竖目地叫嚷："没看见我拿这么多东西，还不来帮我！""今天该你煮饭，别想偷懒！"不如娇软温柔地说一声："帮帮我吧，看人家的手都红了。"这时候男人拎着再重的东西，也会不介意地把累赘扛上自己的肩头。或者懒懒地说上一句："人家今天都累了，可不可以麻烦你煮饭。有奖励哦！"说完暧昧地挤挤眼睛，任何男人都不会忍心拒绝。撒娇就是一种痴缠，如果你不同意，她就会缠住你不放，要点小无赖也是一种撒娇的手段，往往比颐指气使的支使更好用，让对方更心甘情愿地帮你。

4. 用央求代替征询

很多时候女人会问男人"……怎么样"，其实是希望对方答应她的要求。比如："星期天一起去露营，怎么样？"比较小的要求，对方当然乐意奉陪，如果有分歧的事情呢？比如他想用一笔钱买冰箱，你却希望买电脑，这时候的"怎么样"往往会变成争吵的导火索，尤其对方不答应，而自己不爽的时候。不如使用"好不好嘛？"然后一边撒娇，一边摇晃对方，直到他答应你的要求。或者干脆灌点迷汤："我就知道你最好了，一定会答应，是不是，好啦！好啦！你答应吧！"哪个铁石心肠的男人会舍得拒绝？

5. 献点殷勤

"我今晚做的饭好不好吃？""我给你买的衬衫喜不喜欢？""明天我休息，在家陪你一整天好不好？""忙了一整天，累吗，我帮你按摩一下吧！"先献点小殷勤，然后再提出自己的要求，只要不过分，男人往往都会接受。

6. 平时多说些女人的特用词

如"讨厌""你好坏哦!""人家""不理你了"之类具有女性特别的娇柔和表示亲昵、暧昧的词汇，有一点"嗔怪"，有一点"孩子气"，并不是每个男人都有资格听。这种男朋友专享的"撒娇词汇"，往往让男人拿你没辙，还特别享受，得意。

另外，撒娇、使小性子，最好在私下进行，在公开场合或者男人大为光火的时候，就不要火上浇油了，否则，很可能起到反作用。

话语要点小泼辣，更易俘获男人心

说话太温柔太深情太浪漫的女人，男人有时候也很难消受，“最难消受美人恩”，对于那些长篇大论的“柔情蜜意”，并不是每个男人都喜欢，起码，琼瑶式的深情对话，有一半以上的男人难以接受，这时候不妨要点“小可爱”“小泼辣”，更容易俘获男人的心。

说话时，怎样带点小泼辣呢？

1. 说话大咧咧

即说话不那么讲究，比较直率。在电视剧《野鸭子》中，有很多泼辣小丫头的经典台词，比如：“你们城里的车子，比乡下的蚊子还多呢！”“预备，走。我是一个谜，一个没人敢要的美丽的女人。”“我一个人也不容易，咱们就鸳鸯鸳鸯算了嘛。”等等。有时候，不妨学学她的说话方式。吵完架，跟男朋友说：“吵都吵完了，我也难过，咱们就床头打架床尾和了吧！”跳槽了，“就那工作，只要不傻不彪都能干，让我去做，不是糟蹋咱智商呢吗？”不那么细腻，也不那么娇柔，却直率得可爱。

2. 带点小野蛮

打打闹闹中，可以带点女孩的小野蛮劲：“你不想混了吧？”“讨打！”“姐是让着你，不稀罕跟你一般见识。”带点虚张声势的小野蛮劲的话，更容易让男人感觉新鲜、刺激。

3. 偶尔不讲道理，胡搅蛮缠

女孩子偶尔不讲道理，娇憨地胡搅蛮缠，往往在让男人无奈的同时，更想着要好好宠她。“请遵守恋爱守则：第一条，老婆说的话都是对的；第二条，如果老婆错了，请参考第一条。”男人不想帮女孩拎购物袋：“我都拿着四个袋子了，你什么都不拿，好意思吗？”“那我还挽着你呢！你有100多斤呢，我拿的东西比你拿的东西重多了。”女孩子胡搅蛮缠，“我改变主意了，张爱玲说：女人有改主意的权利。”

跟男朋友吵嘴，一定要吵赢他，只要不影响对方的工作，不影响他的面子，就算胡搅蛮缠，也一定要让对方赞同自己。然后得意洋洋地坏笑，再拍拍肩膀“努力吧，哥们”来安慰对方。

会歪歪缠的女人，才是可爱的女人，这种胡搅蛮缠式的泼辣，男人是非常受用的。

4. 有点不羁

有点不羁和透彻，即使是复述别人的话也好。比如：“张爱玲说‘如果你不调戏女人，她说你不是一个男人；如果你调戏她，她说你不是一个上等人’，你想做哪种？”或者：“女人太正经了不好，比如班昭写《女戒》，女人就被你们奴役了一千年；女人太不正经了也不好，褒姒一笑，周国就亡国了，你说这笑得多能迷惑人啊！你想我做哪种？”

这种经典的不羁，常常让男人当场无法反应，有些无语，过后却越想含义越丰富，越喜欢对方。

5. 小威胁

女人没有真正意义的“小威胁”，比如：“你要对我不好，我就再也不理你了。”“你以后要对不起我，我让你妈妈念叨死你。”“哼，不交代清楚问题，今天别想睡觉。”“不答应我就让你睡一个月的沙发。”这种没有力道和诚意的小威胁，就像小猫伸出爪子虚张声势的挠一把，看起来凶，实际上造不成损伤，是非常可爱的一种行为。

这种小泼辣，一定不能是真正的泼辣野蛮，否则就不被男人欣赏，而要避之唯恐不及了。

坦诚相待，爱情需要真挚的话语

恋爱时，我们都可能说一些诸如“你对我很重要，没有你我会死掉”“因为你，才知道世界那么美好”之类的词不达意、内容空虚疯话、傻话，或者“山无棱，天地合，乃敢与君绝”之类的山盟海誓，虽然虚无缥缈，但恋人爱听，事后想想，这类山盟海誓最无用。恋爱也需要实际，需要坦诚相待，说话必须要真诚、真挚、细腻而温馨，才更容易被对方接受。

恋爱中要说那些表示自己真挚爱意的“爱语”呢?

1. 表达自己的关心与体贴

喜欢关心和体贴别人，是女人的天性，多对男朋友表示一下自己的关心和体贴，男人更容易被这些小细节感动。如：“预报今天有风，戴上口罩吧！”“你昨天太累了，好好休息一下，我来帮你处理一下这些简单的东西。”“你负责的项目谈成了？看你满脸喜色的样子，出去庆祝一下？”这些充满温馨与关切的语句，会让男人打心底感激你，为你心动。

2. 简洁真挚的表达心意

真挚自然的谈话，是恋人间相亲相爱的最好心声。恋人之间的交谈，没有必要过于字斟句酌，简单随意更能体现两个人的心意。女孩子在恋爱中最大的错误是不懂得节制自己的语言，叽叽喳喳把所有的事情都当做有趣话题，使人不胜厌烦。对话时应排除饶舌和繁冗的修辞，简单明了。如买了新衣服换上后，歪着头问男朋友“好看吗？”“好看。”“人好看还是衣服好看？”“人比花娇，衣服就是蝴蝶，衬着更好看。”“油嘴滑舌！”简洁的语言表明了彼此的赞赏和真挚爱意。

3. 真挚表达感情

恋人之间最避不开最频繁的一个问题就是“你爱我吗？”“你会爱多久？”“你会不会背叛我？”女人的敏感和脆弱，往往使其质疑你们之间的情感，更害怕受伤害。男人虽然不会直接问，但恋爱中的人往往都会有此忧虑。坦白你对他的感觉和感情，更有利于你们之间的平和、甜蜜相处。少一些天长地久、海誓山盟的承诺，因为这些承诺说不定有一天就会扎伤你；少一些虚幻的甜言蜜语，比如“描述梦想的天堂，手指着远方画出一栋栋房子”，这些有一天也许会成为最受伤的回忆。偶尔说说傻话，但懂得把它当成一句傻话，也是一种浪漫，当真就不必了。不如真实地表达出自己的感受和心情，“和你在一起的日子很快乐，很甜蜜，我想跟你在一起。”直白、真实的语言最具有感动人的力量。或者：“我最喜欢你自信大笑的样子，特开朗，特阳光，让人感觉温暖、安全。”男人听到这样的欣赏和赞美，也就知道了你的心意。“放心，我会一直一直喜欢你，直到喜欢不动了，或者喜欢不起了，才放手。”这种让人心酸、流泪的表白，更能打动你的爱人，让他为你付出一切，回报同样的情感。

4. 可以拒绝回答，但决不说谎

过去的恋人是一个绕不开的话题，如果你不想多说，只要告诉对方："曾经有过恋人和朋友，但我不想说，我更珍惜眼前的人。"你可以拒绝任何一个关于前恋人的问题，诸如："你们有多好？她漂亮吗？你更喜欢他还是我？"等等，但决不要说谎，更不要贬低你的前恋人。对于有必要回答或者你不介意的问题，不妨做出客观的回答，否则一直回避会让对方认为你对前任难以忘情。最重要的是尽量把责任背到自己身上，比如"那时候小，任性，不懂事，不懂得珍惜"会让恋人觉得你是个负责任的人。最后永远不要忘了加一句："往事不可谏，我更喜欢现在，快乐、平静、现实，更有过日子的真实感，这是你带给我的。"不要认为男人爱追梦，男人是最现实的动物。

动人的话不需多，只要一两句，不需要多浪漫，只要真挚热烈，坦诚直率，就能够把爱人的心收服，让彼此间的感情更深厚。

第18章　家庭心语：营造温馨生活的女人“话”

在家庭中，面对丈夫，女人扮演着妻子的角色；面对孩子，女人扮演着母亲的角色；面对父母，女人扮演着女儿的角色。在这些不同的角色之间，女人说话要因对象而变，因场景而变，说出心语，营造温馨的家庭生活。

温情蜜语，家人之间更需要真情交流

沟通不良、缺少温情对话是众多家庭问题的“祸根”，它常常引发各种家庭矛盾冲突，导致“家庭不宁”，甚至引发各种婚姻问题。女人在家庭中，往往处于主导地位，她们更需要家中的气氛温馨和谐，其乐融融。但家中两个甚至以上的女人如果相处不好，或交流不畅，则容易引发各种误会、争执，家中充满“戾气”和“硝烟味”，不仅男人不再想回家，女人也会对“家”充满恐惧和怨气。逃避不是问题，其实，只要在与家人说话时多一点善意和技巧，多些真情交流，温情蜜语，未必不能改变家人疏离冷漠甚至矛盾重重的现状。

在家中说话要遵守哪些守则，才能使家庭更融洽，更温馨呢？

1. 学会平心静气地交流

说话时，如果带着情绪，如带着上班时的怨气、怒气、不忿与家人交流，就容易发火，对方也容易被你激起怒气，矛盾就此产生。不把坏情绪带回家，情绪坏时，尽量少开口或不开口。如果家人带着怒火说话或者寻衅，最好能平心静气、心平气和、客观地和对方讨论，如果对方执意寻衅，避开对方就可以了，事后再进行交流，矛盾隔阂也就消除了。

如果和对方起了争吵，最好能客观一点，不要用夸张、歪曲的方式去表达。如“你从来什么家务也不做”“你总是和我大声喊叫”“我又不是你们老张家的保姆奴隶，凭什么给你们当牛做马，还受你们欺负”等等带着夸张的扭曲尖锐的表达方式，极容易加剧矛盾，使摩擦更剧烈。

尽量平心静气地和家人提意见，如：“我希望您公平一点，我虽然不是您亲女儿，也没有错待您，您偏袒，也不要太过呀！”有理有节，更容易使对方冷静下来。

2. 说话亲密而“拘礼”

人们常说“熟不拘礼”，很多时候，家庭矛盾正是因为说话的“不拘礼”引起的。因为关系亲密了，就不讲究礼仪，不讲礼貌，很容易招致长辈、家人的反感。对长辈多一分尊重，对平辈多一分亲切，对丈夫说话多一份敬重，说话亲密而有礼，就能避免很多冲突矛盾。比如，和家人多说一声“劳驾”，多说一句“谢谢”，客气一点，润滑一下家庭中的关系，就能减少摩擦。

3. 温馨和谐

多多成谢家长给予自己的体贴和关爱，说话温柔一点，亲切体贴一点，关系就会更融洽。比如多说声“爸爸多注意身体”“妈妈多休息，少操劳”就能使家庭更和谐，更温馨。

4. 沟通要平等

很多女强人家庭氛围不好，是因为在单位习惯了直接命令，在家中也惯性地要“当家作主”，习惯按照自己的意愿去做事，而不征求别人的意见；习惯气指颐使地支使家人，而不是请求和尊重。硬碰硬，当然不可能有好结果。

家人之间的交流，更讲究真情和“宽和”，“家和万事兴”，多说和式语言，家中才能其乐融融，温馨和睦。

跨越代沟，善于与父母平和沟通

“我们大了，父母老了”，如果在平时不加强和爸妈的交流，会发现和他们越来越远。尤其是女孩，一旦到另一个家庭生活，很少再有和爸妈一起说“知心话”“悄悄话”的机会。再者，随着年龄的增长，父母与子女间的代沟会越来越严重，不仅思想观念不一致，说不定语言沟通也会出现障碍。怎样跨越代沟和父母平和地沟通和交流？怎样和爸妈好好聊聊，保持融洽亲密的家庭关系？

1. 尊重父母的想法

因为年龄差异和成长环境的不同，父母和儿女之间代沟是不可避免的，不要试图遮掩或无视这一点，那只会让你的沟通更不顺利。代沟不可避免，但并非不可逾越，你也许无法理解父母的某些想法和观念，但起码要做到尊重他们的想法，不能辩驳，不妨细心倾听，听听他们怎么解释自己的看法，也许比你自己的更通透一些呢！虽然更可能不符合现状一些。

和爸妈闲聊，如果遇到不能理解、不同意的地方，用不着争辩，人和人的想法都不一样，可以不听从，但一定要尊重他们的想法。

2. 沟通过程要慢一点，有耐心一点

老年人的记性会越来越差，本来跟他说过的事情，不久就会忘掉，麻烦你遇到重要的事情，多和父母说几遍，给他们脑子留下深刻的印象，慢慢来，让他一点一点地消化，这样才能达到你想要的效果。妈妈也许会很唠叨，很啰唆，总是喋喋不休地把不适合你的经验输灌给你，这是父母对你的爱，他们认为比你有更多的生活阅历，有必要传授给你，也许有点跟不上时代。这时一定要耐心听父母讲话，认真对待他们，才能让爸妈感觉欣慰。

3. 避免使用复杂和时髦的语言

当你要向一位长辈传递你的想法或是意见时，不要运用复杂的话语，他们可能听不懂或不能理解。父母与我们相隔了二十多年，知识层次和大的形势环境都有很大差距，现下的流行语、过于复杂的话语，他们往往理解不了。在不影响自己的思想表达之下，一定要用语越简单明了越好。

4. 不要有成见

成年子女往往认为父母思想过于保守了，观念落后了，而不愿接受他们的影响，不愿与之沟通。一旦发生沟通障碍或争执，往往归咎于父母“老”了。其实应该多和对方交流，听听父母到底是怎样想的，不要自认为自己就一定高明，子女应学会主动和父母平和地沟通，并在同“人生博物馆”似的老年人的“精神交往”中增长才智，提高精神品位，增加人生经验。

5. 多和父母进行一些共同活动

多和父母一起参加某些活动，如一起看电视、电影、戏剧，一道听广播、录音，一同参观展览、游览名胜，一块儿阅读书报、欣赏作品。多了共同的经历，就能有共同的话题，老人丰富的阅历，晚辈创新的观点，往往能够相互启发，相得益彰，使你获益良多。

6. 意见有分歧要技巧沟通

父母和自己的意见分歧，往往在教育孩子上，要能够彼此理解和体贴。老年人在教育孩子上，往往有一套固执的观念和教育方式，难免与年轻父母沟通困难，这时候不妨借助别人的口，如幼儿园老师或者电视节目或者书本知识来纠正他们的观念，尽量避免直接冲突。

嘴巴甜一点，婆媳关系更融洽

在家庭关系当中，婆媳关系是最难处理的一种。作为男人最亲密的两个女人，往往在潜意识中有一种“争抢”的心理，相处起来很难融洽。当然，作为儿媳，如果能在平时嘴巴甜一点，乖巧一点，更能得到婆婆的疼爱，起码也能得到丈夫的理解和尊重。

在平时，怎样对这位熟悉而陌生的长辈说话才能避免矛盾呢？

1. 多当面称赞她和她的儿子

没有人不喜欢别人的夸奖，对于她儿子的夸奖，更是对做母亲的最好最直接的恭维。在婆婆面前，多说老公的好话，如：“小刚特别知道上进，特别有出息，现在已经是部门经理了，我现在走出去都带风，可得好

好感谢感谢您！”当然也可以撒撒娇，说说老公的小坏话：“妈您看他，也不让着我点，今天终于让我找着靠山了，看你在妈面前还敢欺负我！”这样的小撒娇，往往更能让婆婆感觉到你女儿一样的娇憨和对她的依赖，你们之间的关系也会更亲密。

2. 多表示关心和体贴

婆婆如果年事已高，身体不好，就要对对方多一些关怀或体贴，忙的时候打个电话，问候一下，闲的时候，常和老公回家，问问公婆的身体，和他们讨论一下健身和保健品的话题，多提醒对方注意保暖、注意休息之类的，婆婆的心里也会热乎乎的。平时多体贴一下，如：“妈，今天我做饭，您也放一天假歇一歇。”“您有老寒腿，爸风湿也不舒服，这两天你们别出门了，有什么事让我和东子帮您跑腿。”在感激之余，你们的关系就能更亲近。

3. 勤叫妈

忽然叫一个陌生的女人“妈妈”确实不习惯，尤其是自己的妈妈还在世的时候，甚至有一些儿媳，干脆学孩子的口气，称婆婆为“孩子他奶”或者“老太太”，不仅不够亲热，也不够尊敬。大多数跟婆婆分居的儿媳妇，是走婆家进门叫一声“妈”，出门辞别时说一声“妈，我走了”，看似彬彬有礼，亲热度却不够。如果能在婆婆的“老姐妹”跟前，多叫几声“妈”，嘘寒问暖一番，往往能起到更好的效果，要知道老年女人也爱虚荣。如能把拉家常和称呼交织在一起，气氛就会更好一点，如：“这几天怪冷的，妈，您只穿这些太少了，可不要着凉啊！”“这么细的针都能穿，妈眼神真好！”

4. 勤和婆婆谈话聊天

多和婆婆拉拉家常，说说她儿子，她孙子孙女的事情，老年人会更高兴。老年人社会交际较少，消息也比较闭塞，她们感兴趣的话题往往是围绕自己身边的人转的，尤其是她的两个“小心肝”，更是一刻放心不下。如果自己有一个较开朗的婆婆，她往往还会对街头趣事、电影情节、毛线花色、衣服式样、老年娱乐活动等感兴趣，如果能找到对方喜欢的话题，和她常常聊聊天，也能让你们之间的关系更融洽，更亲密。

总之，只要用心经营，言语之间少一些生疏冷漠和怠慢，多一些体贴和关爱，婆媳之间的关系，也可以处得很好。

好妈妈巧用赏识的话激励孩子

对孩子的肯定、认可和赏识，既可以给孩子指明努力的方向，又可以增强孩子继续前进的动力，还可以激励孩子克服困难，努力提升自己。最重要的是它表达了这样一种观点："爸爸妈妈爱你，欣赏你，相信你"。获得最尊敬、最亲近人的支持和欣赏往往可以培养孩子的自信和敢拼敢闯的品格，还能增进父母和孩子之间的感情，使家庭氛围更融洽。

但千篇一律的"宝贝真棒""你真聪明"往往让孩子盲目自信而无所适从，养成狂妄、偏激的性格，怎样巧妙地激励孩子呢？

1. 夸赞孩子的品格而非天性

"你进步真快！""宝贝真努力！""你做事很用心，非常认真，而且很有耐心，妈妈相信你会有很好的前途的。"这些夸赞，能够带给孩子对于未来和进步的信心，当你给孩子贴上一个"好标签"，你为他的进步而雀跃，他就会带给你一个又一个惊喜，夸奖是给孩子最好的奖励，尤其是对于他可改变的行为和品格的夸奖，更是如此。

2. 夸奖更要配合激励

很多时候，我们发现常常被称赞的孩子，总是在原地踏步。对于孩子，如果我们只给予肯定和夸奖，甚至小题大做，把本来不是很理想的成绩说成是优异的成绩，把本来准备接受批评的孩子捧到天上，而不对孩子存在的差距和不足作出提醒和激励，就会让孩子误会父母的意图，以为父母对自己的成绩很满意，继而放弃继续努力和积极进取的想法。相对的正确做法是在赏识的基础上，提出建议和鼓励，让孩子在欣慰的同时，感觉到来自父母的殷切希望。可以对孩子这样说："成绩很不错，不过再努力一点，你会取得更优异的成绩！"或者："不错，成绩比上次有进步，这是你努力的结果，继续努力一些会更好！"

3. 珍视孩子的进步

随时都要看到孩子的进步，并及时给予赏识，会让孩子重新建立做好事情的勇气和信心，否则则会让孩子失去前进的动力。

对于孩子任何的一点进步，都应该及时给予鼓励和称赞，欣慰地对孩子说：“你长大了。”或者：“不要急，慢慢来，你已经有了进步。”“你一点也不比别人笨，妈妈每次都能看到你的努力和进步。”这些足以让孩子看到你对他的重视，产生“一定会做得更好”的勇气和信心。

4. 给孩子战胜困难的勇气

当孩子面对没有做过的事情，或没有把握的事情，或者面对困境和挑战的时候，最希望得到父母真心的鼓励。告诉孩子“你能行”“不要怕”“再加把油”“你是个勇敢的孩子”“要有点冒险精神呀，伙计!”可以鼓励孩子勇敢面对，大胆进取，不断努力和尝试。

5. 认可孩子的观点和行为

孩子往往希望可以从大人那里得到认可，但我们似乎总是让他们失望。告诉孩子“你的看法有道理！”“你一定有好主意！”“你的想法呢？”而不要轻易否定他们的看法和想法，不要驳斥他们的意见，学着鼓励孩子的意见，使他们表达出自己的心声，让他们按照自己的想法去做做看，去试探一番，宁愿他们从中得到教训，也不要轻易否定他们。没有试过，你怎么知道自己一定就比孩子们高明呢?

给孩子与你平等沟通的语境

在教育子女方面，女人们容易陷入一些误区，不管孩子在想什么，不管孩子的意愿，而一味对孩子进行批评式或输灌式教育。家长永远站在权威、强势的位置上，就不能理解孩子的想法和意愿，一厢情愿地认为自己“为了孩子好”，总是命令、强压、威胁、以暴制暴，反而容易激起孩子的逆反心理，引发激烈的反抗。要想改变这种现状，就要给孩子和家长平等对话的语境，做孩子的好朋友、好伙伴，这样才能使家中的沟通氛围更和谐温馨。

怎样做到这一点？从以下几个方面努力，往往能取得更好的效果：

1. 征询孩子的意见

当你制定关于孩子的某项计划或规则的时候，最好听听他的意见。无论是“每天晚上只许玩半个小时的游戏，九点以前睡觉”还是“暑假去参加某某兴趣班或夏令营”，事先都最好征求孩子的意见，对于参与制订的计划，孩子更有执行的兴趣和信心、耐心。不要安排孩子的一切，可以问他：“这周末想要怎样安排？”如果孩子太小，不妨给出选择：“是去游乐园还是去爷爷奶奶家？”

2. 倾听孩子的想法

父母与孩子所处的地位不同，与孩子所关心的内容不同，想法往往也不一样。家长认为好的，不一定是孩子想要的，家长认为正确的，不一定是孩子认可的。听听孩子的想法与观点，对于孩子合理的想法和意愿，应放手让孩子去独立完成，或者设法满足孩子的合理要求。对于孩子不合理的想法，要先用心聆听，然后给出合理的建议，再让孩子自己去选择，哪怕他在尝试中会摔跤。多问问孩子：“你是怎样想的？”“说说你的主意？”“你觉得这样解决怎么样？”这样才能培养孩子的开放性思维，提高孩子分析问题、解决问题的能力。

3. 允许互动

在大多数的家庭教育中，家长永远处于主导地位，孩子永远处于被动地位，被迫接受父母的命令和斥责，不管这些多么没有道理。事实上，父母不一定都是正确的，应该尊重孩子作为一个独立个人的思想和意志，让家庭沟通变成一个双向的、互动的过程，父母可以影响孩子，孩子也可以影响父母。妈妈应多做出自我批评和自省，用语言和行为给孩子树立榜样。少说些“大人说话，小孩别插嘴”“按照我说的去做”，多告诉孩子“妈妈也有错”“我们也有责任，忽视了你的感受”“你有什么想法，说出来看看”，这会让孩子更重视、更尊重你。

4. 允许孩子进行申辩

无论孩子做错了什么，请允许孩子进行申辩，并不要把这些申辩看成是狡辩，强词夺理，当然如果孩子任性，不讲道理，应必须坚持孩子道歉。申辩也是一种权利，不能要求孩子俯首帖耳，这样的孩子没有前途。发现孩子不合你意，或者做错了事，应该首先思考到底谁出了问题，听听孩子的理由，而不能简单地训斥和责骂。不允许孩子申辩，不但不能使孩子心服口服，还会使他们滋长一种抵触情绪，为说谎、推脱责任埋下恶根。孩子申辩本身是一次有条理地使用语言的过程，也是交流的过程，听

听他的理由，也许你会觉得孩子这样做并没有什么错。

当然申辩不等于强辩，如果发现孩子有推脱责任、强辩的倾向，应该坚持让他认识自己的错误。

总之，学会平等地和孩子交流，不权威俯视，也不强势压迫和命令，倾听，然后尊重，实现平等，才能让孩子更服气，家庭氛围也能更融洽。

谨记家庭沟通的禁忌语言

家庭成员之间的关系既亲密，又敏感，如果不特别注意沟通方式，很容易引起误会和争吵。谨记家庭中的一些禁忌语言，切忌不恰当的表达方式，才能使家庭成员之间更融洽甜蜜。

1. 忌唠叨

相信每个女人都受过婆婆唠哩唠叨的荼毒，从现在开始，不要用唠叨折磨自己的老公和孩子。无论你重复多少遍，对方都不会更重视你所说的，除非你能证实那非常重要。停止脱口而出的无用数落，尝试着用赏识鼓励的话语，幽默的说笑，拥抱爱抚的肢体语言，共同的游戏体验方式，去代替喋喋不休的、无滋无味的、让人们反感反抗的唠叨吧。

2. 杜绝比较

攀比是最容易引发家庭矛盾的话题。谁家的老公最有能耐，年薪能拿多少；谁家买房时公公婆婆补贴了多少，看你家爸妈那抠门样；谁家的孩子学习成绩好，乖巧懂事，那么小就知道体贴爸妈了；谁家的小姑子真懂事，逛街都不忘给嫂子捎条裙子，看咱家那位，恨不能连嫂子衣柜都搬走……攀比是一切不平衡和烦恼的来源，不但使自己陷入烦躁，被比较的人也会不耐烦。

曾有个孩子，对家长的攀比反驳道：“你看我这也不是，那也不顺眼，干脆让什么宝宝贝贝当你儿子得了。你看人家妈妈是公司艺术总监，您是不是也得弄个部门主任当当！”一下戳中妈妈的心病，才知道被别人比较的滋味多么难受。

3. 停止旁敲侧击

有些女人说话喜欢旁敲侧击，指桑骂槐，让听话的人反驳不好反驳，解释不好解释，忍着又生闷气，最后难免会来个“大爆发”，在吵架时都发泄出来。比如，平时就喜欢在婆婆面前，指着儿子说：“男孩子就是不懂事，怪不得人都疼闺女。”或者当着公婆责骂丈夫：“你有没有良心，我辛辛苦苦操持家务，帮你养儿子，你反而要给我撂脸子！”

这种旁敲侧击、指桑骂槐，不仅被指责的人不舒服，旁听的人也生气，甚至时间长了，心中敏感，本来一句平常的话，也会产生误会。

4. 不要抢话

一些女人总是不等对方把话说完，以为自己完全知道他想说的是什么，就不耐烦地打断对方：“不要再说了！”“你有劲没劲！”“我不想听你再啰唆，老生常谈，你还会有什么新鲜话！”常常把本来和谐的气氛弄僵，或者引起误会，引来更大的争吵。

5. 不要揭短

生活在一起的家人往往非常清楚对方的毛病和短处，一旦发生不悦，就容易把矛头指向对方。比如儿媳转述别人家怎样脏乱时，婆婆来一句：“还说人家，你家孩子小时候，你们屋连站的地方都没有！”或者婆婆教训儿媳要尊重自己的儿子时，儿媳反唇相讥：“您还说我呢？您哪次骂爸爸，不是满街筒子都能听见，这是您家传统！”或者笑话小姑：“这么尖酸刻薄，怪不得三十好几了还找不到婆家！”踩到别人的痛处，只能让战斗升级。

相互揭短挖苦的最终结果，只能是双方都恼羞成怒，伤及家人间的情感。

6. 不涉及亲属

有的女人在争吵时，不但指责对方，而且可能把对方的老人、亲属也带进来。比如和老公吵架：“你和你爸一样不讲理！”“你和你哥一样混账！”或者教训孩子：“看你，跟你爸一样呆头呆脑！”把争吵的矛头指向无关的人，只能让对方更加恼恨，并波及到其他家庭成员，引发大混战。

在家中说话时，一定不要触及以上这些禁忌，否则不仅影响夫妻之间的感情，还会破坏家庭和谐的氛围，甚至让家庭成员之间都产生怨气和误会。家宅不宁，工作也不得安宁。

第19章　业务沟通：生意场上的女人巧舌如簧

在生意场上，我们所面对的都是陌生人，这时为了业务需要，必须习得一口好口才，才能在陌生对手面前巧舌如簧，才能在瞬间打动对方，从而使自己在业务上有所收获。掌握一些技巧和方法，就能使自己成为一个生意场上口齿伶俐的女人。

用女人优势语言引起对方兴趣

美国加州大学心理学教授哈尔彭研究表明：女性和男性在语言上的表达方式是不一样的，她们在语音语调、语汇选择、句法结构等方面的特点和风格往往区别于男性。女人往往更喜欢使用礼貌、规范的温顺、试探性语言，表达方式以感性、委婉为主。而男人则更喜欢使用逻辑性强的攻击性语言。

所以女人在生意场上更容易获得他人的信任和认可，尤其在强势的人面前，那种委婉温和而感性的表达方式，更容易避免别人的反感。怎样运用女人的优势语言呢？

1. 多使用生动形象表达情感的形容词

女人往往联想丰富，描绘非常形象，对情感有着丰富体验，因此对于自己感情的生动描述往往很容易感染、迷惑对方。比如对于自己推销的物品，不妨用“非常棒”“美味极了”“感觉非常美妙或奇妙”等词汇，往往更能抒发自己热爱某物的情感，这种情感可能感染到你的顾客，促使对方去“试一试”。

2. 多使用反问句表达征询

“这样不好吗？”“您还有什么疑问？”“您看这样好不好……”“我可以帮您预定了吗？”这些带有委婉、商量语气的请求反问句，往往比直接推销更容易被人接受。

3. 多使用委婉句式和试探性句式

比如：“恐怕不能……”“您介意我提出新的想法吗？”“我能不能……”“关于……您是怎样想的？”这样的委婉句式在工作中显得会更有修养，更易于让人接受。而一些不能肯定的试探性句式，如“您看是不是……”“能不能这样……”“这样处理，您看可以吗？”这种口气不肯定的试探性说法，让人在沟通中不会产生处于被动、劣势的感觉，让对方觉得更受尊重，也会给你更多信赖。

4. 记住对方的存在

女人在生意场上，要首先记住对方的存在，多用“我们”可以拉近双方的情感距离，容易产生同理心，引起双方共鸣。而多询问对方的意见，多倾听对方的谈话，则会让对方产生被需要、被尊重的优势感，在业务中更好商量。

5. 多问问题

会说不如会问，问问题是保持谈话的方式之一，好的问题能鼓励对方把谈话进行下去，还能形成比较亲密的气氛，消除对方的紧张和戒备心理，有助于与客户建立良好的关系，并让客户有受尊重的感觉。多问问题还能多了解顾客的想法和难题，有助于有针对性地达到目的。

6. 与对方保持谈论上的一致

在会话中要保持更好的合作态度，耐心围绕对方的话去思考和回答，不要自说自话，尽量将自己的态度、观点和对方保持一致，并逐渐渗透自己的意见。比如，在称赞对方看法的同时提出补充意见，对对方的谈话作出积极的响应并发出感叹或者表示赞同等。而不要轻易反驳对方，尤其在推销时，反驳和纠缠只会引起反感和抵触，从而影响语言的效力。

总之，女人要首先用有性别优势的语言，引起对方的兴趣和好感，这样业务就能顺利进行下去。

和气生财，生意场上多说好话

老话说“和气生财”，即生意人待人和善，才有人缘，有人缘才有财源。韩非子曾讲过一个故事，宋国有个卖酒的人，他的酒很好，人也公道，但是生意却很清淡，酒卖不出去，放着放着就变酸了。这人很苦恼，于是求教地方上的一个老人，老人说是因为他家的狗太凶了。人们怕他家的狗，才不去他家买酒的。

现在的生意场上有些人的话却比狗还猛啊！可谓“人言猛于狗也”，怎么可能生财呢？生意场上，女人除了要巧舌如簧，还要学会为人和善，多说好话，和颜悦色，这样才能有更好的业绩。哪些属于“和气话”，怎样说“和气话”呢？

1. 以和为贵，少与人争辩

不仅仅是销售之前少与人争辩，出现问题之后，最好也能和气解决，多协调，少争强逞能，才能“和气生财”。

销售之前，很多人往往要挑一挑产品或服务的“瑕疵”“缺点”，才好讨价还价。俗话说“抱怨的是买家”，如果对方不想买，不想讨价还价，根本用不着抱怨、嫌弃。面对客户的批评，不要过于在乎，与客户争辩，更不要因不能承受便生气，这不只是修养好，也是对自己的商品有信心的缘故。如果对方确有误解，和和气气和顾客解释；如果对方只是为接下来的讨价还价做准备，只要面带微笑的听着也就可以了。

海尔的售后服务往往在接起电话的第一句话就是“接到这个电话就知道，我们的产品又为您添麻烦了”，一句话消除了顾客的大部分怨气。在自己的地方与顾客争吵、争辩是最不明智的，影响的仅仅是品牌的信誉而已。

2. 多说赞美的话

多赞美，少批评才是生财之道，无论客户多么“外行”“不懂装懂”，都不应该批评客户。多多赞美和请教更有利于完成业务。

某电脑经销商李总向一家网络公司推销自己的电脑，当时竞争非常激烈，李某却没有直接参与竞争，而是直接走进经理的办公室说：自己想开个电脑分公司，想让对方参谋参谋。对方的经理一下受宠若惊了：李总也是业内有名的人物，居然请教自己！立刻热心地帮他分析当地的业务情况，两个人谈得很投机。最后，这位经理居然主动提出购买电脑，李总很顺利地拿到了这家公司的订单。

李总之所以能拿到订单，就在于他“请教”的态度，这对“被请教人”就是一种“暗赞”，最有利于企业之间的关系和谐。

3. 先做朋友，再做生意

人们常说“买卖不成仁义在”，做人要“与人为善”，做生意也一样，无论生意成不成，都不能与人交恶。每一位合作者上门，无论最后成不成，都应该热情相待；对每一位客户，无论生意大小，都应以礼相待；每次谈判，每次业务沟通，都应全力以赴，和气收场。

“和气生财”并非是只说好话，说对方爱听的话而没有自己的原则，那是曲意奉承，怎么能够促成交易达到赚钱的目的呢？这里是指态度和气，明确自己的利益目标，最后实现共赢，这才是“以和为贵”的最终目的。

首先征询，才能赢得合作

如果在众人面前说出“我是推销员”，大概会有一半以上的人表示不喜欢你的职业。因为“推销”二字在很多时候意味着被强迫着接受一种产品或服务。所以没有人喜欢接受推销，或被人强迫去做一件事或被迫接受别人的意见。我们都喜欢按照自己的意愿购买东西，或照自己的意思行动，我们喜欢别人征询我们的愿望、需求和意见。所以，想要与他人实现合作，更好策略是：只向对方提供自己的看法，而由他最后得出结论！

如果你希望和某个公司达成合同，就不要把写好的合同寄过去要求对方的建议，或者找到对方推销你的产品，或者寄出样品，然后被动等待对方的订单。在这个供大于销的时代，作为供货商，要找到一个合作者，就必须首先使购买方满意。最好的做法是，首先征求对方的意见，允许对方提出不满之处，才能让双方都更好的合作。

某医师在大型医院工作，医院需要新添一套X光设备，许多厂商听到这一消息，纷纷前来介绍自己的产品，负责X光部门医师因而不胜其扰。

有一家制造厂商则采用一种很高明的技巧。他们只写了一封信，告诉医师："我们工厂最近完成一套X光设备，前不久才运到公司来。由于这套设备并非尽善尽美，为了能进一步改良，我们非常诚恳地请您拨冗前来指教。为了不耽误您宝贵的时间，请您随时与我们联络，我们会马上开车去接您。"

这封信使得医师非常满意，因为他从中感到了自己的重要性，他没觉得有人试图把那台机器推销给他。是否为医院买下那套设备，完全取决于他自己的决定。最后他去看了那套设备，而且越研究越喜欢，终于买下了它。

现在，越来越多的销售商开始采取这种做法，他们总是首先免费请消费者试用"实验版"，并允许他们提出建议，请教其中有什么需要更改的细节，然后再正式发售"正式版"，无论是游戏还是杀毒软件。

女人谈生意的时候，也不妨用用这一套，请教一下对方："您觉得什么价位可以接受？"鼓励谈判对手说出他们对于己方的期望，然后告诉他们："我会尽量满足你们的期望，现在，我讲一讲我方的期望，按照你们的意见和条件，我希望合同期能够再延长2年，期间你们必须每季度按价购进2万件产品。"如果对方能做到，也许就是双赢的局面。

总之，决定合作之前，首先要征询对方的意见，你做建议，让对方做决定，才是业务沟通的最巧妙方法。

巧言激将法，快速达成交易

"水激石则鸣，人激志则宏。"巧用激将法常常能促使客户快速达成协议，在说服沟通中收到积极的效果。每个企业的代表人物都是有自尊心的，他除了维护公司的利益，还要维护企业形象，有意识地运用反面刺激性的语言，质疑对方的实力或者能达到更好的效果。但"激将"根据对象的不同也要采用不同的激将方法，才能收到满意的效果，否则把药下错了，不仅于生意无益，反而使事情向更坏的方向发展，使本来有把握的交易告吹。

激将法有几种？在业务沟通中，哪种激将法怎样运用更能取得良好的效果呢？

1. 直激法

即采用质疑对方能力、实力的方式“激将”，从而促成合作。

采用此种激将法，应事先摸清对方的性格，只有对于年轻气盛或者自负好胜者，这种激将法才能发挥最好效果，对于成熟谨慎的老将往往是没有作用的。为了缩短谈判时间，尽快签约，如果对方的负责人有可实施激将法的性格，就不妨“激他一激”。

某橡胶甲厂因决策失误，购买了一台无法使用的机器，决定转卖给另一家橡胶乙厂。经过深入调查，了解到对方经济实力雄厚，但基本上都投入了再生产，要马上腾挪200万元添置设备，困难很大；该厂厂长年轻好胜，几乎在任何情况下都不甘示弱。于是甲厂派出李女士和对方厂长谈判。李女士先对对方进行了一番恭维：“昨天在贵厂转了一整天，详细地了解了贵厂的生产情况。你们的管理水平确实令人信服。你年轻有为，能力非凡，真让人钦佩。”然后话音一转：“但是关于转卖设备之事，只是有两个疑问：第一，我怀疑贵厂真有经济实力短期内购买这样的设备；第二，我怀疑贵厂是否有或者说能否招聘到管理、操作这套设备的技术力量。再说贵厂现有生产设备，在国内看，是可以的，至少三五年内不会有什么大的问题。”言外之意没有能力也没有必要购买最新设备。

乙方厂长听到这些，觉得受到了甲方李女士的轻视，十分不悦。于是，他用炫耀的口气向甲方李女士介绍了乙厂的经济实力和技术力量，表明该厂有能力购进并操作管理这套设备，并尽快达成了协议。

2. 暗激法

即通过有意识地称赞第三者，暗中贬低对方，激发对方压倒、超过第三者的决心。通常第三者要选择类似于对方竞争对手之类的对象。暗激法的巧妙，就在于它是通过“言外之意”“旁敲侧击”的说法，委婉地刺激对方。人们都希望别人尊重自己，如果有人在自己面前有意夸耀第三者，显然会对他起到一种暗示性刺激。

比如：“上次我和某公司合作，他们签约特别爽快。”“本来这次有合作意向的对象有两个，其实对方给出的合作条件更有优势，但鉴于和贵厂有长时间的合作经验，我方还是决定先和贵方洽谈。”推出第三者，往往更能促使对方有急迫感，同时刺激对方的自尊心，更容易达成一致意向。

3. 侧激法

即不激“主将”激“副将”，常常用于对方的主要负责人不吃激将法的情况，这时不妨采用反过来对其主要助手“激将”来刺激负责人的方法。例如，在某次谈判中，卖方主要负责人不吃激将法，于是买方对其聘用的律师讲：“你是律师，知道买卖应公道。公道的价，不怕讲。贵方不告诉我方技术费的计算依据，我怎么能接受呢？”律师被说动了，同是该论题，该理由，从律师的角度，无言以辩，只能接受。此时，主谈人再被激时，就难以抗拒了。这种激将类似“将军”，不吃也得吃，躲是躲不过去的。

4. 导激法

激言有时不是简单的否定、贬低，而是“激中有导”，用明确的或诱导性语言，把对方的热情激起来。在某次业务会谈中，其中一方负责人多次吹嘘己方的实力多么强大，预算多精准。另一方的负责人于是出言激将:“实力怎样，预算怎样，不是我们该在乎的问题，是否能及时按我们的要求生产出产品，达成协议,才是我们选择合作对象的唯一标准。”对方一脚踏入了“被激”的陷阱，只好答应了另一方的条件。

运用激将法一定要因人而异，对那些老谋深算、谨慎理智的“明白人”，不宜使用，因为他们根本不会就范；对于自卑感强、谨小慎微和性格内向的人，富于刺激性的语言，往往被视为奚落和嘲讽，难免因此而“结怨”，更不宜使用。

以退为进，让客户自行“上套”

让一个客户主动敞开钱袋的方法就是让他们自己心动，让对方看到“钱景”就成功了一半，让对方看到威胁，另一半机会也就成熟了。关键时刻，如果看不到对方的诚意，就要学会“拿一把”，作势退出，让对方看到如果己方退出，对方可能的损失，往往能令对方慌神，自动“上套”。

巴拿马运河最初是由一家法国公司和哥伦比亚签订合同在巴拿马省境内开通的一条运河。但因巴拿马地理环境复杂，工程进度很慢，资金开始短缺，于是公司陷入了窘境。

美国很早以前就想开凿这条运河，曾是这家法国公司的竞争对手，但因法国先下手与哥伦比亚签订了条约，美国十分懊悔。这时候，进入窘境的法国公司的代理人布里略访问美国，表示要和美国政府共同开凿巴拿马运河，要价一亿美元。

这时，美国却故作姿态，总统罗斯福指使美国海峡运河委员会提出报告，证明在尼加拉瓜开运河省钱。报告指出，在尼加拉瓜开运河的全部费用不到2亿美元。在巴拿马继续开运河的全部支出将达2亿5千多万美元。

布里略看后很惊慌，如果美国不开巴拿马运河，法国不是一分钱也收不回了吗？于是他马上游说，表明法国公司愿意削价，只要4000万美元就行了。

同时，罗斯福又用同一计策来压哥伦比亚政府，指使国会通过一个法案，规定美国如果能在适当时期内同哥达成协议，将选择巴拿马开运河，否则，美国将选择尼加拉瓜。这样一来，哥伦比亚也只好“割血”，同意以100万美元的代价长期租给美国一条两岸各宽3公里的运河区，美国每年另外付租金10万美元。

就这样，用以退为进的策略，美国以很小的代价取得了巴拿马运河的开凿和使用权。

为什么“以退为进”的策略能取得如此大的成效呢？因为一件事情，一旦开始投入精力和费用以后，成本已经造成，投入的精力与财力越大，成本越高，如果没有结果，就等于“血本无归”。所以，有时候即使协议不是那么“尽如人意”，人们也倾向于“达成它”，而不是“放弃它”。因为一旦“谈崩”就不仅仅是经济上的损失和打击，更是精神上的打击。一次失败的谈判，可能使谈判人员和企业高层长时间沉浸在沮丧、丧气当中，这才是最大的打击。

所以，“以退为进”，大有可为。怎样在谈生意时成功运用这一策略呢？有以下几种手法：

1. 让对方先说出他的所有要求

隐藏自己的要求，先让对方亮出要求，往往能掌握主动权。某次生意洽谈，供货方先让对方提出要求，然后长时间的沉默后，表示："如果完全按照您的要求，我相信本市没有一家供货商愿意接受。业内成本你们都清楚，你们的要求过于不合理，不知道贵方是否把这次合作视同儿戏，还是没有诚意？"谈判本来就要高开低成，但供货方抓住他们"开的过高"这点不放，质疑他们的诚意，对方立即感到"理亏""心虚"，结果协议以很偏向供货方的方式达成了。

让对方先"理亏"，你40%的让步，就能换取对方60%的让步。

2. 适当说出己方无关紧要的不足之处

很多业务人员在介绍产品或服务时，往往想方设法把东西讲得很完美，这样反而容易引起对方的怀疑。因为任何的产品都不可能是完美的，否则产品就不需要更新换代。所以可以适当说出无关紧要或者目前所有产品都无法突破的不足，客户就会觉得你很实在，是站在他的立场上考虑。但同时，更应该把这种产品才更适合对方的意思表达出来。比如，"这个产品的价格比同类产品虽然高了一点，但它的设计理念更适合高品质生活的需要，更能体现您的独特品味，还是很适合您的。"

3. 正话反说，让对方意识到自己的荒谬

即用正话反讲，故意扭曲的语言来表述自己的观念，以激起对方的语言表态，达到预期目标。

在某次中外合资的总裁和乡镇企业厂长的洽谈会上，厂长听了对方的条件，气得口不择言地说："总裁先生赢利的魄力，比我们这些乡下佬大多了，简直是一个大如牯牛，一个小如毫毛。这么大的魄力，真让我们佩服，但我们实在不敢奉陪，只能收回土地，停止合作。"

总裁看对方气坏了，只好表示让利一成。厂长却坚持："不行，按我方投资比例，应当让利两成。"总裁只好答应。面对对方的"黑心贪利"，厂长却反语之"魄力大"，又抛出"不敢奉陪"的言辞，以退为进，对方只好自行"上套"。

第20章　应酬妙语：助女人轻松成就大事的好口才

生活中，应酬是日常交际中不可缺少的功课之一，而且，在应酬过程中，为了与他人建立良好和谐的人际关系，言语沟通是不可缺少的重要方式之一。作为女人，应熟悉一些应酬妙语，这样才能成功办大事。

女人应酬要会说点“客套话”

“套话”的原意是“讨话”，即讨人喜欢、讨巧、讨好的话，“客套话”即表示客气、自谦、敬重的讨巧话，它是应酬场合润滑人际关系的机油，是一种礼数和情分。女人学会逢人便带三分笑，恰当说几句客套话，往往更讨喜，不但别人觉得你谦恭和气会做人，自己也会变得更自信更善于应酬。

应酬中的客套话一般分为以下几种：

1. 问候

“最近好吗？”“早上好！”“身体一向可好？”“老人家身体怎样？”“你看起来很高兴，有什么喜事吗？”等等关于对对方身体健康状况、心情、亲人等的问候，就属于客套话的一种，往往在普通的应酬寒暄中占据重要地位。如果确实知道对方发生了什么值得庆祝或者值得愁苦的事情，再加上一番恭贺或者安慰，更能显出作为女人的温情和人情味。

2. 自谦

表示谦虚的客套话，往往是对于别人赞美的回应，比如“哪里哪里”“这点小事不值一提”，或者自谦的一种称呼“鄙人”，或自谦的行为，如请人批评说“指教”，求人解答用“请教”，盼人指点用“赐教”，欢迎购买说“惠顾”，请人受礼称“笑纳”，请人帮助说“劳驾”，求给方便说“借光”，麻烦别人说“打扰”，托人办事用“拜托”，陪伴朋友用“奉陪”，中途走人叫“失陪”，欢迎别人到来叫“蓬荜生辉”等，都含着一种礼貌和谦虚的自抑，显得更加彬彬有礼而斯文谨慎，用于应酬往往带给别人一种性情温厚感，更能增添女人的温柔魅力。

3. 表示礼貌、客气或对别人的赞扬

直接赞扬别人的白话不再赘言，在汉语中有一些特别的词汇用来抬举别人，表达对人的尊重，这种客套话用于应酬场合，尤其是知识分子阶层或者社会地位较高的层次，往往比较适合。年轻人之间最好少用，否则易显得生疏。这类客套话包括：初次见面说“久仰”，好久不见说“久违”，等候客人用“恭候”，宾客来到称“光临”，麻烦别人说“打扰”，托人办事用“拜托”，向人祝贺说“恭喜”，赞人见解称“高见”，对方来信称“惠书”，赠人书画题“惠存”，尊称老师为“恩师”，称人学生为“高足”，老人年龄说“高寿”，女士年龄称“芳龄”，平辈年龄问“贵庚”，打听姓名问“贵姓”，称人夫妇为“伉俪”，称人女儿为“千金”。

4. 常用雅语

女人在正规场合最好多用雅语，可以表现自己较高的文化素养和对别人的尊重。比如招待客人时说“请随便用些茶点”，或者在自己吃好时说“大家请慢用”，或者“招待不周处，请多包涵”等彬彬有礼的言谈，会让人们对你形成修养深厚的印象。

5. 祝福

表示祝福的客套话一般用在应酬终止时，比如“一路顺风”“做个好梦”“祝你今天一天好心情”等客套话必不可少，别人听了也会当做一种吉兆，往往会让对方更舒心。

客套话虽然都是一些固定的套话，但只要说得好，说得幽默讨巧，往往能收到很好的效果。至于客套话当中的一些技巧，就需要细细揣摩，临机应变，才能显得更加机智灵活。

 “场面话”说到，女人更有面子

法国大文豪雨果有句名言：“场面话犹如隔着面纱接吻。”应酬往往需要场面话来活络气氛、拉近关系，就像握手是一种礼仪一样，虽然没有实质意义，但不可或缺。女人学会几句“场面话”，遇到应酬场合恰当讲上几句，往往能给人更好的印象，自己也显得更加成熟有韵味。

场面话一般有以下几种：

1. 当面称赞

称赞对方：“今天好漂亮。”“越来越精神了。”“越来越显年轻。”“饰品是最新款的，出国买的还是别人代购的？”“小孩真聪明可爱，妈妈教子有方。”“老公越来越有范，您真有眼光。”“今天的东西很美味，我很喜欢。”只要不太离谱，听的人当然会高兴万分，当然如果能在大庭广众之下说出这些恭维话，对方会更加高兴。

2. 当面答应帮忙

“我会尽全力帮忙”“有什么需要帮忙的尽管来找我”“我考虑一下”“我会放在心上的”等表面上的承诺，一般用于对方在公众场合运用人情压力逼迫别人答应帮忙。这时，若当面拒绝，场面会很难堪，双方都会很尴尬；若对方继续纠缠，会有更多麻烦。所以用场面话先打发，过后再找理由拒绝。如果想要对方真心帮忙，最好不要在公众场合，否则对方会有被“要挟”的感觉，私下恳求效果会更好。

3. 表明双方情感

比如：“很高兴看到你。”“好长时间没见了，你还跟以前一样，真好。”或者表示关心体贴的话：“今天天气真冷，多加点衣服。”“路上注意安全啊！”等等。

4. 没有具体时间的邀约

“什么时候一起吃顿饭吧。”“什么时候聚聚？”“改天一定拜访！”没有具体时间的邀约，一般都属于场面话，不需要对方回答或正式对待。当然，如果您正希望结交的人，说出这句场面话，不妨顺杆爬，“那太好了，下周末怎样？”如果对方答应了，不失为一个好机会。

应对这些场面话也是一种学问，对于别人的称赞可以谦虚回答“哪里哪里”“谬赞了”“谢谢了”；如果想就此展开话题，不妨反赞对方一句：“彼此彼此啊！”“不如您……”

回应对方在公众场合下表示的“豪爽”，不妨答一句：“一定，有麻烦事首先找您，到时您别推辞啊！”“到时别说不认得我了啊！”当然对于这种满口答应的场面话，只能持保留态度，不妨姑且信之，因为人情的变化无法预测，也许对方真的愿意帮你呢，一旦对方推脱，就不要过于纠缠。

回应对方的联络感情的话，可以原话奉送，或者表达不同的慰问，只要诚恳热情，一般人都愿意寒暄几句。

对方的邀约，没有必要回应，顺口说一句“好啊”“没问题”“那我可荣幸了”就可以了，没有必要当真，如果当真，不妨确定具体时间或地点。

说场面话还要因人而异，因地制宜，否则对实心人说了场面话，最后不好收回，就难堪了。

总之，场面话是一种生存智慧，不宜说得过多、过度，这不是虚伪，不是罪恶，只是一种必需，场面话说得巧，女人才更有体面。

巧说祝酒词，不失女人端庄

应酬宴会，大多离不开酒，一篇辞色俱佳的“祝酒词”常常能够让酒席上的气氛更加热烈，和谐，让宾主尽欢。祝酒词是招待宾客的一种礼仪，说得好可以增进友谊，活跃气氛，同时展现自己的高雅内涵。同时祝酒词也是一种传递思想的工具，能够使双方加深了解，增强信任。不雅的祝酒词却会把自己甚至公司的形象毁掉。

怎样巧说祝酒词，既能活跃气氛又不会显得粗俗无礼呢？

1. 适应场合

正式的商务宴会祝酒词一般有固定的形式，如：“让我们首先欢迎诸位朋友能够赏光到来，请允许我，为谁、为什么而干杯！”或者：“感谢贵公司的信任，选择了我们作为合作者，为预祝合作愉快而干杯！”

在友人或者不太正式的商务聚会的场合，不妨随意一点，“聚在一个酒桌上就是有缘，为这份缘分也得干一杯！”“酒逢知己千杯少，今天在座的都是最好的朋友，大家都高兴，一定要尽兴而归啊！”

根据不同的场合，可以有不同的祝酒词，祝酒词与场合相吻合，一般在婚礼上的祝酒词应该侧重于情感方面，向退休员工表达敬意的祝酒词则应当侧重于怀旧，节假日庆祝的祝酒词要侧重于欢乐和分享，生日祝酒词侧重于展望未来，等等。

2. 诙谐幽默而不失高雅庄重

一些江湖匪气较重的祝酒词，比如“屁股一抬，喝了重来；屁股一动，表示尊重”“感情深一口闷，感情浅舔一舔”“宁可胃上烂个洞，不叫感情裂条缝”“东风吹，战鼓擂，今天喝酒谁怕谁”，最好不要从女性的嘴里说出来，太过粗俗，有失庄重。祝酒词最好不用那些陈词滥调，过于恶俗。如果能用一些新鲜、幽默、清丽脱俗的语言说出来，则显得更加富有涵养。比如：“人家都说‘酒里乾坤大，壶中岁月长’，我就祝各位‘喝酒肚量大，友谊百年长’，最好咱们到70岁，拄着拐棍走路的时候，还能在一桌上喝几杯。”或者“难得大家相聚，无论以后人生浮沉与贫富贵贱如何变化，相信朋友间的友情始终是淳朴真挚的，而且就像我们桌上的美酒一样，越久就越香越浓。干一杯美酒，酿一段美好回忆。”

3. 祝酒词应尽量丰富，多变

女人想要展现自己的独有风采和口才，就不要干巴巴地说那些“为什么而干杯”的祝酒词，不妨加入一些回忆、赞美、相关笑话或故事之类的内容，当然不宜过长。这样可以使得自己的祝酒词不拘一格而且更丰富多彩。比如：“我记得……就让我们把这些属于大家共同的欢乐的时光都浸到酒杯里，喝下去。来，干杯吧！”

女人的祝酒词最重要的是显示自己的优雅自然，无论是幽默俏皮的还是端庄热情的，最忌流俗和粗俗，有暧昧的联想，否则就是失败的。不妨在赴宴之前模拟几段祝酒词，然后再根据现场气氛，进行灵活的变换，就能让自己的祝酒词巧妙而多彩，显示自己的修养和内涵。

含蓄表达，拒酒要有好借口

酒席上女性往往成为弱者和很多男性朋友的“待宰羔羊”，尤其是女性较少时，很多男性朋友更喜欢起哄，怎样在应酬中保持清醒而又不会得罪朋友呢？一定要找到巧妙、天衣无缝的借口才能让自己“全身而退”。现在就介绍几种不引人反感的好借口，帮助女人渡过酒宴上的难关。

1. 我开车来的

开车是拒酒最好最实用的借口，如果实在不能喝酒，最好每次赴宴都亲自开车，不要让别人找到缝隙。拒酒词则可以委婉一点，在上酒前声明：“我今天开车来的，醉驾是要拘留的，所以大家的心意我只能心领了。”不过最好不要提及车祸，以免败坏兴致，破坏酒宴的气氛。

2. 我稍后还有个约会

女孩子推托的最好借口，带着几分暧昧和亲昵，让人更不忍拒绝，大多数异性都会给面子，让别人开几个不伤大雅的玩笑，更能拉近和他人的关系，使气氛更融洽，人脉关系更热络。

3. 坚决不喝

声明不会喝酒，上酒桌后，从一开始就不喝，坚持一口也不喝，因为你一旦喝了第一杯，就会有第二杯、第三杯，喝了这个人敬的酒就要喝那个人的，因此最好从一开始就不要喝。可以借口“对酒精过敏”或者“不会喝酒，闻闻酒味就已经半醉了”“我更擅长给大家倒酒”，谈笑风生中拒绝了喝酒。

4. 撒娇，让人代喝

年轻的女孩子可以多用这一招，对敬酒的人撒撒娇：“我一喝酒脸上就会长痘痘，明天你叫我怎么出去见人。”“这几天上火了，再喝酒头上冒火该冒犯大家了。”“你们看我今天穿得斯斯文文的，不要害我喝酒露出暴力女的本性啊，人家不想出丑。”或者表示自己不舒服，让男同事代饮一杯，在酒席上遇到这种会撒娇的女人，一般人不会再劝酒。

5. 根据对方的敬酒词，有针对性地拒酒

一般敬酒的人都会说一段敬酒词，比如：“感情深一口闷。”“酒逢知己千杯少。”“酒是粮食精，越喝越年轻。”等等。可以针对对方的劝酒词，有针对性地说拒酒词，比如：“只要心里有，茶水也当酒。”“为了不伤感情，我喝；为了不伤身体，我喝一点儿。”“既然酒是粮食，那我还是吃原生态的酒吧，还是把米饭放酒杯里您喝一杯我吃一杯。”一句幽默可以让大家都哈哈大笑，也避免了对方和自己的尴尬。

6. 攻对方的薄弱环节

一般用在明显分成两个阵营的商务酒宴，如果自己不胜酒力，可以寻找对方阵营中酒量最差的人，拉着对方一起喝，避实击虚，直接向对方最薄弱的环节主动出击，对方往往只好放弃灌酒的意图。

7. 女孩在外面不能多喝酒

比较严肃或乖巧的女孩子可以用这个借口挡酒，一般男人都不会过于勉强。如果遇到纠缠也可以求助于自己熟悉的同事，不至于把场面搞得太尴尬。

总之，女孩子拒酒一定要把握一个原则，就是不要让大家都难堪，因此那些故意冷场、闹别扭、破坏应酬气氛的方法最好不要用。

真诚的答谢让女人更受欢迎

古语有云“来而不往非礼也”，朋友之间有喜事前来祝贺，有困难获得了帮助，有不幸深切安慰，都需要及时答谢，才能让帮助你、祝贺你、安慰你的人感受到你的诚意和回报。真诚的感激对于沟通情感、巩固友谊等都能起到很好的效果，更能让你在社交中更受欢迎。

怎样感谢帮助你的朋友，又怎样对这些感谢作出相应的“答谢”呢？

1. 用含有歉意的语言表达自己的不安之心

获得了别人的安慰、祝贺、帮助的同时，往往耗费了对方的一些精力，这时候，不妨用一些歉意的话表示自己的不安，比如“真对不起”“烦您……”“劳您……”“实在不好意思”“真令人过意不去”“让您费心了”等等。这些谢词往往用于别人只帮了一点小忙或是口头上的，或是对别人轻而易举、顺便而为的。

2. 礼物感谢别忘表达心意

如果别人的帮忙比较大，往往要送礼物，或者宴请对方。无论如何，在行动的同时不要忘了说几句客套话，比如“一点小意思，不成敬意”“随便买了一些小东西，不知道您喜不喜欢”，这些话往往用于临别时或者对方接过礼品时，往往不过于张扬，对方也更便于接受。总之不要让礼品冲淡了人情，更不要反复提及或者提到礼品的价值。

如过宴请对方致谢，则适合在敬酒词中表达出自己的答谢之意，“上次的事，多亏您帮了大忙，我敬您一杯”。

这种形式的答谢最好用于一杯酒、一份礼物可以报答得了的恩情。

3. 表示在行动上会回报对方

如果暂时没有能力报答对方或者对方的帮助比较大，言谢就会显得过于虚伪和浮浅。这时，不妨在语言上表示自己有在行动上回报对方的愿望，比如：“今后能给我一个回报的机会吗？”“大恩不言谢，希望以后有机会为您效劳！”“希望能投桃报李，需要我时尽管开口。”“能不能赏个脸，让我为您奔波一下，免得心中不安。”

对于别人的感谢，也应该及时做出反应才不会过于失礼，千万不要表现出一副“施恩”的嘴脸，更不能挟恩图报，否则更容易引人反感。这种“答谢”，一般可以用以下几种形式作答。

1. 表示不足称谢

“朋友之间出点力是应该的，有什么可谢的。”“你跟我之间，还要见外吗？”

2. 表示没给自己添多少麻烦

“一点小事，没花多少时间。”“我是顺便而已，不要放在心上。”“这点小事，捎带而已。”

3. 表示不好意思接受

“这么重的礼，我受之有愧。”“快别这么说，我都有点不好意思了。”

4. 感谢对方的礼品或宴请

接受对方有实质性的谢意时，不要忘了表示自己的感谢。比如：“谢谢您的礼物，我很高兴。”或者：“劳您破费了。”“恭敬不如从命，这份礼物我收下了，下次不要这么客气。”

总之，女人也要学会表达自己的感谢和报答，这是公平社交的基础。

迎来送往时，巧表达给人深刻印象

接待宾客、迎来送往是日常交往中最常见的事情，作为主人热情、愉悦地接待客人，让来宾第一时间感受到自己是受欢迎的非常重要。说好见面语和送别语，正如一篇璀璨的文章有一个精彩的开篇和意味深长的结尾一样重要，怎样巧妙表达对于来宾的欢迎和自己对于接待对方的荣幸和愉悦？怎样在送别时表现出自己的依依惜别之情和意犹未尽尤盼相聚的感情，让宾客尽兴而留恋？只有巧妙地表达出自己诚恳热情的态度，才能让宾主都尽欢，给对方留下深刻的印象。

接待宾客时，可用以下几种表达方式：

1. 欢迎

“欢迎来做客，请进！”“欢迎您大驾光临！”带着一点戏谑，更能体现出女人的幽默。

2. 表示荣幸

“稀客，稀客，哪阵风把您给吹来啦！”“您来啦，真是个大惊喜，快请进，快请进。”“您能来我真是三生有幸，令蓬荜生辉啊！”“很荣幸您能来，欢迎，欢迎！”一般用于不常来或者身份较高贵的客人。

3. 表示自己很高兴见到对方或很想念对方

典型的如“很高兴见到你”，然后握手，一般用于和陌生人第一次相见；如果是熟人，不妨用“某某，见到你很高兴”或者“好长时间不见了，再次见到你真高兴”；如果是同事、好朋友，则不妨用“虽然昨天刚见过，好像又想你了，真是‘一日不见，如隔三秋啊’”，更亲昵一点；对于久别不见的友人或同学，则可以表达为：“这么久不见了，可看到你好像还和昨天见过一样，好像还能看到你泼了我一身水，在那边得意地笑，历历在目一样，看来咱们还都没老。”立刻将时间的距离拉近。

4. 希望对方不要客气

“里面请！”“拿这当自己家一样，不要客气！”

送别宾客时，有以下几种表达方式：

1. 表达不舍

最普通的如“慢走”，表达出自己的不舍；“这么快就要走了，怎么不多待一刻？”“这么快就要走啦，好像刚来没多久，还没玩够，真舍不得你们走，下次一定要早点来啊！”表现出自己的依依不舍。

2. 邀请下次相聚

简单的如“再见”，表示出期盼下次相见的意思；“有空下次再来！”“哪天打电话再聚！”“下次去你家拜访！”“下次可要带某某来啊！”这个某某可以是对方的伴侣或小孩；“走好，欢迎下次来玩！”“慢走，有空常来玩啊！”“拿我家当自己家一样，有空过来串串门。”根据客人的不同身份，设计出不同的送别语邀请对方下次相聚，随意中不失真诚，让对方感到更亲切、热情。

3. 祝福对方

“一路好走啊！”“一路顺风啊！”“慢走啊，开车小心点！”表现出自己最真诚的关切。

迎送客人的语言没有一定之规，只要能表现出自己的真诚热情和情感，就是最美丽的语言。

第21章　电话交流：不见面的高效沟通技巧

当今我们正处在一个科技日新月异的时代，在这样一个信息化的社会，为了快速获取一些重要的信息，越来越快捷的沟通方式已经逐渐被人们所认可，而多种多样的现代化交通工具也层出不穷。在这其中，最快捷、使用率最频繁的就是电话，千万不要以为电话交流是最简单的沟通方式，其实，不见面的沟通往往需要高效的口才技巧。

 女人学会用电话进行高效的交流

在电话中交流与平时闲聊不一样，电话起到的主要是通知和沟通的功能，应该像书面书写或者正式场合的见面一样，要有一个规范的程序，至少讲话时要使用规范的语言，使电话沟通能变得简明、顺畅，给对方一个干练的印象。怎样使用电话进行快速有效的交流呢？必须要遵守电话的使用规则：

1. 明确身份

接起电话或显示电话打通了，首先要彼此明确身份，在简单的“您好”之后，可以简单介绍说这里是某某公司，告诉对方你的身份同时确定对方的身份。如果是私人电话，最好能告诉对方自己的名字和与对方的关系，否则遇到对方不熟悉你就麻烦了。

这样做不仅仅有利于通话的顺利进行，更是对对方的一种尊重，也是一种礼貌的行为。同时确定一下对方是否是你要找的那个人或那个单位。

2. 寒暄客套

确定了通话双方以后，最好客套一两句比如“打扰您了”或者“很高兴能与您通话”之类的话语，客套不要过长，否则很容易引起对方反感。如果是电话推销或者进行比较长时间的通话，可以先问一下对方有没有时间或者是否方便。如果对方正有一个重要会议，你却在电话里东拉西扯，耽误一分钟，对方也会不高兴。

3. 说正事要尽量简单明了速战速决

电话用语一定要言简意赅，把需要陈述的内容用最简洁明了的语言表达出来，可以给人留下一个精明干练的印象。即使打私人电话也尽量先说正事，然后再沟通感情，让对方对你的“正事”先有一个印象，切忌说话吞吞吐吐，含糊不清、东拉西扯。语言要凝练，表达方式要明确，不要加一些“嗯”“啊”之类的助词，或者说些套话。如果在电话里说不清楚的，或者需要占用过多时间的，最好先电话通知一下，然后告诉对方用电子邮件详述或者见面时候再详谈。

电话一般只起通知、邀约、无分歧沟通、小请求的作用，通话的时间不宜过长，一般以3至5分钟为好。一些电话销售本身就存在方式上的问题。顶多起通知对方有东西或服务要销售，希望知道对方的空闲时间，见面详谈的作用，不可能通过电话达成某些购买意向或大的项目。所以有分歧的沟通或请求最好不要通过电话进行，这也是对别人的一种尊重。

如果是私人电话，不妨再加上一两句联系感情的话，避免对方以为你打电话就为了说事，过于无情。如无必要，最好不要用电话长时间聊天，即使是亲人朋友也如此。

4. 电话道别

在说“再见”之前，最好有一个暗示或者预警，比如：“就这样……”“某日几点在哪见面，然后再详谈，您看这样好吗？”“这次通话很愉快……”“请您转达，谢谢！”这些话是通话结束的信号，也是对对方的尊重，总之最好不要说完事直接挂断电话。

电话交流讲究的是效率和明朗，最好能在打电话前做好一些准备和资料，如果对方在电话中说不明白，可以直接用询问的方式，把重要事情弄清楚，总之不要啰嗦和拖沓。

电话讲礼仪，礼貌言辞不简单

接电话也如同听收音机，那打电话就如同电台广播，你的紧张、压抑、心不在焉、粗鲁无礼其实都可以通过自己的声音表现出来，如果不相信就用心听一段广播，你甚至可以听出主持人是兴高采烈的还是今天心情有点不好，还是对信息比较冷漠。

所以在电话中说话更要注意自己的礼仪，不要因为彼此看不到，就忽略某些礼貌，正是因为看不到，对方才更急于从你的说话态度、语音中揣测你的诚意和尊重。再者，当你打电话的时候，也许你身边就有人在注意你的电话仪态，继而揣测上次你接听他的电话时可能做了什么动作，你这个人平时的彬彬有礼是不是装出来的，你是不是表里不一，等等。在讲电话时要遵循那些礼仪呢？

1. 少说“喂”

很多人拿起电话，第一反应就是“喂”，其实最好不要这样，就算要确定是否接通，也最好用疑问的语气，即升调说出来，而不要用降音调来讲，“喂”的降音调，有命令的语气，会引起别人的不满。接下来讲“您好，怎样怎样”。如果是给熟人的私人电话，不妨先问“某某吗？”然后再寒暄一番，上来说“您好”反而显得不够亲热。

另外，公务电话最好多用“您”，见不到反而更要尊重对方才更有礼貌。

2. 非私人对话最好不要用我是

如果是公司电话，最好用“这里是某某公司”，而不要用“我是某某公司的某某”，对方不会关心你是谁，关心的是你是哪家公司，你有什么事，有什么业务。

3. 多说礼貌用语

如果电话的那一头不是你想找的那个人，一定要“请您帮我找一下某某”，而不要干巴巴地说“找某某”。

电话中也要多讲礼貌用语：您、请、贵公司、贵姓、谢谢您来电、再见。就算打错了电话，也要说一声“不好意思，打扰您了”，千万不能直接啪地挂掉，是很粗鲁的行为。

4. 无论是打电话还是接电话，都不要做小动作

讲电话的时候最忌一边讲电话，一边忙其他的事。如果真的有急事，不妨先让对方稍等，处理完“急务”再讲电话；如果是比较重要或处理时间比较长的事情，可以跟对方说清楚，然后告诉对方“我半小时以后再给您去电话”或者“您过段时间再来电话好吗？”如果对对方不耐烦，不妨直接拒绝对方“谢谢，我不需要”；也不要随便别人在一边啰唆，你直接无视对方。

通话时，虽然你的动作对方看不见，也要用文明的举止和肢体语言，否则对方能够感觉得到。

5. 不要打断别人的话

在聆听的过程中最好不要打断别人的话，最好在别人告一段落后，再请对方重复，或者提出疑问。需要查询或记录时，最好提醒对方“请稍等”，然后再行动。

6. 私人电话中的礼仪

和朋友、亲人、爱人打电话时，往往会“熟不拘礼”，但也有一项最重要的礼仪，就是在打电话时不要再和身边的人说事情，即使是你们共同的朋友也不要，否则会引起对方不快。最好能在私人电话中加入一些关怀的话，会让对方更能感受到你的关心和情感。

在电话中一定要比平时见面时更注重礼仪，因为电话是一对一的，再者看不到就会更注重能听到和感觉到的，电话礼仪任何时候不能少。

电话里的“客套话”一句也不能少

电话是一种非直接面对面的人际沟通方式，更需要一些活络感情的客套话来进行“润滑”。直接见面的话可能拍拍肩膀就上来聊天了，讲电话少了握手、拍肩等肢体语言的活络，要拉近距离，就一定要用“客套话”来预热一番。那么电话里的客套话一般都有哪些呢？在哪种恰当的时机下，怎样讲才更显得热情亲切，沟通无距离无隔阂呢？

1. 电话一开始

接起电话，打完招呼后，不妨客套几句，比如：“好久不见，你还好吗？”“晚上好，久违了。”“很高兴接到你的电话。”“听到你的声音太好了。”“我一直在等你的电话。”“好久没你的电话了。”“能接到你的电话太好了。”“我正想着要不要打个电话给你，你的电话就来了。”“你倒比我抢先了一步。”“我前天刚给你打过电话，但没人接。”“我估计这几天你就该来电话了。”等等诸如此类的客套话可以把别后或上次电话后的感情重新联络起来，这种情感的“预热”，可以消除距离的隔阂，更有利于接下来的沟通。

2. 问候的话语

如果是熟人，私人电话，不妨多一些问候的词句：“过年好！”“最近怎样？”“工作还顺利吗？”或者问候对方非常亲密的人：“姐夫怎样？”“小侄子还好吗？”“伯母一向可好？”或者讨论天气：“我们这边下雪了，你们那边怎样？注意身体啊！”这类套语虽然俗套，但必不可缺，那代表的是你对对方的真诚关心和关注。如果对方最近有重大事情发生，不妨加上一两句：“听说您病了，现在好点吗？”“听说您最近有点小麻烦，有什么需要帮忙的吗？”“刚听说你结婚了，恭喜啊！”等等，显得两个人的关系更亲近。

3. 如果在不方便的时间给对方打电话

有时候不得以必须在太早或者太晚的时间还要给对方打电话，就一定不要忘了自己的歉意，比如：“对不起，这么晚打电话来。”“希望没有打扰到你。”“抱歉这种时候找你。”“希望这么早没吵到你。”跟熟人可以随便一点：“还没睡吧，打扰到你了吗？”

这样带着歉意的话可以消除对方被打扰的不快，表现出的歉意同时也是自己尊重、信任对方的诚意。

4. 临挂电话前

不妨客套几句，暗示自己的电话将要结束。比如“晚安”，爱人之间可以亲密一点“做个好梦”，另外常用的还有“过些日子闲了聚一聚啊”“过些时候再打电话”“常联系”“保持联络啊”“有时间去拜访你”“以后常来往”。如果是公务性电话，不妨加上“欢迎垂询”“交个朋友，以后联络”等客套语。临挂电话前最好能客套几句，不要以干巴巴

的以“再见”做结束语，否则会显得很没有诚意，也不够热情。

打电话沟通，因为见不到面，看不到对方的表情，更要用语言表现出自己的热情和诚恳，就是所谓的“客套”。但客套话也不要过多，太多的场面话、客套话，会让对方认为你在敷衍自己没有诚意，也不能显示两个人之间的亲近，可见电话中的客套话也要把握分寸，不要过度。

电话中的问候如何恰当进行

千篇一律的“您好”为开头的电话问候未免单调，但很多时候，自己也无法掌握最恰当的问候方式。在电话中，“巧妙”的问候可以为你的电话语言增色，还可以加强沟通效果，增进两个人之间的感情，现在就介绍一下在电话中如何恰到好处而简洁分明问候对方的方式。

1. 遵从自己的身份角色

无论是公务性、商务性还是私人电话，都要遵从自己的角色。

公务电话一定要加强服务意识，遵从职业角色。很多单位对接听电话如何问候、打招呼有严格的规定，如果本单位有接听电话规定，那就要严格执行。如“您好，这里是联想服务热线，某某号某某竭诚为您服务”，训练有素的职业问候会让拨打电话者感到信赖。宾馆饭店、会所、售后客服等，也都有类似的接听问候规定，按照规定问即可。

如果是商务性质的电话问候，语气一定要放轻松随意些，“你好”或者“下午好”是不错的开场白，没必要过于郑重地用“您”这个尊称，或者太过正式，否则顾客如临大敌，就得不偿失了。

私人问候最好问候对方的身体健康状况，表达自己的关心，可以更随意一些，“嗨，某某！”“最近还好吗？”“一切都顺利吗？”等问候方式，既显得亲切随意，又可以表达出自己的关怀、熟络之意，更适合自己朋友的身份。

2. 不同时间可变换不同的问候语

除了普遍的“你好”之外，还可以根据时间的不同进行问候，早上7点到10点之间，可以问声早安，10点到12点间上午好，12点到14点间声中午

好，下午2点到6点可以问下午好，晚上18点到21点问声晚上好。早上7点以前，中午12点到2点，晚上9点以后，如果没有急事，最好不要再给对方打电话，以免打扰他人的私人时间或隐私，当然私人电话除外。

如果在特殊的节日，问候可以变得更多样，比如“圣诞快乐”“春节好”等等。

3. 不同对象用不同的问候语

如果是跟家里人、同事或者熟悉的朋友打电话，最好不要一板一眼地说“你好”，以免显得过于生疏或不欢迎对方。而可以用多种方式来问候，比如给好朋友家里打电话，如果是对方的男朋友接的，自己与他也比较熟，那就可以说“姐夫好”，或者直呼其名“某某啊，安安在家吗？”更加自然顺畅，熟不拘礼。

另外，如果关系到求人帮忙或者与职务较高的人打电话问候，就不妨用职务问候，比如“马科长好”“李经理，您忙着呢”等等，更能体现自己的尊重，更能讨对方高兴。

4. 通报自己的姓名或身份

问候完“你好”之后，应该马上通报自己的姓名或身份，以免给对方造成困扰。通报姓名也有窍门，如果对方和你比较熟悉，可以直接报出自己的名字：“我是某某”；如果对方对你的名字不熟，就要通报身份：“我是你肖阿姨”；如果对方对你的身份和名字都不熟悉，就要通报与他熟悉的人的关系，比如“我是某某的爱人”“我是你妈妈的好朋友”等等，对方才不会因反应不过来而造成困扰。

另外，问候时一定要热情，诚恳，让对方感觉到你的诚意。因此语气、语调一定要适中，不要过于大声（除非老人）或者有气无力，否则对方会认为你心不在焉或过于勉强，让讲电话的人不舒服，沟通效果自然也会打折扣。

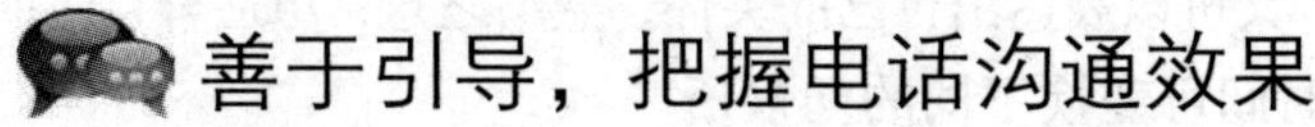

善于引导，把握电话沟通效果

在电话沟通中，更要学会引导话题的走向，才能获得你想要的信息，

实现高效的沟通。很多人在打通电话一番不痛不痒的闲侃之后，忘了自己的本意，只好再补充一个电话；或者被对方牵着鼻子走，一番长篇大论或无关紧要的争辩之后，无功而返。

怎样避免出现这种情形呢？打电话之前就要确定好自己的主题，话题要一直围着自己的主题转，更要善于引导对方，让对方的思路朝着自己预定的方向前进。怎样引导对方呢？

1. 在私人电话中

私人电话引导话题的方式可以轻松随意一点，寒暄后可以这样导入话题："我听说……就想问问……"或者："跟你说个事……"私人电话沟通，如果出现意见分歧，最好不要在电话中沟通，浪费时间，还伤感情，最好约见"见面闲谈"。

2. 在公务电话当中

找到你要找的人后，马上告诉对方有什么事情需要见面详谈，或者询问后续部分怎样处理，直接进入话题即可；不要吞吞吐吐，含含糊糊，反而显得自己不够大方。

3. 在营销电话当中

营销电话导入话题是最困难的，客户有一种自然的排斥心理，要把握一定的沟通技巧，才能避免被对方牵着鼻子走。

首先，简单的招呼之后，清晰说出自己的企业和名字，企业名称有一种隐约的话题导向，比如保险公司肯定不会销售纸笔。有些客户一听公司名称，马上挂断电话，这种很少能成为潜在客户；相反，只要没挂断电话的，就对你的公司或你的目的有一点兴趣。

然后，以自信的态度清晰表达出电话拜访的理由，会让对方感觉到你的专业可信赖。主要是谈业务还是约见，是做调查还是介绍新的产品服务，一定要有一个详细、确定的理由，千万不要说是做某项调查的，最后卖起产品来了，会引起客户的反感。

最后，用询问的方式引导客户的注意、兴趣及需求。

好的营销者善于提出问题，比如我们常常接到推销保险的电话，结束寒暄后，对方往往会提出"您有保险吗？"如果回答有，对方可能接下去提问："是哪方面的？大病的，意外的还是养老的？是消费型的还是分红型的？"

推销员提出什么样的问题，顾客就会做出什么样的反应。问题能引导顾客的注意力和兴趣。专业的电话销售人员总是倾向于向客户提问题，而较简洁介绍自己的产品。问一个有利有效的问题，问能够稳定顾客思维方式的问题。选择哪些问题来询问更能引导谈话呢？

开放式的问题，为了引导对方能开口而选定的话题，目的是了解对方。如果你想多了解一些客户的需求或真实想法，就要多提一些开放式的问题，比如“什么”“哪里”“告诉”“怎样”“为什么”“谈谈”等。比如在保险业务中提问：“您觉得自己缺少哪方面的保障？”

封闭式的问题，为引导谈话的主题而特别选定的话题，目的是知道确切答案。希望对方的回答于限定的范围。封闭式的问题经常体现在“能不能”“对吗”“是不是”“会不会”“多久”等疑问词之间。比如对方回答“我需要考虑一下”，就可以这样询问对方：“方便知道多久之后您会答复我们吗？”

自然真挚，让对方听出你的表情

使用电话沟通，因为双方都看不到对方的表情，沟通往往要比见面更加不顺畅，更加充满戒备。怎样加强沟通的效果，让对方听到你的声音即能理解你的意图和情绪？

1. 语气语调语音上做文章

你的声音是充满青春活力的还是有气无力、充满疲惫的？你的语调是高昂的还是低沉的？高昂的语调往往代表着尖锐和不满，过于低沉的语调往往会让人感觉过于冷漠或慵懒。或许你的情绪还需要再调节？你的语气是诚恳的热情的亲切的，还是充满戒备和不满的，充满愤怒和不耐烦的。任何一种情绪都可能在自己的声音中表现出来。打电话之前，先要调节自己的情绪，确保情绪平稳，再用自然诚恳而亲切热情的态度和对方打招呼，就有了十分的诚意。

2. 使用加强的语言

当你拒绝某件事，而对方拼命纠缠的时候，不妨加强词句中的坚决：

“我已经有了一份类似的保障，绝不会再重复购买。”同时你的语气也要表现出坚决的拒绝，而不要用迟疑的语气：“我大概不会买，你别再说了好吗？”用兴奋的声音说：“接到你的电话真的很高兴/特别高兴”，都可以让你听起来更诚恳。

3. 不要隐瞒自己的不快

如果对方的语言引起了你的不快，为了表示尊重，不要针锋相对，但也绝不要委曲求全：“为了尊重您，我不会用同样的方式应对，但也请您尊重我的工作。”私人电话不妨这样表达：“你的话很刺伤我，为了避免误会，咱们下次再聊吧。”这样的话能够为自己留一份自尊，也让对方心存歉意，反而比唯唯诺诺继续下去更容易获得他人好感。

4. 认真倾听对方电话并及时反馈

接听电话，应聚精会神，仔细聆听对方的讲话，并准确、及时作答，给对方积极的反馈。如果不清楚对方的意思，可以要求对方重复一遍或询问清楚，倾听时，应该适当有所表示，如“是”“对”“好”“请讲”“不客气”“我明白了”等等，少用语气词“唔”“嗯”等，否则会让人感觉你漫不经心。为了加强效果，可以复述对方的话，以确定自己理解的是否正确。

5. 态度要尊敬诚恳

我们常常会遇到这种情形，客服人员给你打电话进行某项调查，你甚至可以听到对方在做什么，哗哗的翻纸声，代表他没有事先准备好资料和表格，难道他以为你不会反馈有用的信息，甚至不会接受这次访谈？果然，对方开始说话，你甚至听出他语气中的有气无力；当你反映自己使用中遇到的问题时，他有点心不在焉，你似乎看到他在一边转自己手中的笔，一边听你诉说遇到的麻烦，那对于你来说是很重要的，可他司空见惯，对这种麻木和掩沓你愤怒了，即使对方再怎么保证“一定会尽量解决、改进”，你也会放弃这家公司的服务。

与此相对，你打电话时，最好也要态度诚恳，尊敬，日本人甚至会在打电话时鞠躬，对方自然可以听出他语气中的尊重和诚恳。讲电话时千万不要做与讲电话无关的事情，接电话前或刚结束电话最好不要谈论对方的是非，因为也许对方还没有挂机，刚好听见你的不逊。也不要捂住听筒说其他事情，那不过是“掩耳盗铃”。

注意电话沟通中的禁忌语言

在电话交流中，一些不确定或否定性的语言有着削弱沟通效果的缺陷，一定要小心应用。否则会给别人留下坏印象，影响你的形象。如果你想要让对方认为你是一个知道何去何从、分量很重、有担当、有分寸的人，应该尽量选用肯定句，至少不要运用以下的任何一句禁忌语：

1. 我不能

最好不要说“我不能”，而改换为“时间或场合不太方便，你看……好吗？”安排一个方便的时间、方便的场合或方便的方式如果对你来说是可以的，就不要说“我不能”，而要直接将自己的建议阐述出来。

如果想要拒绝对方，不妨说“谢谢，我不需要”“我暂时没有这方面的安排”。

2. 我试试看

极像一种推脱、敷衍之词，言外之意是你只是尝试一下，甚至连尝试也不会。最好用“我尽力而为”，或者直接给对方一个期限：“我会尽力，但不能保证结果，三天后如果我不能做到，就是真的无能为力了。”如果你不愿或不能做某件事，最好也不要用“试试”来敷衍对方，最好把话说明白，“这件事在我的能力之外”或者“我不想这样做”。

3. 我必须先……

“我必须先和经理商量一下”或者“我必须和财务核对以后才能……”，显得你很无奈，你对自己没有自信或对工作、职位有抱怨态度，最好改为“我会尽快”和某人商量、联系、核对一下，尽快征询别人的意见，会显得自己更重要，也是一种承诺。

4. 我不确定

如果你不知道，或者答案暂时还不明确，不妨用这样的语言：“现在还没有确切答案，稍后再回答你可以吗？”或者：“我会尽快确定答案，到时给你打电话。”“我尽快问清某人后答复你。”如果是你不确定自己那时是否有时间有空闲，不妨这样说：“如果方便，我会……”

5. 老实跟你说……

言外之意是以前你所说的种种不过是借口，或者你是个一向都逢人只说三分话的人，只有这一次是破例的。就算真的是这样，最好也这样表达：“直白地说……”“坦白地说……”“实情是这样的……”才会让听着感觉到你的坦白和干脆。

6. 你为什么不……

质问、审问的语气是最糟糕的沟通方式，容易伤害到别人的自尊心，不妨改为建议的语气：“我建议您……”“我能知道您的真实想法吗？”

7. “骚扰”一词

要求对方的联系方式，无论是电话、地址还是传真、邮箱，最好不要这样说“我不会轻易骚扰你的。”不妨直接说：“方不方便给我个电话？”就算表明你绝不轻易打对方的电话，最好也要用这样的后缀“我不会轻易‘打扰’您的”，因为骚扰电话、骚扰邮件实在是太令人讨厌了，以至于听到这个词就会接收到这种暗示。

8. 我能请教……

你想请教的无论是别人的姓名还是某个问题，只要你开口了，就已经在请教了，不妨直接说“请问您……”，如果不是不方便的问题，对方一定会直言相告。如果那是一个秘密，你再说“我能……”的时候，就已经犯了对方的忌讳。

总之，在电话中讲话，一定要首先考虑听话人的感受。不妨用角色互换的方式想一想：如果对方这样说话，你会认为他是怎样一个人？有助于自己的形象塑造，有助于有效沟通吗？然后再去说，就不会犯这些禁忌了。

第22章　精彩演讲：成功女人的口才风采

所谓演讲，就是在公众面前进行的语言传递，并配合必要的肢体动作。演讲比呆板、相对静止的讲话更有鼓动力和影响力。作为女人，或者因为工作需要，或者因为交往需要，都不免会遇到演讲的场合。而一场精彩优美的演讲能给人以回味，征服所有的听众，当然，这需要女人出众的口才技巧。

女人演讲更要营造出好氛围

为了达到演讲的目的，演讲者常常需要让听众和自己同呼吸共命运，让听众紧紧跟随自己的情绪和脚步，才能与听众形成某种情绪上的互动和共鸣。怎样时刻带动听众的情绪呢？演讲者必须从主题出发，结合现场的具体情境，并针对听众的心态和情绪，灵活地调用种种语言手段，使听众形成某种触动、牵引或好奇，吸引他们的注意力，并逐渐使们心潮澎湃，最终和上你的节拍，才算成功营造出了良好的气氛。

女性演讲者与生俱来的温柔和气，常常使听众不自觉地轻视和扰乱视听，更需要好好渲染气氛，才能吸引听众。女人怎样用自己的语言营造出好的演讲气氛呢？

1. 根据不同目的，选择不同的氛围和演讲词

根据演讲的不同目的，事先选择将听众带入怎样的氛围，然后再选择不同的语言表达方式，将听众带入这种氛围。

比如想要营造热烈呼应的氛围，就要使用大声呼吁法，引发听众的激情或愤慨之情，然后听众自然应者云集，燃起同仇敌忾的烈火。法国大革命期间，一个保皇者将大革命的领导者——马拉杀死了。这时群情激奋，国民公会中立刻站起一位名叫希罗的人，发表了即时演讲，他大声疾呼："大卫，你在哪里?你给我们留下了为祖国献身的列比里契埃的形象，现在，该再画一幅出来!拿起你的画笔吧，为马拉报仇!让敌人看到马拉被刺时的真实情景而发抖!这是人民的要求!"此呼吁一出，正在现场的画家大卫，立即大声回应道："好，我一定再画一幅!"立即引起群众的强烈反响，掌声如雷。

如果想要营造庄严肃穆的氛围，则可以使用宣誓的方式，激发出人们崇高的敬意。如罗斯福第四次就任总统时，正处于二战最紧张激烈的时期，他在就职演说中，沉稳地说道："今天我站在这里，在我的同胞面前，在上帝面前，庄严地宣誓就职。我知道，美国的目标就是：永不言败!"这样的宣告，无疑给了战火中的人民一颗定心丸。而这庄严的宣誓词，自然便营造出一种肃穆的氛围，给听众带来强烈的心灵震撼，激发起他们崇高的情怀。

如果希望将听众带入亲切热烈的氛围，可以将幽默的趣话引入演讲，如周立波的每次演讲都是以幽默而令人深省的经典词句让观众深思和大笑的。

2. 运用不同的语调，为演讲词渲染气氛

不同的演讲词应配合不同的语调，更容易渲染现场气氛，与观众达成共鸣。如在某些追悼会上，人们往往使用沉痛的语调；在呼吁人们保护环境的演讲会上，往往语气热烈，激起人们的热情；在谴责偷猎者的演讲中，则往往用痛心疾首的谴责语调，增加愤怒的情绪。演讲者和听众的情绪是可以产生共鸣的，不同的语调，引发不同的情绪，女人要善用自己的语调"煽情"。

3. 善于调动听众参与的热情

一般来说，听众讨厌那些惯于卖弄、喜欢炫耀，总是以自己为中心的演讲者。在演讲当中如果能和听众产生"互动"，在以演讲词感染听众的同时，征询听众的积极回应，也有利于推动演讲的顺利进行。可以在需要的时候向听众提出富有针对性和启发性的问题，如："大家觉得这种行为是否需要深省？"调动听众参与演讲活动的热情，使他们意识到，自己也是演讲的重要成员，就能有效地集中听众的注意力，避免冷场。

总之，渲染气氛的主要目的是要使演讲者与听众融为一体，而不是胡乱地炒热氛围。有些用掌声和肉麻的笑话来热场的语言和行为是最低级的，不值得借鉴。

别致的开场白迅速抓住听众心

精彩别致的开场白可以迅速激发听众的兴趣，激起人们的好奇心，在短短的几秒钟内“镇住”听众，让他们的情绪和思想跟随演讲者一起起伏。而平平的开场白，往往使听众在几分钟内就不耐烦了，很难再注意到演讲的内容，即使内容再精彩。因此，很多演讲者都在开场上匠心独运，以奇胜正，立即控制场上气氛，瞬间集中听众的注意力，为接下来的精彩内容做好铺垫。

怎样在演讲一开始就开好场呢？

1. 出奇制胜

根据现场观众的表现，提出话题，引起听众的兴趣。其论调在于“奇”而“巧”，才能造成“一言既出，四座皆惊”的艺术效果，震撼听众，使他们凝神静听你的讲话内容。如在钱钟书的《围城》中，方鸿渐第一次出席演讲，开场就取得了听众的大笑，他是怎样讲的呢？“诸位先生，诸位同学：诸位的鼓掌虽然出于好意，其实是最不合理的。因为鼓掌表示演讲听得满意，现在鄙人还没开口，诸位已经满意地鼓掌，鄙人何必再讲什么呢？诸位应该先听演讲，然后随意鼓几下掌，让鄙人有面子下台。现在鼓掌在先，鄙人的演讲当不起那样热烈的掌声，反觉到一种收了款子交不出货色的惶恐。”不管他下面的演讲内容怎样，这段开场白却是实实在在的一开口就抓住了听众的耳朵。他先提出一个奇怪的话题，再作出合理的解释，既出人意料，又新颖别致，自然深受观众喜爱了。

2. 自我解嘲，妙趣横生

以幽默风趣的自我解嘲为开场白，往往能使听众在哈哈大笑中，对你

产生好感，沉重的话题也能变得轻松，即使演讲存在不满，也能产生宽容心理。

美国黑人领袖约翰·罗克在关于解放黑人奴隶的演说时，说："女士们，先生们——我来这里，与其说是发表讲话，还不如说是给这一场合增添了一点'颜色'。"一句玩笑，冲淡了由种族差异而造成的心理隔阂，使沉重的话题变得轻松。

白岩松在耶鲁大学发表《我的故事以及背后的中国梦》的演讲时，开场即说："欢迎大家扔鞋，但最好是两只，请记得我的鞋号是43号。"这一开场白也获得了满场的笑声和掌声。

这种幽默的自嘲，往往能拉近和听众的距离，让人听了倍感亲切，更容易对演讲内容产生兴趣，还能让听众对演讲者产生宽容心，可谓一举多得。

3. 概括演讲内容

可以在开场后的几秒钟内，让听众对你要谈的内容产生一个大概的了解，适用于对实际问题的演讲。比如，在某次关于投资理财的演讲中，演讲者一上台，即向听众道："今天我来回答三个问题，这三个问题有助于你理财。第一，你如何挣钱？第二，你如何投资？第三，小钱如何生大钱？"开场即深深地吸引住了听众的注意力，然后，逐一展开，使开场的问题一一得到解决。

4. 语出惊人

即用异乎寻常的场面描述，或者故事讲述，或者透露一个触目惊心的数字，或者讲述一个耸人听闻的新闻，让观众随着你的讲述，蓦然深思或寻求解答或探寻你演讲的原因。这种方法，往往一开始就给听众一个较大的震撼，往往更能吸引他们凝神听下去。

如希瑟·拉森在《逆流而行》的演讲中，开场即运用了一系列的惊人之语，迅速把她的听众吸引了过来：

"每11分钟就有一个美国人死于这种病，今年有4.6万人死于这种病，而8年越南战争的死亡人数也不过是这个数字。在近十年里，美国死于这种病的人数是死于艾滋病13.3万人数的三倍。这种病将使你我和其他美国人今年在医疗费用上花费掉超过60亿美元，我所说的患乳腺癌这种疾病的浪潮可能会直接袭击我们在座的每一个人。"

制造悬念与问题，吊起听众的胃口

悬念和问题，往往能引发人们的好奇和思考。好奇是天性，如果能够让听众怀有疑虑，主动去思考、探求，认真倾听演讲者的解释，就能让演讲事半功倍。在适当的时候制造悬念，能引发人们的兴趣，吊足胃口，然后步步阐释，在适当的时候解开悬念，既能使听众的好奇心得到满足，又能使演讲更加精彩动人。

但悬念不能随便运用，更不能够故弄玄虚或悬而不解，否则极容易引起听众反感。在演讲中怎样适当地制造悬念，才能更精彩更吸引人们的注意力呢?

1. 开场制造悬念，吊人胃口

陶行知先生曾在武汉大学演讲，他走上讲台，先从箱子里拿出一只大公鸡，又从容不迫地掏出一把米放在桌上。开始他强按头，强迫公鸡吃米，公鸡却只咯咯叫；他又掰开鸡的嘴，把米硬往鸡嘴里塞，大公鸡拼命挣扎，甚至把米吐出来；最后他松开手，把鸡放在桌子上，公鸡自己就开始吃米了。这幕哑剧让全场鸦雀无声，听众的胃口被吊了起来。这时，他开始了自己的演讲：

“我认为，教育就跟喂鸡一样。先生强迫学生去学习，把知识硬灌给他，他是不情愿学的。即使学也食而不化，过不了多久，他还是会把知识还给先生的。但是如果让他自由地学习，充分发挥他的主观能动性，那效果一定会好得多！”

在开场白中制造悬念，能激发听众的强烈兴趣和好奇心，吸引听众的注意力，起到出奇制胜的效果。

2. 叙事中制造成悬念，使故事更精彩

叙事时，如果平铺直叙，而故事又平凡无奇的话，往往使人们感觉厌倦。这时候不妨制造些悬念，使小故事一波三折，才能更加扣人心弦，使听众在好奇中兴致勃勃地听下去。

某位女副市长给市直机关女同胞作《构建温馨和谐的家庭》演讲，讲

了一位贤惠可爱的小妻子的故事，她是这样叙述的：

“妻子，让丈夫去超市买袋盐回家。好抽烟的丈夫，满口答应着匆匆来到了商场，却尽看五花八门的香烟去了。这时，一位年轻的售货员笑盈盈地对他说：先生，别忘了买袋盐带回家。丈夫觉得好生奇怪，怎么不叫我买烟，却替卖盐的吆喝生意？不久，又遇到了一位老太太，拍着他的肩膀：年轻人，别忘了买袋盐带回家。刚才就已经觉得蹊跷的丈夫，现在终于忍不住问：‘您怎么知道我要买盐？’老太太指指他的后背：‘背上不是贴着纸条吗？’丈夫脱下衣服一看，原来妻子在背上贴了张纸条，上面写着：好心人，请提醒我丈夫买袋盐带回家！”

这个小故事没有什么精彩之处，胜在讲述者善于制造悬念，让听众疑窦丛生：两位素不相识的人怎么知道提醒“丈夫”要买盐？心急火燎地要听下去，直到谜底揭开，不禁为妻子的贤惠、可爱而笑。

3. 制造悬念，适时解开，使前后呼应，浑然一体

制造悬念，如果悬而不解或者故弄玄虚，听众就会有被“耍”了一番的感觉，非常反感。在开场和结尾分别制造和解开悬念，可以使听众整场都保持认真的倾听和思考，也能使前后内容互相照应，结构浑然一体，演讲会更精彩。

在某次《读书与质疑》的讲座上，学生不感兴趣，秩序混乱。老师转身在黑板上写了一首名诗：“月黑雁飞高，单于夜遁逃。欲将轻骑逐，大雪满弓刀。”然后说：“这是一首有名的唐诗，广为流传，大家都说写得好，我却认为它有点问题。问题在哪里呢？等会儿我们再谈。我要讲的题目是‘读书与质疑’……”到演讲即将结束时，老师指着黑板，说：“这首诗问题在哪里呢？不合常理。既是月黑之夜，怎么看得见雁飞？既是严寒季节，北方哪有大雁？……”这样首尾呼应，加深了学生的印象，又使演讲回味无穷。

简练精准的语言更具感染力

演讲不是越长越好，而是越能表达自己的主题和目的，越能阐明自己的见解和主张越好，古人云："言不在多，达意则灵。"演讲时最好用最凝练的话语来表达尽可能丰富的意思。如果你的演讲繁杂冗长，一定会让听众心生反感，往往你讲得越多，效果就会越差。

最好把自己的演讲语言控制在6分钟之内，才能不会让听众产生疲惫、厌倦的感觉。好的演讲，一定是字字精髓。富有感染力和号召力，短小精悍，但一定要把问题说清楚，一方面能让听众意犹未尽，一方面能表现出演讲者的概括能力，还能展现演讲者的演讲艺术才能。

怎样掌握这门语言艺术呢？可以从以下几个方面做起：

1. 表达一定要严密而准确

演讲的词句一定要精准，能确切地表情达意，无论是论理还是讲情，一定要准确的阐述，避免词不达意或空洞贫乏，避免表意模糊不清，呆板平庸，老生常谈。现在的演讲者，还有一种弊病，即无论是否需要，都要讲几段不太贴题的笑话或者不贴切的例证来表示自己的幽默而导致演讲离题万里。这些都是演讲的大忌。

2. 演讲语言一定要通俗易懂

演讲是讲给一定对象听的，听众听不明白，必然影响信息的传递和思想的交流，演讲也就失去了原有的意义和价值。顾及听众的理解能力是一方面，另一方面可以尽量选用形象生动的语言或比喻来解释枯燥、晦涩难懂的理论话题。不仅要你自己说得好，还要让听众听得懂，浅中见深，平中见奇，用浅显易懂的语言，表达深刻的道理。

3. 语言简洁凝练

演讲，一定要做到长时言不虚发，听之句句不可或缺；短时一语中的，击中要害，让听众意犹未尽又戛然而止。这就需要语言的高度凝练，少说些空话和套话，多阐述自己的观点，紧紧围绕你谈论的主题，开章明义，少浮夸，少虚言，自然能做到简洁而凝练。

在这方面，林肯在葛底斯堡的演讲被奉为经典，他是为南北战争中阵亡的将士们而做的，在这只有两分钟的演讲中把这场战争的意义阐述得淋漓尽致而又感人肺腑：

八十七年前，我们先辈在这个大陆上创立了一个新国家，它孕育于自由之中，奉行一切人生来平等的原则。

我们正从事一场伟大的内战，以考验这个国家，或者任何一个孕育于

自由和奉行上述原则的国家是否能够长久存在下去。……

……我们要从这些光荣的死者身上吸取更多的献身精神，来完成他们已经完全彻底为之献身的事业；我们要在这里下定最大的决心，不让这些死者白白牺牲；我们要使国家在上帝福佑下自由地新生，要使这个民有、民治、民享的政府永世长存。

这篇演讲被铸成金文，长存于牛津大学，至今，仍被人们常常在重要场合提起或朗诵。这就是简洁和经典的力量。

4. 善用修辞

各种修辞往往把我们的语言变得更加生动形象，更加鲜明活泼。在某些略显枯燥的理论演说之中，不妨多使用一些修辞，以免因语言平淡无奇、晦涩沉闷，而使人感到疲惫和难懂。

精彩的一句话演讲，赢得满堂彩

现在，长篇大论，沉默无聊或者笑料百出，细想全是废话、空话的演讲比比皆是。女性如果不能脱离俗套的演讲方式，就只能让自己的精彩演说，沉入全民演讲的大海，激不起一朵浪花，彻底变成一个笑话。与其如此，不如精心布局，把自己的意思浓缩成一句话的精华，浓缩成一颗沉甸甸的石子，在听众心中激起层层浪，同样会在听众的脑海中留下深刻的印象。

下面就讲几个一句话演讲的例子，让女性朋友们，聊以借鉴：

1. 借物言志

飞机的发明家莱特兄弟，不善交际，很讨厌演讲。在某次盛宴上，主持者邀请大莱特发表演说，大莱特为难地说："一定是弄错了吧，演说是由舍弟负责的。"小莱特则站起来顺水推舟道："谢谢诸位，家兄刚才已经演说过了。"经过人们的再三邀请，小莱特只说了一句话："据我所知，鸟类中会说话的只有鹦鹉，而鹦鹉是飞不高的。"博得了人们热烈的掌声。

从自己的不善言说，联想到鹦鹉，再联想到飞不高的鹦鹉和自己事业的冲突，可谓精彩俱在这一句当中。

2. 引申，以小引大

第一位登上月球的宇航员阿姆斯特朗的“登月演说”只有一句话：“对一个人来说，这是一小步，但对整个人类来说，这是跨了一大步!”从微小的行为，引申出深刻的影响和意义，是其最精彩之处。

3. 借前一位演说者的话

如果前一位演讲者已经进行了长篇大论，不妨借借对方的行为，不再多言。

马克·吐温曾在一次前一位演讲者20分钟的演讲后，面有难色地告诉听众：“诸位，会前我和琼西·M·德彪老师交换了演讲稿，诸位方才听到的是我的演讲，衷心感激诸位仔细的谛听及热情的恭维，但是，我找不到对方的演讲稿，无法替他讲了，请诸位包涵我坐下。”

林语堂也在某次前一位演讲者令人昏昏欲睡的长时间演说后道“绅士的演说应该像女人穿的迷你裙，越短越好”，然后鞠躬下台，赢得了热烈的掌声。

4. 即景演说

我国著名学者马寅初先生，曾经参与中文系郭良夫老师的结婚典礼，并应邀演说，马寅初先生关键时刻灵机一动，来了个一句话演讲：

“根据新郎大名，想请新娘放心，这一定是位好丈夫。”起初人们莫名其妙，后来一联系新郎大名，才恍然大悟：良夫，不就是善良美好的丈夫吗？于是都开怀地畅笑起来。

应时应景的一句话演说，往往是妙语天成，经常有意料之外的好效果，女性应灵活应变。

5. 一语中的

演说只讲主题，一语中的不啰唆。

我国著名新闻记者、出版家邹韬奋先生曾于祭奠鲁迅先生大会上发表一句话演讲：

“今天天色不早。愿用一句话来纪念先生：许多人是不战而屈，鲁迅先生是战而不屈。”巧妙地采用了鲜明的对比，抓住了鲁迅精神的精髓。

收尾有力度，演讲令人更回味

俗话说“编筐编篓，重在收口”，演讲的成败在相当程度上取决于收尾的方式，巧妙而有深度和力度的收尾，才能更耐人寻味。言简意赅、余音绕梁的收尾能够使听众精神振奋，并促使听众不断地思考和回味。怎样才能给听众留下深刻的印象呢？美国作家约翰·沃尔夫说：“演讲最好在听众兴趣到高潮时果断收束，未尽时戛然而止。”在演讲高潮，听众的注意力和情绪都处在最佳状态时收束，听众就会感觉余音绕梁，印象往往特别深刻。

演讲一般有以下几种方式，更能耐人寻味：

1. 点题式

收尾时点题，重新突出一下演讲的中心论点，或者与开头相呼应，更能让听众重视你的主张，留下深刻的印象。

1989年，西班牙的卡米洛·何塞·塞拉·特鲁洛克获诺贝尔文学奖，他在颁奖仪式上的演讲题目为《虚构颂》，是这样收尾的：“通过努力和想象，人最终可以为人。在这种很大一部分尚未完成的事业中，虚构在任何时候、任何情况下都是一个决定性的工具：在通向自由的无尽的征途上，它能够给人们指引方向。”结尾时，回归主题，将他的文学主张重重地烙在了人们的心里。

2. 号召式结尾

演讲者在结尾时如果能以充满激情、热情奔放的语言表达出自己的思想主张，引发听众感情上的共鸣，对听众的理智和感情进行呼唤，表达出自己的希望和号召，鼓舞听众振奋精神，付诸行动，那么演讲就能取得非同凡响的效果。“让我们……吧！”式的结尾，往往能取得激情四射、鼓动人心的效果。

3. 结尾引发高潮

即整个演说逐步向上发展，在结尾时达到高峰，句子的分量也越来越重，在结尾时达到最高点，要简洁有力，而余音绕梁。演讲本身是一种思想和激情的燃烧，在高潮中收尾，最容易激起听众心中感情的浪花，给听众以极大的鼓舞和力量。

如梁启超在《少年中国说》中是这样结尾的："少年富则国富，少年强则国强，少年独立则国独立，少年自由则国自由，少年进步则国进步，少年胜于欧洲，则国胜于欧洲，少年雄于地球，则国雄于地球。红日初升，其道大光……纵有千古，横有八荒；前途似海，来日方长。美哉，我少年中国，与天不老！壮哉，我中国少年，与国无疆！"使听众对中国少年的前途充满了希望。

4. 引用名言警句结尾

通过引用名言、警句、谚语、格言、诗句等作为结尾，不仅使语言表达得精练、生动，富有节奏和韵律，而且还可以使演讲的内容丰富充实，为演讲的主题思想提供一个有力的证明，使听众在联系和印证中得到更深的启发，更富有感染性和启发性。

5. 援引式收尾

有力地援引别人的话，或者以事情的最终结果作为结尾，可以使整个演讲更有说服力，更有力度。如前英国首相戈登·布朗盛赞美国总统奥巴马的演讲技巧时，是这样结尾的："奥巴马演讲时，他给予听众信心——不是对奥巴马的信心，而是对听众自己的信心。据说当西塞罗演讲时，人们说'这是伟大的演讲'。但当德摩斯梯尼演讲时，他们说，'让我们游行吧'。"

有力地援引了听众听了演讲后的语言和举动"让我们游行吧"，说明了其演讲何其精彩和鼓动人心，更有力度，更耐人寻味。

6. 凤头豹尾

即演讲时首尾相呼应，互相照应，互为支撑，更能引发人们的深入思考。比如以一个好的故事开篇，不妨将故事结尾留在演讲结束时。比如：还记得我一开始告诉你们的那个富有才华的理科大学生吗？上周，他的一项医疗设备获得了专利，明年该设备将能挽救两万人的生命。